원하는
성적을 만드는

최소한의
노트 정리

원하는
성적을 만드는

노트 공부법
공스타 '햄이'의 바로 따라할 수 있는

최소한의
노트 정리

정혜민 지음

메가스터디BOOKS

수십 번의 시험을 보며 진화시켜 온 성적 향상 노트 정리법

◆

요즘 인스타그램이나 유튜브 보면 '내신 1.0의 시험 기간 공부법', '열품타 15시간 공부하는 고3의 브이로그' 등과 같은 공부 콘텐츠가 많죠? 아마 한 번쯤은 공부 좀 한다는 사람들의 화려한 노트를 본 적이 있을 거예요. 그런 노트를 보다 보면 처음엔 공부 의욕이 샘솟아서 '이런 노트라면 공부할 맛 나겠다'라는 생각이 들다가도, 금세 '나는 저렇게까지는 못할 것 같아' 하면서 화면을 넘겼을지도 몰라요.

어쩌면 그 사람들처럼 노트 정리를 직접 시도해 봤을 수도 있습니다. 하지만 머릿속에 있는 내용을, 또는 머릿속에 담아야 할 내용을 노트에 옮겨 적는 것이 익숙하지 않은 경우가 많을 거예요. 노트 정리하는 시간은 오래 걸리는데 효과는 모르겠고, 기껏 노트에 정리했는데 마음에 들지 않으면 다시 들여다보지 않게 되니까 결국엔 다시 교과서나 문제집을 사용하여 공부하는 쪽을 택했을지도 몰라요.

이는 노트 정리법을 잘 활용하지 못해서, 효과를 제대로 보지 못해서 일어나는 문제들이에요. 학교에서는 노트 정리하는 방법을 알려주지 않기 때문에 **교과서와 선생님이 있는 과목 공부와 달리 노트 정리법은 내가 온전히 시행착오를 통해 연구하고 알아내야 하죠.**

저는 초등학교 고학년 때부터 대학생이 된 지금까지 항상 노트를 정리하고 활용하며 공부를 해왔습니다. 이 경험을 바탕으로 노트를 활용해서 효과적으로 공부하는 방법을 여러분과 공유하려고 해요.

제가 처음 노트 정리를 시작했던 건 초등학교 고학년 때였어요. 당시 담임 선생님께서는 매 수업 시간이 끝나면 각자의 '복습 노트'에 수업 내용을 정리하라고 하셨어요. 아직 노트 정리가 익숙하지 않은 초등학생들이니 교과서를 베끼거나 마인드맵을 그리는 등 자유롭게 수업 내용을 적어보라고 하셨죠.

초등학교 때라 수업 1시간 동안 배우는 내용이 그다지 많지 않았기에 정리할 내용도 적고 마음대로 노트를 꾸미면 되니까 저에게는 노트 정리 시간이 그림 그리는 시간 같았어요. 볼펜 색을 바꾸고 교과서에 있는 그림과 표를 그리면서 자유롭게 나만의 노트를 꾸미는 일이 마치 다이어리를 꾸미는 것처럼 정말 재밌었어요. 다이어리를 정리할 때 오늘 하루 있었던 일을 복습해서 외워야겠다고 생각하지는 않잖아요. 다이어리에 있었던 일을 정리하면서 하루를 마무리하고, 나중에도 그 메모를 보면 쉽게 기억해 낼 수 있도록 나에게 맞는 방식으로 기록하는 거죠. 다른 사람에게 잘 읽히는 것을 고려할 필요는 없으니까요. 노트 정리도 똑같다고 생각했어요. 수업 시간에 배운 내용을, 다른 누군가가 아닌 내가 보고 잘 떠올릴 수 있도록 나만의 방식으로 정리하는 거예요.

이렇게 초등학생 때 노트 정리를 시작한 이후로, 가장 열심히 공부했던 중고등학생 때 그리고 대학생이 된 지금까지 노트 정리를 공부법으로 줄곧 활용해왔어요. 지금도 처음 복습 노트를 정리할 때 생각했던 것과 크게 다르지 않아요. 노트를 정리한다고 한 번에 모든 내용을 외울 수 있을 거라고 생각하지 않고, 다른 사람이 아닌 나에게 도움이 되도록 노트를 만들어야 한다고 생각해요. 노트 정리가 도움이 되지 않는 상황에는 과감하게 다른 공부법을 사용하기도 했어요.

긴 시간 동안 노트 정리를 통해 공부를 해온 결과, 많은 시행착오를 겪으면서 제 노트 정리법에도 많은 변화가 생겼어요. 공부하는 과목, 노트 정리의 용도에 따라 여러 시도를 해보면서 나름대로 가장 효율적으로 노트를 활용할 수 있는 방법을 찾았죠.

이 방법으로 고등학교 3학년 내신에서 중간고사 100점, 기말고사 100점으로 1등급을 받기도 했답니다. 대학 입시에서도 원하는 학교에 합격하는 결과를 얻었고요. 이 책에서는 제가 지금까지 수십 번의 시험을 보면서 진화시켜 온 노트 정리법을 여러분과 공유하려고 해요.

공부를 제대로 해보고 싶은데 방법을 잘 모르겠거나, 열심히 공부했는데 성적이 원하는 만큼 나오지 않거나, 여러 공부법을 다양하게 시도해 보고 싶어 하는 학생들에게 이 책이 도움이 되었으면 합니다. 힘든 과정을 겪고 있는 학생들에게, 제가 선배로서 제시하는 공부 방법이 하나의 희망, 자극, 길잡이로 다가가길 바랍니다.

〈일러두기〉

흔히 우리는 '필기'와 '노트 정리'라는 두 단어를 혼용하곤 하는데, 이 책은 노트 정리법이 주된 내용인 만큼 필기는 국어사전의 두 번째 뜻, '강의, 강연, 연설 따위의 내용을 받아 적음'의 의미로만 사용하도록 하겠습니다. 즉, 학교 수업이나 인터넷 강의를 들으면서 받아 적는 내용은 '필기', 본격적으로 시험공부를 할 때 노트에 내용을 정리하며 글씨를 써넣는 것은 '노트 정리'라고 칭하겠습니다.

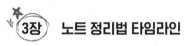

3장 노트 정리법 타임라인

4장 시험 대비 노트 공부법

5장 **과목별 노트 정리 노하우**

청동기 (선사시대)
유물 ┌ 구석기 - 주먹도끼, 동굴
　　　├ 신석기 - 빗살무늬토기, 농경, 움집
　　　└ 청동기 - 고인돌·비파형 동검, 계급
※ '여러나라' 문제는 단독 출제될 것 X.

. 고대 (삼국시대)
※ 전성기 & 그 때의 주변국 상황

광개토대왕 ●─● 내물마립간 ●─● 금관가야↓ (왜 격퇴)
장수왕 ●─● 개로왕(死) ●─● 낭산정책 (그때...)

(제1차) 한성 →천도→ 웅진 →천도→ 사비
근초고왕 ●─● 고국원왕(死)

• 태종 ┌ 6조직계제 (+세자)
　　　 └ 호패법, 사병X
• 세종 ┌ 의정부서사제
　　　 ├ 집현전
　　　 ├ 4군6진 - 자궁과 비슷한 영토모양
　　　 ├ 대마도정벌
　　　 ├ 전분6등법
　　　 └ 연분9등법 - 그때...

근초고왕 ●─● 고국원왕(死)

1장

노트 정리
잘하는 학생이
성적이 좋은 이유

노트 정리하느라
들이는 시간이 아깝다는 착각

"노트 정리를 하고 나서 공부를 시작하면 시간이 너무 부족해."

"노트 정리할 시간에 기출문제 푸는 게 더 효율적이라고 생각해. 노트 만들다가 시간 다 갈 것 같은데?"

충분히 이해할 수 있는 생각들이에요. 노트 정리가 익숙지 않으면 어떤 내용을 노트에 정리해야 하는 건지 막막하고, 글씨를 노트에 써넣는 시간 자체가 오래 걸리다 보니 비효율적이라는 생각이 들 수도 있어요. 하지만 '그래서 공부가 되는 겁니다.'

'왜?'라는
생각을
하는 과정

그냥 교과서를 읽을 때는 마치 이야기책을 읽듯이 쭉쭉 읽어 내려갔을 글자들을, 노트 정리를 해야 한다는 생각을 하면서 쳐다보게 되면 다르게 읽게 돼요. 어떤 내용이 있는지 더 능동적으로 머릿속에 입력하게 되고, 어떤 부분이 중요한지, 어떤 내용을 노트에 적어야 할지 '생각'을 하면서 읽게 됩니다.

노트 정리를 한다는 것은 내용의 흐름을 이해하고 나만의 구조로 엮는 법을 배우는 일이기도 해요. 내용을 내가 가장 잘 받아들일 수 있는 구조로 노트에 옮겨 담기 위해서는, 우선 교과서를 꼼꼼히 읽으면서 교과서가 제시하고 있는 흐름과 내용을 잘 이해해야 하죠.

지금 눈앞에 있는 아무 책이나 펼쳐놓고, 이 내용을 노트 정리해야 한다고 생각하면서 읽어보세요. 아무도 책에 있는 모든 내용을 노트에 베껴 쓰고 싶지는 않을 거예요. 그렇게 하면 손이 너무 아프니까요. 그러면 이제 어떤 내용을 노트에 쓰고, 안 쓸지 '생각'해야 합니다. 이 생각을 하다 보면, 자연스럽게 이 내용이 '왜' 나왔는지 생각하게 될 거예요. 필요 없는 내용이라면 노트에 적지 않아도 되니까요.

교과서를 읽으면서 던져볼 질문들

① 왜 이 개념을 설명한 뒤에 이 실험이 나왔는지

② 왜 이 소단원에는 이 문학 작품이 실렸는지

③ 이 내용은 학습 목표와 어떤 관련이 있는지

④ 내가 노트 정리를 할 내용인지

이렇게 교과서나 학습지에 이런 내용들과 소재들이 '왜' 등장했는지, '왜 이 순서로' 등장했는지 아는 것은 매우 중요합니다. 그것이 곧 공부를 잘하는 방법이자 시험 문제니까요. 아무 생각 없이 교과서를 읽으면 내용을 토막토막 잘라서 받아들이고 그 각각의 내용 조각에만 집중하기 쉬워요. 교과서에서 이미 구분된 대로, 소제목 아래에 쓰여 있는 내용을 따로따로 받아들이게 되는 거죠. 외워야 할 양만 많아 보이고, 각 내용 조각들이 조합된 응용 문제가 나오면 답이 잘 떠오르지 않을 겁니다. 하지만 나만의 내용 분류와 흐름, 구조를 가진 노트 정리를 하겠다는 생각을 가지고 교과서를 읽으면 '왜'라는 질문을 하게 되고, 자연스럽게 내용 간의 연결 고리가 더 잘 보일 거예요. 이 단원을 통해 내가 꼭 얻어 가야 할 내용은 무엇인지, 핵심은 무엇인지 파악될 겁니다.

노트 정리할 때부터 이미 시험공부는 시작

노트 정리 공부법은 노트를 정리해 놓은 뒤에 노트를 가지고 공부하는 것도 중요하지만, 그 전에 책을 주의 깊게 읽고 노트에 글씨를 적는 과정 자체에서 공부가 된답니다. 그래서 '노트 정리를 하고 나서 시험공부를 시작해야지'라고 생각하고 별생각 없이 교과서를 넘겨가면서 책에 있는 내용을 베껴 쓰면 절대 안 돼요. 그럴 바에는 노트 정리를 하지 않는 편이 나을지도 모릅니다.

노트에 교과서 복사본을 만들어서 효과를 보려면 교과서에 있는 내용을 노트에 몇십 번씩 쓰면서 교과서를 통째로 외우는 정도가 되어야 할 거예요. 하지만 우리는 노트를 통해 더 빠르게 좋은 효과를 얻는, 효율적인 공부를 하고 싶은 거잖아요? 그러니까 별생각 없이 교과서 복사본을 만들면서 공부하는 게 아니라, 한 번 정리할 때부터 '생각'을 하면서 공부를 시작해야 해요.

노트에 무엇을 어떻게 정리할지 고민하고, 실제로 노트에 정리하는 것부터를 시험공부의 시작으로 보는 겁니다. 노트를 정리하다 보면 지금 내가 얼마나 알고 있는지 파악하고, 앞으로 공부를 어떻게 해야 할지 알 수 있거든요.

**'어떻게'라는
생각을
해보자**

이렇게 노트에 쓸 내용을 고민하면서 교과서나 교재를 읽을 때, '어떻게 하면 노트에 적게 써도 교과서에 있는 내용을 모두 떠올리면서 복습을 할 수 있을지'를 생각하면서 읽는 것이 좋아요. 이미 알고 있거나 직관적으로 이해 가능한 내용은 걸러낼 수 있죠. 또한 내용을 줄이는 것뿐만 아니라 어떤 형태(예: 도표, 그림, 키워드 등)로 노트에 담으면 내용을 간단하게, 한눈에 파악할 수 있을지도 고민해야 합니다. 또한 과목 특징과 출제 경향을 고려하여 정리할 내용과 방법을 고민할 수도 있어요. 예를 들어 국어나 영어 본문을 노트에 모조리 옮겨 적지 말고 '시험 문제는 어차피 지문 전체를 물어보는 것이 아니라 선생님께서 수업 시간에 가르쳐주신 글쓴이의 주장을 뒷받침하는 근거의 종류, 현재완료와 to부정사가 쓰인 문장 등이 나올 테니까 이걸 노트에 써서 자주 보면서 외워야겠다' 하는 식으로 판단하면서 노트 정리를 하는 거예요. 구체적인 방법은 뒤에서 자세히 알려드릴게요.

노트 정리에 시간이 너무 많이 걸린다면

노트 정리 공부법이 처음엔 시간이 오래 걸리는 비효율적인 공부법처럼 보이는 것은 당연해요. 하지만 이것은 다른 새로운 공부법을 시도하더라도 마찬가지일 거예요. 그 공부법에 익숙해지고 나에게 맞도록 하는 데에는 어느 정도의 시간이 필요하니까요.

노트 정리 공부법으로 효과를 제대로 보려면 내가 이

공부법으로 좋은 점수를 얻기 위해서는 어떤 내용을 어떻게 정리해야 가장 효과적인지, 즉 '나만의 노트 정리법'을 찾아내야 해요. 노트 정리를 여러 번 해보면서 나에게 맞는 노트 정리 방식, 노트 활용 공부법을 찾아가다 보면 자연스럽게 노트 정리 시간이 줄어듭니다.

만약 나만의 노트 정리법을 더 빨리 찾아서 노트 정리에 드는 시간을 줄이고 효율적으로 공부하고 싶다면, 학교에서 수업을 들은 날에 바로 오늘 배운 주요 내용과 선생님께서 강조하신 내용을 교과서 한쪽에 짧게 정리하거나, 본격적인 시험 기간이 되기 전부터 한 단원의 진도가 끝날 때마다 노트 정리를 해보면 크게 도움이 될 거예요. 시험 기간이 아닐 때도 노트 정리를 자주 해보면서 나에게 맞는 스타일을 찾아가는 거죠. 학습 내용을 머릿속에 구조화하고 노트에 어떤 내용을 담아 표현할 건지 생각하는 능력이 생길 뿐 아니라, 노트 정리를 조금씩 미리미리 해놓았기 때문에 시험 기간에는 부족한 부분을 보완하고 문제를 조금 더 풀 수 있는 여유가 생깁니다.

노트 정리하는 데 시간이 너무 많이 걸리니까, 이 시간에 차라리 기출문제를 하나라도 더 푸는 게 도움이 될 것 같다는 생각도 이해가 됩니다. 시험 범위에 있는 내용이 자신에게 그리 어렵지 않고 실제 시험에 나오는 문제가 기출 위주의 문제라면 이 말이 맞을 수도 있습니다. 또 수학처럼 개념 그 자체보다 개념이 문제 속에서 응용된 것을 직접 풀어보면서 익히는 것이 더 효과적인 과목도 있죠. 이미 다 알고 있는 내용이라면 이걸 굳이 노트에 옮겨 적으며 시간을 할애할 필요가 없어요. 하지만 내가 알고 있다고 생각하는 것이 정말로 알고 있는 건지는 확인할 필요가 있습니다.

**안다고
생각한 내용,
진짜 알고
있을까**

'메타 인지'라는 말을 들어봤을 거예요. 메타 인지는 내가 아는 것과 모르는 것을 구분할 수 있는 능력인데, 흔히 이 능력을 갖춘 학생들이 성적을 더 쉽게 올린다고 해요. 이 능력이 부족하면 실제로는 내가 완벽하게 알지 못하는 개념을 안다고 생각하고 간과해서 지식에 구멍이 생기고, 결국 시험에서 틀리는 문제가 계속 나오는 거죠.

예를 들어, 오늘 내가 영어 단어 50개를 외웠고, 단어 시험에서도 100점을 받았다고 합시다. 그러면 나는 내일도, 일주일 뒤에도 이 영어 단어 50개를 완벽하게 알고 있다고 할 수 있을까요? 아마 영어 단어 50개를 처음

외운 뒤 별다른 노력을 하지 않았다면 다음 날, 다음 주의 나는 그 영어 단어의 뜻을 다 기억해내지 못할 거예요. 시간이 지나면 기억은 희미해지니까요. 이외에도 내가 사실은 '모르는' 것을 '안다'고 착각하는 상황은 많을 거예요. 실제로 내가 알고 있는 것과 모르는 것을 정확하게 구분해내기는 매우 어려우니까요.

◆   여기까지 읽은 학생들이라면 아마 저에게 "그러면 내가 모르는 것을 찾기 위해서 일단 문제를 많이 풀어야 하는 거 아니에요?"라고 질문할지도 몰라요. 맞는 말입니다. 내용을 100% 아는 상태라면, 개념이 어떻게 문제에 적용되는지 혹은 내가 잘못된 내용을 알고 있지는 않은지를 체크하기 위해 문제를 푸는 것은 아주 중요해요. 또 문제를 풀면서 어떤 내용이 중요한지 알게 되기도 하죠. 하지만 제가 강조하고 싶은 건 '모르는 부분을 찾기 전에 우선 아는 부분을 많이 만들어놓아야 한다'는 점입니다. 실제로 공부하다 보면 시간이 많이 없으니까, 100% 내용을 숙지하고 나서 문제를 풀기는 어려워요. 그래서 우선 가능한 한 많은 내용을 숙지하고, 문제를 풀면서 나머지 구멍을 찾아 메우는 방법을 사용하는 겁니다. 먼저 80~90%를 공부하고 문제를 풀면서 나머지 10~20%

를 채우는 거예요.

예를 들어볼게요. 학교 수업을 들은 지 몇 달이 지나 시험 기간이 되어서 몇 달 전에 들었던 수업 내용에 해당하는 문제를 풀어본다고 합시다. 수업을 듣고 나서 꾸준히 복습을 해오지 않았다면 아마도 거의 기억이 나지 않을 거예요. 그 상태에서 푼 문제들은 어떨까요? 아마도 거의 다 틀렸거나, 맞혔더라도 모든 선지의 옳고 그름을 정확히 판단하여 맞힌 문제가 아니라 기억나는 단편적인 지식을 가지고 어쩌다 맞힌 문제들이 대부분일 겁니다. 이렇게 되면 틀린 문제의 답지를 보더라도 큰 도움이 되지 않습니다. 문제와 답지를 통해 얻어갈 수 있는 내용은 내용 자체를 공부할 때보다 양이 매우 적거든요. 모든 내용을 커버하기 위해서는 문제를 훨씬 더 많이 풀어야 하는데, 이 방법은 시간이 너무 많이 걸려 비효율적입니다. 애초에 모든 내용을 커버할 수 있을 정도로 많은 문제가 존재하지도 않고, 문제에는 주로 중요한 내용이 출제되기 때문에 이 방법으로 공부한다면 기본적인 내용을 놓치고 넘어갈 수도 있어요. 아무리 문제를 많이 풀어도, '내가 모르는 부분이 문제에 나오지 않으면' 그 부분은 절대로 채울 수 없게 됩니다. 모르고 있다는 사실조차

놓칠 수 있어요. 그래서 우선 내용을 최대한 많이 공부해 놓고, 문제를 통해 모르는 구멍을 국소적으로 찾아서 메우는 것이 훨씬 효율적이에요. 이렇게 먼저 내용을 숙지하는 데에 노트 정리가 도움을 줄 수 있는 거고요.

물론 아마 많은 학생들이 이와 같은 사실을 알고 문제 풀기 전에 교과서를 한 번 더 읽어본다거나, 하다못해 문제집에 정리된 요점이라도 읽고 문제를 풀기 시작할 겁니다. 그렇게 하면 정답률은 조금 더 올라가겠죠. 하지만 내용을 읽은 직후에 문제를 풀어 맞힌 걸 진짜 안다고 할 수 있을까요? 일주일만 지나도 그렇게 맞힌 문제를 다시 쳐다보면 '어떻게 맞혔지?'라는 생각이 들 거예요.

학습 내용을 더욱 견고하게 저장시키는 노트 정리의 힘

당장은 노트에 옮겨 적고 정리하는 과정이 시간도 많이 걸리는 데다 불필요하고 비효율적인 것 같지만 이렇게 하면 내가 '아는 것'을 탄탄하게 다지면서 '모르는 구멍'을 효과적으로 메울 수 있어요. 노트에 정리하기 전 머릿속에서 내용을 구조화하고, 노트에 쓰면서 머릿속 구조를 시각화하고, 그 시각화된 '나만의 구조를 갖춘' 내용이 담긴 노트를 활용해 공부하다 보면 처음엔 생소했던 내용도 점차 알게 되거든요. 문제를 풀다가 모르는 구멍을 찾으면, 그 부분도 노트에 추가하고 읽으면서 내가 아는 것을 점점 넓혀 나가는 겁니다.

공부하는 내용은 생소하고 어렵기 때문에 아무런 기반이나 장치 없이 문제만 풀면서 지식을 쌓아가면 내가 아는 것이 견고하지 않게 돼요. 지식이 뒤죽박죽 섞이고, 필요할 때 꺼내 쓰는 것도 어렵습니다. 하지만 내가 만든 구조에 따라 노트에 내용을 정리한 다음 문제를 풀면서 차근차근 보완함으로써 노트에 있는 지식을 머릿속에 계속 넣어주면, 내가 '아는 것'과 '모르는 것'이 무엇인지 알고 '모르는 것'도 '아는 것'으로 바꿔나가면서 보다 효과적으로 공부를 할 수 있게 되는 거죠.

내가 공부의
주체가 된다

시험 기간에 학원에 가면 학원마다 시험 대비 자료를 줍니다. 시험 범위에 해당하는 내용에 대한 부가 설명, 추가 연습 문제 등 학교에서 배운 것보다 더 풍부하게 공부할 수 있는 자료들을 제공해 주는 거죠. 이뿐만 아니라 몇 년간 축적된 데이터를 이용해 내가 다니고 있는 학교의 출제 경향 등을 분석해 주기도 합니다. 물론 이런 자료는 방대한 자료를 직접 알아보고 정리하는 데 드는 시간을 줄여줘 효율적으로 시험을 대비할 수 있게 도와줍니다. 저도 이러한 자료들을 활용해 공부하기도 했고요.

하지만 이런 자료는 어디까지나 학원이 편집해서 만든 것이기 때문에 이것만으로 공부한다면 '주체적으로' 공부한다고 말할 수는 없을 거예요. 노트 정리는 학원이 우리에게 공부할 자료를 만들어주는 것처럼 내가 공부할 자료를 내가 직접 만드는 것이라고 할 수 있어요. 내가 시험공부의 주체가 되는 거죠.

노트 정리는 나만의 자료를 만드는 것

학원 자료를 활용하지 말라는 소리가 절대 아닙니다. 학원 자료나 문제집, 학교 교과서 등 여러 좋은 자료들을 살펴보면서 나에게 도움이 될 자료를 선별하고 정리해 '나만의 자료'를 만들어 나가라는 말이에요. 꼭 여러 자료를 살펴보지 않아도 노트 정리를 하면서 공부의 주체가 될 수 있어요. 교과서에 나열된 지식을 노트에 어떻게 도식화할지 고민하는 과정부터, 새로 알게 된 지식을 기존 노트의 어느 부분에 추가할지 고민하는 것까지 모두 내가 공부해야 하는 자료를 직접 편집하면서 주체적으로 공부하는 것이죠.

나아가 비슷한 내용인 것 같은데 교과서에서는 A라고 표현했고, 문제집에서는 B라고 표현했을 때, 이 내용을 A와 B가 정확히 같은 표현이라고 노트에 쓰는 것이 맞는지 고민하면서 교과서나 수업 필기를 찾아보고, 친구들과 토론하고, 선생님께 직접 여쭤볼 수도 있겠죠. 이 모든 과정에서 단순히 교과서에 나온 지식을 읽으면서 외우고 문제집에 있는 문제를 푸는 것보다 훨씬 능동적으로 공부할 수 있게 되는 겁니다.

1) 내가 만든 체계 아래서 내용 다루기

물론 교과서를 여러 번 읽고, 문제집을 풀면서 내용이 머릿속에 잘 정리되어 있으면, 노트 정리를 하지 않아도 이 과정이 머릿속에서 자연스럽게 일어나 주체적으로 공부할 수 있기도 해요. 하지만 저는 어렵고 외울 것이 많은 내용일수록 교과서를 여러 번 읽고 문제집을 푸는 걸로는 그 과목을 '마스터'했다고 느껴지지 않더라고요. 가끔은 교과서를 여러 번 읽어도 머릿속에 구조화된다는 느낌이 안 들고 더 복잡하게 느껴지기도 했어요. 그래서 노트에 전체적인 틀을 잡고 그 안에서 디테일을 잡아가며 내가 이해하기 편하게 내용을 정리해서, 마치 내가 교과서의 전체 내용을 '위에서 내려다보듯이' 다룰 수 있도록 했어요.

처음 가는 낯선 골목에서는 내 주변에 있는 건물, 길, 자연 등을 미시적으로만 볼 수 있지만, 휴대폰 지도를 켜면 내가 있는 곳을 위에서 내려다본 거시적인 시야를 확보하고 나의 위치와 목적지를 한눈에 확인할 수 있잖아요. 그리고 그 지도는 내가 어떤 곳에서 보아도 금세 정보를 확인할 수 있도록 나에게 익숙한, 이해하기 편한 규칙과 구조를 갖추고 있죠. 마찬가지로 나에게 어려운 공부도, 내가 이해하기 편한 구조에 맞춰 노트에 정리해 둠으로써 이 정보들이 한눈에 보이도록 한 거예요. 이게 결국 주체적으로 공부하는 것이었고요.

2) 모르는 것을 명확하게 인지하는 과정

노트를 정리하다 보면 나만의 언어로 바꾸는 과정에서 헷갈리는 개념이 생기거나, 문제집에 나온 내용 중에 선생님께서 수업 시간에 설명해 주신 내용과 다르다고 의심되는 부분이 생길 거예요. 이렇게 내가 모르는 부분을 알게 되면, 노트에 정확한 내용을 써넣기 위해 적극적으로 선생님께 질문하게 돼요. 저는 이렇게 모르는 것이 생겼을 때 질문을 포스트잇에 써서 각 과목 교과서 표지에 붙여놓았어요. 해당 과목 수업 시간이 되면 까먹지 않고 질문하고, 새로 알게 된 내용을 노트에 반드시 정리해 두었죠.

이렇게 질문하는 내용은 단순히 '이 개념이 이해가 안 돼요', '어려워요'가 아니라 직접 공부하면서 구체적으로 파악된 모르는 부분이잖아요. 그런 만큼 선생님께서도 더 정확하게 답변해 주실 수 있어요. 스스로 모르는 부분을 발견해 해결하며 공부하는 과정, 이것이 노트 정리가 촉진하는, 주체적인 공부라고 생각합니다.

노트 정리를 하면서 잘 모르는 부분을 빠르게 알게 되는 것뿐 아니라, 모르는 것을 알게 되었을 때 다시 노트에 추가하는 과정 또한 주체적으로 공부하는 것이라 할 수 있어요. 노트에 '내가 확실하게 이해한 내용'과 '시험 문제로 나올 만한 내용'을 적어두고, 시험 기간 시작부터 끝까지 이 노트로 공부하는 거죠.

노트 정리와
마인드맵의 차이점

학교에서 공부한 내용을 정리할 때 '마인드맵(생각지도)'을 많이 사용합니다. 선생님께서 학생들에게 직접 마인드맵을 만들어보라고 시간을 주시기도 하고, 교과서에 지금까지 학습했던 내용이 마인드맵으로 표현되어 있기도 해요. 실제로 마인드맵은 배운 내용을 복습하고 여러 개념 사이의 관계를 정리해서 효과적으로 공부하는 데 도움이 되는 방법이에요. 우리가 노트 정리를 하는 이유 중 하나도, 이렇게 관련 있는 내용들을 묶고, 새로운 정보는 기존 정보와 적절하게 연결해서 정보를 체계적으로 정리해 더 잘 기억할 수 있게 하는 거니까요. 하지만 노트 정리는 공부 초반에 마인드맵보다 더 좋은 효과를 낼 수 있어요.

공부 초반에는 내용을 새로 알게 된 지 얼마 안 되었기 때문에 내용이 조금 어렵게 느껴지기 마련이죠. 정보들을 묶을 기준도 잘 모르겠고, 마인드맵이라는 게 서로 다른 개념들을 연결해 가면서 지도를 그려나가는 것이라서 어떤 개념을 연결해야 할지도 확신이 안 설 거예요. 이런 상태로 처음부터 마인드맵 정리를 하면 두 가지 문제가 발생해요.

첫 번째, 마인드맵을 그리려면 서로 다른 개념들을 연결해야 하는데, 잘 모르는 개념 사이의 관계도 대충 추측해서 연결했다가 오개념이 생길 수 있어요. 사실은 연결하면 안 되거나 연결하면 의미가 달라지는 개념인데, 처음에 공부할 때 잘 모르고 연결했던 것이 시험 때 생각나 오답을 선택하게 만들 수 있어요.

두 번째, 가독성의 문제예요. 우리가 마인드맵을 만드는 이유는 여러 가지 개념들과 그들의 관계를 한눈에 파악하기 위해서예요. 그런데 처음에는 개념 자체도 잘 모를 뿐 아니라 어떤 개념을 마인드맵에 넣고 뺄지 잘 모르기 때문에 마인드맵의 한 칸 안에 개념에 대한 설명을 자꾸 덧붙이게 될 겁니다. 반대로 핵심적인 내용을 마인드맵에 넣지 않을 수도 있죠. 이렇게 되면 내용이 한눈에 들어오지 않아 마인드맵을 그리는 의미가 없어집니다.

그래서 처음에는 노트 정리로 개념과 그에 대한 설명을 포함해 전체적인 구조와 세부 내용을 익히고, 시험 직전에 복습하면서 중요한 개념 이름(키워드)만을 가지고 마인드맵을 그려 생각을 정리하는 것이 효과적이에요. 이때는 공부가 어느 정도 되어 있으니까 개념 이름만 보고도 그 개념의 설명이 머릿속에 들어 있겠죠? 그래서 설명 없이 키워드가 서로 연결된 모습만 보고도 내용을 머릿속에서 떠올리면서 쉽게 정리할 수 있을 거예요. 그래서 시험공부 초중반까지는 노트 정리를 하고, 마무리 단계에서 마인드맵으로 복습하는 것을 추천합니다.

청동대 (정신N대)
유물 ┌ 구석기 - 주먹도끼, 동굴
     ├ 신석기 - 빗살무늬 토기, 농경, 움집
     └ 청동기 - 고인돌, 비파형 동검, 계급
※ '머리냐라' 문제는 다들 출제된 것. X.

2. 고대 (삼국N대)
※ 전성기 & 그 때의 주변국 상황

광개토대왕 ○━○ 내물마립간 ○━○ 금관가야↓
장수왕 ○━○ 개로왕 (死) ○━○ 낙랑정책

한성 → 웅진 → 사비

근초고왕 ○━○ 고국원왕 (死)

• 태종 ┌ 6조직계제 (+세요)
       └ 호패법, N병X

• 세종 ┌ 의정부 서사제
       ├ 집현전
       ├ 4군6진 - 자궁과 비슷한 영토모양
       ├ 대마도정벌
       ├ 전분 6등법
       └ 연분 9등법 - 고마

근초고왕 ○━○ 고국원왕 (死)

2장

노트 정리
시작 전 준비

잘 된 노트 정리의
특징

    노트를 만드는 궁극적인 목적은 책에 있는 내용을 쉽게 머리에 넣기 위함이라고 할 수 있어요. 보통 교과서나 교재에는 방대한 정보가 줄글로 나와 있어요. 또, 역사 과목에서는 같은 시대에 일어난 일이더라도 문화, 사건, 인물, 종교 등 교과서가 정한 기준에 따라 나누어 배치되어 있는 경우도 있죠. 그래서 교과서가 나눈 대로, 교과서가 제시한 순서대로 읽으면서도 정보를 머릿속에 효과적으로, 체계적으로 입력하려면 교과서를 정말 많이 읽으면서 내용을 익혀야 해요.

    하지만 노트를 정리하면 교과서와 프린트, 문제집에 있는 많은 정보를 '내 목적에 따라', '내가 외우기 편한 구조로' 다듬어 머리에 더 잘 집어넣고, 시험에서도 정보를 더 잘 꺼내 쓸 수 있게 돼요. 뒤죽박죽 섞일 수 있는 정보들을 머릿속에 정리 정돈 하는 거죠. 아무렇게나 놓으면 쉽게 어질러질 수 있는 어렵고 방대한 정보를 '내가 정한 기준'에 따라 정리하는 거예요.

그러면 책에 있는 내용을 머리에 쉽게 집어넣기 위해서는 어떤 노트를 만들어야 할까요? 자세한 방법은 당연히 뒤에서 하나씩 하나씩 설명할 거니까 큰 가닥만 여기서 소개할게요.

잘 보여야 한다

줄글이 나열되어 있는 교과서를 처음 쳐다보면 무엇이 가장 눈에 잘 띌까요? 아마 큰 글씨, 굵은 글씨, 그리고 사진이나 그림, 도표 같은 것이겠죠. 따로 표시가 되어 있지 않은 작은, 연한 글씨들은 첫 글자부터 문장을 읽어 내려가야만 내용을 파악할 수 있어요. 우리는 크고 굵은 글씨나 그림 말고도, 작게 쓰여 있지만 중요한 내용도 한눈에 잘 보일 수 있도록 노트를 만들 거예요. 일부분만 봐도 내용을 파악하기 쉽게, 또 전체적으로는 내용의 구조가 잘 드러나게 말이죠. 쉽게 말해서 방에 아무렇게나 어질러져 있는 옷들을 정리할 박스를 만들고 그 박스 안에 옷을 개어서 넣는 작업입니다. 이렇게만 해도 어디에 어떤 옷이 있는지 파악하기 쉬우니까요.

잘 알 수
있어야 한다

아무리 예쁘고 깔끔하게 정리되어 있어도 그 내용이 무엇인지 모르면 노트를 정리한 의미가 없겠죠. 어려운 용어가 있다면 내가 알아듣기 쉬운 말로 풀어서 쓰고, 책에서는 복잡하게 쓰인 과정을 내가 잘 아는 사실에 빗대어서 간단하게 나타낼 수도 있어요. 여기서 중요한 것은, 내가 볼 노트이기 때문에 내가 알아듣기 편한 언어로 쓰는 겁니다. 아까의 옷장 정리 비유를 계속 쓰자면, 옷을 나누어 담았던 박스에 이름을 붙이는 과정이라고 생각하면 돼요. 어차피 내가 사는 곳에서 내가 쓸 옷들을 담은 박스니까 멋지고 거창한 이름을 쓸 필요 없잖아요? '자주 입는 옷', '꾸밀 때 입는 옷' 등 내가 알아보기 쉬운 말로 쓰면 됩니다.

잘 꺼낼 수
있어야 한다

노트를 만드는 궁극적인 목적은 결국 시험을 잘 보기 위해서예요. 시험을 잘 보려면 내가 정리한 정보 중에서 시험 문제를 푸는 데 필요한 정보들을 잘 꺼낼 수 있어야 해요. 잘 꺼내려면 어떤 정보가 어디에 있는지 찾기 편한 형태로 만들어야 하고, 또 그렇게 배치된 정보들을 반복해서 머릿속에 집어넣어야 하죠. 아까 박스에 내가 알아보기 쉽게 이름표를 붙였죠? 이제는 그 정리한 옷들을 빠르게 찾을 수 있도록 필요한 곳에 박스를 배치하고, 박스 안에서 옷의 순서도 바꿔보는 등의 노력을 하는 거예요. 나만의 암기법을 적어두거나 내용 사이의 인과관계를 표시하는 등 잘 외울 수 있게 하는 장치들을 노트에 넣어서, 교과서를 보고 외우는 것보다 노트를 보고 외우는 게 훨씬 효과적일 수 있게 만드는 것입니다.

노트 정리를 위한
준비물

노트 정리를 하기로 마음먹었나요? 그렇다면 이제 노트 정리에 꼭 필요한 준비물들과 함께 저만의 노하우를 공유해 보겠습니다.

**노트별
장단점**

먼저 노트를 마련해야 하는데, 줄 노트, 모눈 노트, 코넬 노트, 리걸 노트, 백지 연습장, 하프 라인 노트, A4 노트 등 종류가 정말 많아요. 노트별로 장단점이 있으니, 자신의 스타일에 맞는, 또는 과목의 특성에 맞는 노트를 선택해서 노트 정리를 하면 됩니다. 아래에 대표적인 노트들의 장단점을 소개할 테니 노트 선택에 참고하시길 바랍니다.

1) 줄 노트

줄 노트(〈그림 2-1〉)는 가장 일반적인 노트인 만큼 노트의 두께나 표지 재질, 줄 간격 등이 다양한 여러 종류의 줄 노트들을 주변에서 흔히 볼 수 있어요. 줄 바꿈을 하며 내용을 체계적으로 정리할 때 아주 유용하고, 백지에 글씨를 쓸 때와 달리 줄 안에 글씨를 쓰기 때문에 글씨가 심하게 올라가거나 내려가지 않고 똑바로 정리할 수 있어 글씨를 또박또박 줄에 맞춰 쓰기만 한다면 깔끔하고 가독성이 좋은 노트를 만들 수 있다는 게 장점이에요. 또 가장 일반적인 노트이기 때문에 노트 정리 초보자도 쉽게 노트 정리를 시작하기 좋아요. 단, 가로줄만이 그어져 있어서 모눈종이나 선이 없는 백지 연습장보다는 자유롭게 필기할 수 있는 여지가 적다는 점이 단점이에요. 또 줄의 시작 부분부터 끝부분까지 글씨로 가득 채우면 답답해 보이고 가독성이 떨어진다는 단점도 있죠.

▶ 〈그림 2-1〉

2) 모눈 노트 (그리드 노트)

격자무늬가 있는 모눈 노트(⟨**그림 2-2**⟩)는 줄 노트, 코넬 노트보다 자유로운 노트 정리 형식을 사용할 수 있어요. 가로줄뿐 아니라 세로줄도 있어서 표나 그래프 등의 도표가 많이 쓰이는 과목이나 마인드맵, 가지치기 방식 등 자유로운 필기를 할 때 추천하는 노트예요. 하지만 보통 모눈의 크기가 줄 노트의 줄 간격보다는 작아서 글씨가 비교적 큰 경우에는 일정한 간격으로 글씨를 똑바로 쓰기 어렵다는 단점이 있어요. 또 대부분의 모눈 노트는 격자무늬를 이루는 선이 진해서 다소 복잡해 보이고 가독성이 떨어진다는 느낌이 들 수 있어요.

▶ ⟨그림 2-2⟩

3) 코넬 노트

코넬 노트(〈그림 2-3〉)는 '제목, 키워드, 노트 정리, 요약'이라는 네 가지 영역으로 구분된 노트예요. 노트 정리가 처음인 경우, 자신만의 노트 정리 틀이나 구조가 없는 경우에 추천하는 노트 형식이에요. 노트의 빈 공간에 어떤 식으로 내용을 채워가야 할지 막막하다면, 네 가지로 나뉜 영역의 목적에 맞게만 필기해도 쉽게 노트 정리를 할 수 있거든요. 또한 오른쪽 노트 정리 영역에 쓴 내용 중 핵심 용어를 왼쪽 사이드의 키워드 영역에 따로 정리해 두었다가, 내용 암기 시에 왼쪽 키워드만 보고 오른쪽 내용을 떠올리는 방식으로 활용할 수 있어요. 키워드 영역에 노트 정리 영역에는 쓰지 못했던 보충 설명을 적어 넣는 것도 가능하죠. 하지만 노트 정리 영역이 그다지 넓지 않은 데다 하단에 요약 영역까지 있기 때문에 페이지마다 굳이 요약할 필요가 없을 땐 공간 낭비라 생각되기도 해요. 목적에 따라 칸이 정확하게 나뉘어 있다 보니 자유로운 자신만의 노트 정리 형식을 사용하기 어렵다는 것도 단점이에요.

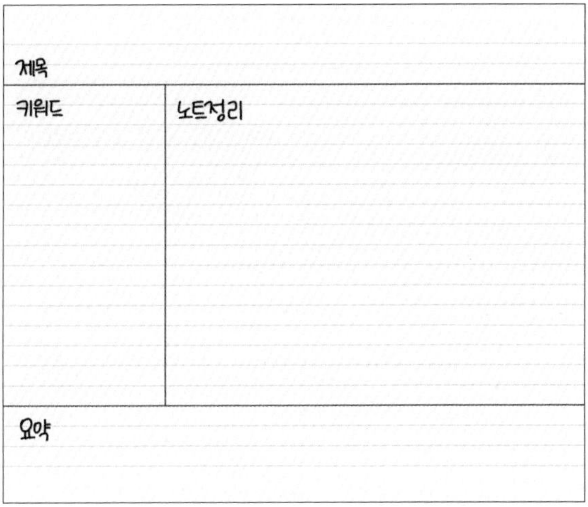

▶ 〈그림 2-3〉

나에게 맞는 노트를 고르는 기준

1) 종이

① 두께

종이가 얇으면 펜, 특히 형광펜을 썼을 때 뒷면에 비치는 정도가 심해서 양면에 깔끔하게 필기하기가 어려워요. 반면 종이가 너무 두꺼우면 노트 정리를 몇 장 하지 않아도 정리한 부분이 금세 두꺼워져 무거워지기 때문에 휴대성이 떨어지죠.

② 재질

종이 재질도 다양한데, 너무 부들부들한 재질의 경우 연필과 같은 필기구는 잘 써지고 잘 지워지는 반면, 잉크 펜과 형광펜은 쉽게 번져요. 한편 너무 매끈매끈한 재질의 경우 연필이 잘 지워지지 않고, 잉크 펜이나 형광펜 또한 종이에 스며들지 않고 잘 묻어나죠. 여러 제품을 사용해 보면서, 주로 사용하는 펜에 맞는 종이로 된 노트를 선택하길 바랍니다.

③ 크기

종이의 크기 또한 중요합니다. 노트를 정리하는 방식과 노트를 활용하는 상황에 맞는 크기를 골라야 해요. 영어 단어장처럼 평소에 들고 다니면서 짬짬이 활용할 노트라면 손바닥만 한 사이즈의 수첩 같은 노트를 선택해야 하고, 공부할 때 노트 정리를 한 페이지 수가 적은 것을 선호한다면 한 페이지에 많은 양을 써넣을 수 있는 큰 종이로 된 노트를 선택해야겠죠.

2) 스프링

① 유무

스프링이 없으면 가벼워서 어디에나 가지고 다니기 편리하다는 장점이 있지만, 노트가 180°로 펼쳐지지 않고 펼쳤을 때 가운데의 접힌 부분은 활용하지 못한다는 단점이 있어요. 노트가 두꺼워질수록 가운데 접히는 부분이 볼록하게 구부러져 글씨를 쓰기 어렵죠.

② 크기

스프링 노트는 양쪽 면을 모두 편리하게 사용할 수 있다는 장점이 있어요. 하지만 스프링이 망가지면 오히려 노트가 잘 넘어가지 않는 경우가 있고, 스프링이 크면 스프링과 가까운 부분에 필기할 때 글씨를 쓰는 손이 스프링에 막혀 끝까지 글씨를 잘 쓸 수 없다는 단점이 있죠. 스프링이 있고 없는 제품, 스프링이 크고 작은 제품을 다양하게 사용해 보면서 자신에게 맞는 노트를 고르는 것이 중요합니다. 제 경우에는 노트의 양면을 모두 효율적으로 사용하는 것을 좋아해서 스프링이 있는 노트, 그리고 스프링이 지나치게 크지 않은 노트를 선호했어요.

3) 줄

① 간격

보통 줄 노트는 줄 간격이 7mm/7.5mm/8mm로 되어 있고 모눈 노트는 모눈 간격이 3mm/4mm/5mm로 되어 있는데, 자신의 글씨 크기와 노트 정리 스타일에 맞는 노트를 선택하면 돼요. 저는 줄 노트를 선호했는데, 글씨가 큰 편은 아니지만 노트에 정리한 글씨 사이사이에 꾸준히 내용을 추가하여 사용했기 때문에 줄 간격 7.5mm나 8mm를 선택했어요. 줄 간격이 좁으면 중간에 내용을 더 써넣었을 때 너무 빽빽해 보이니까요. 모눈 노트는 줄 노트보다 간격이 좁아서, 글씨를 쓸 때 모눈의 세로 두 칸 정도를 줄 노트의 한 줄로 생각하고 써야 가독성이 좋아져요. 그리고 그림이나 도표를 모눈에 맞추어 그릴 때도 모눈 간격이 좁으면 도표 위에 설명을 쓸 여백이 부족해서, 모눈 간격이 가장 넓은 5mm 모눈 노트를 사용했어요.

② 진하기

또 노트에 그려져 있는 줄의 진하기도 노트마다 조금씩 달라요. 세세한 진하기 차이는 저도 잘 모르지만, 웬만하면 줄이 너무 진하게 그려져 있는 노트는 피했어요. 줄이 너무 진하면 줄까지도 노트 정리의 일부처럼 느껴져서 노트가 더 가득 차 보이고, 글씨와 그림에 집중해야 하는데 줄까지 눈에 들어와 답답해 보였거든요. 글씨가 줄에서 벗어나지 않도록 하되 전체적인 노트에서는 눈에 잘 띄지 않을 정도의 진하기를 가진 노트를 선호했습니다.

4) 노트의 두께

시험 기간이 되어 노트를 사러 문구점에 가면, 인덱스가 있는 두꺼운 노트를 사서 한 노트에 여러 과목을 정리할지, 얇은 노트를 과목마다 한 권씩 사서 쓸지 고민되죠? 저도 항상 그게 고민이었어요.

처음에는 얇은 노트 여러 권을 노트마다 앞에서부터 쓰면 뒤에 항상 남는 부분이 있어서 차라리 두꺼운 노트를 써야겠다고 생각하고 두꺼운 노트를 썼는데 마찬가지였어요. 인덱스로 구분된 페이지 수가 너무 적거나 많아서 곤란했던 점도 있었어요. 그래서 저는 두꺼운 것과 얇은 것 중에 골라야 한다면 얇은 노트를 사용했고, 만약 노트 뒷부분이 너무 많이 남았을 때는 노트를 뒤집어서 뒤에서부터 노트를 썼어요.

5) 표지의 재질

표지의 재질도 내지보다 살짝 더 두껍고 매끈매끈한 재질, 플라스틱 등 다양한 종류가 있죠. 저는 표지가 얇고 매끈매끈하면 가방 속에서 표지가 접히거나, 가방에서 물이 샜을 때 표지와 함께 내지가 젖어버리거나, 표지 바로 다음 장에 글씨를 썼을 때 그 글씨들이 표지의 매끈매끈한 안쪽 부분에 묻어나는 것이 마음에 들지 않아서 표지가 두꺼운 종이나 플라스틱으로 되어 있는 노트를 주로 사용했어요.

내가 사용한 노트

저는 노트 정리를 할 때 항상 절취선이 있는 A4 사이즈 줄 노트를 사용했어요. 모닝글로리의 '5000 A4 3공 절취 원 링 노트' 제품을 주로 사용했습니다. 제가 앞서 이야기했던 노트를 고르는 기준에서 제가 원하는 조건들을 모두 충족한 노트였거든요. 지금도 이 노트를 대체할 노트를 찾지 못했어요.

우선 이 제품은 제가 주로 사용하는 잉크 펜이 잘 스며들면서 번지지 않을 정도의 적당한 종이 두께와 재질을 가진 내지로 이루어져 있어요. A4 사이즈인 점도 마음에 들었어요. 저는 노트 정리를 한 페이지 수가 적은 걸 좋아하는데, 한 페이지에 많은 내용을 담을 수 있는 A4 사이즈가 적당했거든요. 그냥 A4 용지를 사용하지 않은 이유는, A4 용지는 줄이 그어져 있지 않아서 자칫 글씨가 올라가거나 내려가는 등 삐뚤빼뚤하게 써지기 쉽기 때문이에요.

또 스프링이 있어서 180°로 펼쳐지는데, 아무래도 종이 크기가 크다 보니 저는 360°로, 반대로 접어서 사용했어요. 이 점에서도 그냥 A4 용지에 필기를 할 때에는 바닥에 책을 깔지 않으면 글씨가 울퉁불퉁하거나 너무 얇게 써지고, 책을 깔면 책이 끝나는 지점에서 A4 용지가 구겨지는데, 이 노트는 표지도 종이 재질이지만 두꺼워서 반대로 접어 필기를 할 때에도 A4 크기의 책을 밑에 깔아 놓은 것처럼 부드럽게 글씨를 쓸 수 있어서 좋았어요.

줄 간격은 8mm로, 저는 노트 정리를 계속해서 업그 레이드했기 때문에 추가할 여백이 있는 것이 좋았고, 줄 도 그렇게 진하지 않아서 줄을 살짝 넘겨 필기하는 등 자 유롭게 필기할 수 있었어요.

이 노트의 단점은 다소 두껍다는 점과 세 개의 구멍이 이미 뚫려 있다는 점, 그리고 완전한 줄 노트가 아니라 왼쪽에 좁은 간격을 두고 세로선이 하나 그어져 있다는 점이에요. 저는 일반 노트를 쓰면 뒤에 남은 페이지를 활 용하기 어려웠는데 이 A4 노트에 정리한 이후에는 그 정 리한 부분만 절취선을 따라 뜯고 세 개의 구멍에 고리를 달아 학교 프린트나 공부 계획표와 함께 엮어놨어요. 이 런 식으로 과목별로 모아 한 데 묶어놓고 포스트잇 인덱 스 등을 노트에 붙여서 과목 구분을 했어요.

〈그림 2-4〉는 제가 실제로 시험 기간에 썼던 노트예 요. 이렇게 하면 노트의 모든 페이지를 정리하는 데에 알차게 쓸 수 있답니다. 고등학교 3년 동안 이런 식으로 A4 노트를 뜯어가면서 6~7권은 쓴 것 같아요. 사실 저 는 노트 정리를 할 때 왼쪽에 키워드를 따로 정리하는 편

은 아니라서 왼쪽에 좁은 간격을 두고 그어진 세로선은 쓸모가 없었지만, 선이 진하지 않아서 필기할 때 크게 거슬리지 않았어요.

**내가
사용한 펜**

노트를 골랐다면, 어떤 필기구로 글씨를 쓸지 정해야 겠죠? 저는 수업 시간에 필기하거나 노트 정리할 때 컴퓨터용 사인펜, 형광펜, 필기용 잉크 펜 또는 볼펜, 수성 마커펜, 이렇게 네 가지 필기구를 주로 사용했어요. 아래에서 각 펜 종류별로 어떤 용도로 사용했는지 소개하고 제품도 추천해 드릴게요.

**1) 컴퓨터용
사인펜**

컴퓨터용 사인펜이 필기하는 데 왜 필요한지 궁금하실 거예요. 컴퓨터용 사인펜은 검은색이고 펜촉이 두껍다는 특징이 있죠. 그래서 노트 정리를 할 때 제목 또는 단원명을 작성하는 데 사용합니다. 컴퓨터용 사인펜으로 단원이 시작되는 부분 가장 위쪽에 제목이나 단원명을 쓰면, 나중에 노트에서 특정 내용을 쉽게 찾을 수 있고 노트를 전체적으로 여러 번 읽으면서 공부할 때 자연스럽게 내용 전체의 구조와 목차를 익히는 데 효과적이거든요. 아래에서 설명할 다른 펜들보다는 사용하는 빈도가 현저히 낮지만, 컴퓨터용 사인펜을 다른 펜으로 대체하기 어렵기 때문에 필통에 항상 가지고 다닙니다. 컴퓨터용 사인펜과 비슷하게 검은색의 두꺼운 촉을 가지고 있는 네임펜은, 보통 우리가 노트 정리를 하는 종이에 사용하면, 뒷면과 심한 경우 그다음 페이지에까지 잉크가 묻어서 노트 정리에는 사용하지 않아요.

**2) 필기용
잉크 펜,
볼펜**

펜의 종류는 수성펜, 유성펜, 중성펜 이렇게 세 가지로 구분됩니다. 위에서 이야기했던 컴퓨터용 사인펜이나 마커펜은 보통 수성펜이고, 우리가 흔히 사용하는 볼펜처럼 물에 닿아도 잘 번지지 않고 가끔 볼펜 똥이 나오기도 하는 펜은 유성펜이에요. 또 사인펜 같은 수성펜만큼 물에 닿으면 쉽게 번지지는 않지만, 유성펜처럼 볼펜 똥이 나오지는 않고 조금 더 액체처럼 써지는 펜을 수성펜과 유성펜의 특성을 혼합하여 만든 중성펜이라고 해요. 용어가 조금 어려우니까 저는 유성펜을 '볼펜', 중성펜을 '잉크 펜'이라고 이야기할게요.

저는 필기를 하는 종이의 재질에 따라 다른 펜을 사용했어요. 교과서와 같은 매끈매끈한 종이 위에 잉크 펜으로 글씨를 쓰면, 잉크가 마르기 전에 손으로 건드리거나 페이지를 넘겼을 때 쉽게 번지거나 묻어나죠. 필기하는 맛에 공부하는 저로서는 이렇게 지저분해 보이는 게 마음에 들지 않아서 매끈매끈한 종이 위에는 볼펜을 주로 사용했어요. 볼펜은 만드는 회사마다 품질이 다 다른데, 글씨를 썼을 때 선의 끊김이 적고 볼펜 똥이 잘 나오지 않는 '제트스트림 0.5mm 볼펜'을 사용했습니다. 삼색 볼펜이나 검은색 펜을 사서 수업 시간에 필기하는 용도로 썼답니다.

또 잉크 펜은 수행평가 용지나 시험지로 주로 쓰이는 갱지 위에 쓰면 잉크가 종이에 스며들어서 글씨가 잘 안 써지기 때문에 이 경우에는 볼펜을 사용해서 부드럽게 글씨를 많이 쓸 수 있도록 했어요. 볼펜은 글씨를 쓰고 난 뒤에 바로 그 위에 형광펜을 칠해도 글씨가 잘 번지지 않기 때문에 형광펜을 자주 사용한다면 필기용 펜으로 볼펜을 추천합니다.

노트 정리를 할 때는 잉크 펜을 주로 사용했어요. 보통 잉크 펜이 볼펜보다 잉크가 더 진하기 때문에 글씨를 썼을 때 멀리서도 더 잘 보이고 깔끔해 보이거든요. 저는 A4 크기의 노트를 주로 쓰다 보니 한 페이지를 채우는 데 시간이 꽤 걸리는데, 잉크 펜 하나로 쭉 쓰면서 한 페이지를 다 채운 후에 다시 처음 정리한 내용부터 형광펜을 살짝 그으면 그새 잉크가 말라서 형광펜이 심하게 번지지 않더라고요. 저는 잉크 펜으로는 '시그노 노크식 0.38mm'를 사용했어요. 보통 잉크 펜은 오랜만에 글씨를 쓸 때 처음에 잉크가 확 많이 나와버려서 글씨가 번지거나 그 부분이 너무 두껍게 써진다는 단점이 있는데, 시그노 노크식 펜은 그런 단점이 덜해서 좋았어요.

3) 형광펜

형광펜은 색상을 너무 다양하게 쓰진 않았어요. 노트에 형광펜 색깔이 많아야 2~3가지를 넘기지 않도록 했어요. 보통 많이 쓰는 색깔은 연한 주황색, 노란색, 초록색 계열로, 필기할 때 주로 쓰는 펜의 색깔인 검은색, 파란색, 빨간색 계열과 겹치지 않도록 했어요. 또 형광기가 많이 도는 색깔을 사용하면 전체 필기를 여러 번 읽을 때 눈이 쉽게 피로해져서 파스텔 계열이나 무광의 단색을 주로 사용했어요. 튀는 색깔을 사용하면 형광펜을 칠한 부분만 너무 강조되어 보여서 주변의 다른 내용을 대충 읽게 되는 것을 피하려는 목적도 있었고요.

필기할 때 형광펜을 그렇게 자주 사용하지는 않았어요. 형광펜을 너무 많이 사용하면 오히려 중요한 내용이 무엇인지 분간하기가 어려워지고 필기가 깔끔하지 않아 보여서 내용을 한눈에 파악하는 것도 어려워지더라고요. 형광펜은 보통 A4 크기의 노트 한 페이지를 채운 뒤에 중요한 용어 몇 개 정도를 표시할 때 사용했는데, 필기 도중에 형광펜을 사용하는 경우는 다음과 같아요.

- 잉크 펜으로 쓰다가 중요한 내용인데 다른 색깔(예: 빨간색)로 강조 표시를 하지 않고 원래 쓰던 색으로 써버렸을 때

- 이미 글씨를 쓴 펜 색깔이 알록달록해서 더 이상 펜 색깔을 바꾸는 것으로는 차별화가 되지 않거나 노트 정리가 복잡해 보일 때
- 인물, 건축물 등 카테고리에 따른 내용을 색깔로 구분해 표시하고 싶을 때
- 펜 색깔을 이용해 중요도를 달리 표현(예: 빨간 펜으로 쓴 글씨의 중요도 > 형광펜으로 표시한 글씨의 중요도)하고 싶을 때 등

저는 시험 기간 초반부터 노트 정리를 시작했는데, 이때는 내용을 정확하게 아는 것도 아니고 사실 중요한 부분이나 내가 취약한 부분이 무엇인지도 잘 모르잖아요. 그래서 노트 정리를 할 때 1~2가지의 형광펜 색으로 선생님께서 강조하신 용어나 어려운 개념에 표시하면서 특정 내용이 지나치게 강조되는 것을 피하려고 했어요.

그래서 형광펜의 경우에는 사용하는 색깔에 특별한 기준은 없었어요. 노트 정리할 때 필통에 들어 있던 형광펜 색깔을 주로 사용했고, 다만 한 번에 한 색깔만을 사용하려고 했어요. 예를 들어 어떤 과목의 중간고사 범위 노트라면, 이 노트를 정리하면서 위에서 언급했던 상황에 중요하다고 생각하는 부분을 칠할 때에는 노란색만 사용

하는 거예요. 노트가 완성되고 나서 노트를 1회독 하면서 헷갈리는 내용을 표시할 때는 노트의 처음부터 끝까지 주황색만 사용하는 거죠. 만약 어떤 한 내용에 서로 다른 색깔의 형광펜이 여러 번 칠해져 있다면 내가 취약한 부분이라는 증거니까 더 신경 써서 공부할 수 있겠죠? 하지만 사실 형광펜은 같은 지점에 여러 번 겹쳐 사용하면 종이가 울고 찢어지는 경우가 많아서 글씨 아래에 밑줄 정도 긋거나, 형광펜이 아닌 다른 펜으로 표시했어요.

이외에 개념 간의 중요도 차이를 드러낼 필요가 있을 때 두 가지 이상의 형광펜 색상을 썼어요. 예를 들어 노트를 정리하면서 중요하다고 생각했던 부분을 노란색으로 표시해 왔는데, 그 뒤에 노란색으로 표시했던 개념보다 더 중요하다고 생각하는 개념이 있다면 초록색으로 표시하는 등 색깔에 변화를 주는 거죠. 이 경우에도 색깔이 세 가지를 넘지 않도록 했고 표시할 때도 문장의 처음부터 끝까지 칠하기보다 특정 단어나 짧은 구 정도로 의미를 파악하는 데 필요한 최소한의 범위만 표시했어요. 앞에서도 언급했듯이 노트 정리 초반에는 강조되는 부분이 적을수록 전체 내용을 공부하는 데 있어서는 더 좋으니까요.

형광펜은 '마일드라이너'나 '스타빌로 스윙쿨'을 주로 사용했어요. 마일드라이너 형광펜은 다른 형광펜보다 물기가 적어서 비교적 빨리 마르고 흡수가 잘된다는 장점이 있죠. 단, 가격이 비교적 비싼 편이라는 것이 단점이에요. 그래서 저도 다양한 색으로 여러 개 구비해서 쓰지는 않았고, 주로 '골드'나 '버밀리온' 색 정도를 사용했어요.

스타빌로 형광펜은 '보스'와 '스윙쿨' 두 가지 버전이 있는데, 보스의 경우에는 형광펜 보디 자체도 부피가 있고 써지는 부분의 너비도 넓어서 휴대용으로 가지고 다니면서 교과서나 노트에 칠하기에는 조금 부담스럽더라고요. 그래서 그보다 더 얇은 스윙쿨 파스텔 색상을 주로 사용했어요. 이 제품은 물이 조금 있는 편이라 형광펜으로 그은 선 끝에 물이 고일 때가 있긴 하지만, 색의 채도가 낮고 튀지 않아서 형광펜으로 칠한 부분의 글씨도 잘 보인다는 장점이 있어요.

만약 가성비 형광펜을 찾는다면 다이소 빈티지 형광펜을 추천해요. 형광펜 다섯 개에 1,000원밖에 안 하거든요. 이 제품은 물이 비교적 많아서 형광펜으로 그은 선 끝에 물이 고일 때가 있긴 하지만, 색상이 형광기가 많이 돌지 않아 무난합니다.

형광펜에 볼펜 안 번지게 하는 법

중성펜(잉크 펜)을 사용하는 경우 펜으로 쓴 글씨 위에 형광펜을 칠하면 글씨가 번질 뿐 아니라 형광펜 촉도 잉크로 얼룩덜룩해져요. 앞서 말한 것처럼 노트 한 페이지를 정리하는 동안 글씨가 어느 정도 마르면 형광펜을 칠하는 것도 한 가지 방법이지만, 노트 내지의 재질이나 중성펜의 잉크 종류에 따라 노트 한 페이지를 다 정리한 후에도 잉크가 마르지 않을 수도 있어요.

이럴 때는 글씨의 잉크가 잘 말라 있지 않은 것처럼 보이는 (잉크가 고여 있는) 부분 위를 지우개로 꾹꾹 눌러서 잉크를 조금 제거해 주면 형광펜을 칠해도 많이 번지지 않아요. 이때 지우개를 글씨 위에 좌우로 밀면서 누르면 잉크가 번져버리니까 꼭 종이와 수직으로 위아래로만 움직여서 잉크를 제거해 줍니다.

더 좋은 방법은 형광펜을 그은 후에 글씨를 쓰는 거예요. 이 글씨에는 형광펜을 칠해야겠다는 생각이 들면, 형광펜을 먼저 그은 다음 그 위에 글씨를 써보세요. 형광펜을 먼저 칠하기 때문에 잉크가 번질 위험이 전혀 없다는 것이 장점이지만, 처음에는 어느 정도 길이로 칠해야 할지 익숙지 않아서 필요한 영역보다 너무 작거나 크게 형광펜을 칠할 수도 있어요. 여러 번 하다 보면 내 글씨 크기에 대한 감이 생겨서 점점 정확하게 그을 수 있습니다.

4) 수성 마커펜

형광펜의 경우 노트 정리하는 도중이나 한 페이지 노트 정리가 끝난 뒤에 사용하기 때문에 특정 내용이 너무 튀지는 않도록 했던 반면, 수성 마커펜은 특정 내용이 튀어 보이도록 하기 위해 사용했어요.

시험이 다가올수록 문제집도 많이 풀어보고 노트도 여러 번 읽다 보면 특히 잘 외워지지 않는 부분, 관련 문제를 많이 틀리는 내용이 무엇인지 알게 될 거예요. 그런 부분들은 내가 만든 노트들을 n회독 할 때 수성 마커펜으로 과감하게 밑줄을 그어서 '약한 부분이니까 신경 써서 한 번이라도 더 읽어야 한다'라고 표시해 주는 거예요.

하지만 공부가 어느 정도 되지 않은 상태에서 이 과정을 하면 밑줄 긋는 부분이 너무 많아질 수 있어요. 그러면 노트가 지저분해지고 표시 부분이 눈에 잘 띄지 않죠. 이 과정은 시험 직전, 그러니까 시험 보기 1~2일 전에 노트를 읽으면서 해야 해요. 문제집을 풀고 틀린 선지를 옮겨 적을 때 추가해서 아직 숙지가 덜 된 내용, 노트를 쳐다보기 전에는 떠오르지 않는 내용 등 부족하다고 생각하는 부분에 밑줄을 그어줍니다.

그런 다음 시험까지 남은 시간 동안 노트 전체를 읽기에는 시간이 부족하다는 생각이 들면 밑줄 위주로 빠르게 머릿속에 집어넣는 거죠. 특히 시험 직전 쉬는 시간에 이렇게 마커펜으로 밑줄 친 부분을 입으로 소리 내어 읽으면 단기 기억의 효과를 톡톡히 볼 수 있어요. 수성 마커펜의 경우 저는 모닝글로리의 '라이브컬러 레드와인, 레드, 블루' 색상을 주로 사용했어요. 눈에 잘 띄게 하는 것이 목적인 만큼 진한 색깔을 골랐습니다.

◆ 저는 펜을 다 쓰고 나서 심을 갈아 끼울 때 다 쓴 심을 낡은 필통에 모아두었어요. 펜을 다 썼다는 것은 그만큼 열심히 손으로 쓰면서 공부를 했다는 얘기잖아요? 다 쓴 심을 필통에 넣을 때 그동안 쌓인 심들을 보면 뿌듯한 기분이 들었어요. 또 '더 많이 모아서 고등학교 3년 동안 쓴 심으로만 이 필통을 꽉 채워봐야지'라는 생각이 들면서 공부 의지도 생기더라고요.

A4 노트도 마찬가지로 내지를 다 뜯고 앞뒤 표지만 남긴 노트를 보관해 뒀어요. 고등학교 3년 동안 이 노트를 몇 개나 다 쓸까 궁금하기도 하고, 다 쓴 노트가 한 권한 권 쌓일 때마다 자신감과 안정감이 들었거든요. 공부라는 행위는 우리 눈에 보이지 않는 역량을 키워가는 과정이기 때문에 이런 식으로 나의 노력의 흔적을 남기고 눈에 보이게 가시화하는 것은 꾸준히 공부를 해나가는

데 원동력이 된다 생각합니다. 여러분도 지금부터라도 다 쓴 노트나 펜을 모아두었다가 나중에 만족할 만한 결과를 얻었을 때 부모님께 '이만큼 열심히 공부해서 이 성적 받았어요'라고 자랑해 보면 어떨까요?

노트를 효과적으로 쓰기 위한
나만의 규칙 정하기

지금까지 노트 정리를 위한 준비물을 알아보면서 어떤 도구를 사용할지 결정하셨죠? 지금부터는 노트 정리를 하기 전에, '내가' 알아보기 편한 나만의 노트 정리 약속을 정하는 노하우를 소개하려고 해요. 내 눈에 가장 잘 들어오는 정리의 구조, 사용하는 펜 색깔의 기준, 기호의 의미 등을 이야기하는 파트입니다.

물론 여러분이 실제로 노트 정리를 할 때 이 모든 것을 정하고 시작할 필요는 절대 없어요. 저 역시 모든 걸 미리 정해놓고 노트 정리를 시작한 건 아니었고, 지금까지 노트 정리를 쭉 해오면서 시행착오를 거쳐 저에게 가장 잘 맞는 구조와 약속을 찾았거든요. 정해놓은 정리 방식 같은 게 아직 없다면, 혹은 지금 쓰고 있는 정리 방식이 부족한 것 같다면 제 방법을 한번 써보고 적용할지 말지 정하면 됩니다. 물론 더 좋은 아이디어가 떠오른다면 그걸 시도해 봐도 좋고요.

글씨 색깔 정하는 기준

노트 정리할 때는 검은색, 파란색, 빨간색, 이렇게 딱 세 가지 색깔만 사용하라는 이야기, 많이 들어보셨죠? 삼색 볼펜도 주로 저 세 가지 색상으로 구성되어 있고요. 저도 보통 이 세 가지 색으로 노트 정리를 했어요. 색깔이 특별한 기준 없이 알록달록하기만 하면 어떤 내용이 중요한 내용인지 구분이 안 되고 눈에 피로감을 주거든요.

1) 교과서에 필기할 때

교과서에 필기할 때는 이미 쓰여 있는 글자가 검은색이므로 대부분의 내용을 파란색으로 필기하고 선생님께서 강조하신 부분은 빨간색으로 써서 눈에 띄게 했어요. 애초에 이미 많은 내용이 교과서에 쓰여 있고 추가적인 내용만 필기하는 것이다 보니 다양한 색깔이 필요하지 않았어요.

2) 노트 정리 할 때

하지만 노트 정리할 때는 교과서, 프린트 등 수업 자료와 문제집, 인강 교재 등의 내용을 모두 담아야 하잖아요. 저는 시험 기간에 노트 정리를 할 때 우선 교과서와 프린트, 수업 필기 등 수업 자료의 개념 설명 부분을 요약해 가면서 노트 정리를 1차로 하고, 문제집이나 인강 교재, 기출문제 등을 풀면서 틀린 선지나 새롭게 알게 된 내용들을 계속해서 그 노트에 추가하는 방식으로 노트 정리를 했어요.

① 1차 노트 정리 - 검은색

1차로 노트 정리를 할 때 요약하는 교과서, 프린트, 수업 필기는 사실 선생님께서 보고 출제하시는, 시험과 직접적으로 연관된 범위잖아요. 그래서 이 교재에 쓰여 있는 말들은 '시험 출제 가능성이 높고 문제로 나오면 무조건 정답'이라고 생각하고 노트에 검은색 펜으로 썼어요. 혹시나 나중에 검은색으로 쓴 글씨를 외워서 선지를 골랐는데 정답이 아니라면, 이건 교과서나 프린트에 명시된 내용이니까 근거를 가지고 이의 신청이라도 할 수 있잖아요. 이렇게 하다 보니 1차 노트 정리는 대부분 기본적으로 검은색 글씨로 쓰게 됩니다. 제가 실제로 고등학교 3학년 1학기 때 윤리와 사상 기말고사를 준비하기 위해 정리했던 노트(〈그림 2-5〉)에 대부분의 내용이 검은색으로 작성된 것을 볼 수 있어요.

무애행 : 일심 깨달은 상태에서 거리낌 x
대중에게 다가가는 원효의 방식

종과 선종 (대승불교)   3. 한국불교
                                        → 성규변재 하한정병   부제 이용
교종 ┌ 부처의 말씀인 경전 근본   ① 원효 - 통불교(교화) ⇒ 교종 경병 = 부처
     └ 해탈에 이르기 위해 교리에 대한 깊은 이해.   1) 화쟁 : 당시 대립·갈등하는 여러 불교 종파들을
       계율의 실천과 수행을 통한 깨달음을 강조   탁상 인정! → 높은 차원에서 하나로 아우름 (불변x)
                                                                              "성원의 자체에
• 천태종 ┌ 「법화경」, 수나라 천태대사 '지의'   유와 무의 → 유식학 vs 중관학 ⇒ 원융회통   → 아래 #위"
        └ 깨달음 위해 지 (마음집중) + 과 (통찰수행)   실상 \
                                                     2) 일심 : 이원적 대립 초월하는 절대무이한 것.
• 화엄종 ┌ 「화엄경」   일체법   ↗
        ├ 모든존재가 서로 원인·융합 → 분별·대립 극복, 지양   :생명x 적용 ┌→ 진여심 (불성) + 생멸심 (현상) ⇒ 무애사상
        └ "일연법기"   모든생명 이롭게도.   (서로 무애로워
                                              * 망정불교!! - 염불 수행으로도 깨우칠 수 o   차별없다)
정토종 ┌ 「아미타경」, 「무량수경」 부처·불법 가리키는는   제도·차별에 얽매이지 않음
      ├ 아미타불의 도움으로 정토에 태어나 성불 바람   청정한 국토
      └ 아미타불 이름을 부르면 정토에 극락왕생o   ② 의천 - 교관양지로 ⇒ 교종 중심 강화 < 천태종 >

선종 ┌ 마하가섭 → 달마 → 혜능   1) 교관겸수 : 교학 수행 (경전) + 지관 수행 (참선)
    ├ '우리는 원래 완성된 부처' 직관 : 돈오
    ├ 선 수행   2) 내외겸전 : 내적공부 (선종) + 외적공부 (교종)
    └ 불성(진리)은 모든사람 마음 속에 o. 스스로 수행 통해
      주체적 자아 발견, 해탈   ③ 지눌 - 선교일원론 ⇒ 선종 중심 강화 < 조계종 >
    * 불성 = 자성 = 자성청정심
                                             1) 돈오점수 : 단박에 진리를 깨친 뒤에도
조계종 ┌ 직지인심 (마음 직접 보고),   모든 존재, 현상 지어냄..   구체적   나쁜 습기를 차차 소멸시켜 나가는 수행 필요.
      ├ 견성성불 ('불성=불심' 알면 부처 될 수 o)   실천 ↓   실천x. 공통하게!
      ├ 돈오돈수 : 누구나 자신의 마음에 있는 자성 직관   2) 정혜쌍수 : 선정+지혜
      │   + 단박에 깨달음 + 단번에 부처o 자성견성 수행x   3) 선교일원 : 선=부처의 마음, 교=부처의 말씀
      ├ 불립문자 : 경전에 얽매이지 :: (학습은 함)   (선교 본래 하나)
      ├ 교외별전 : 문자 밖에서 깨달음 ::   4) 간화선 : 화두를 들고 수행하는 참선법
      └ 이심전심 : 스승-제자 마음으로 주관하는 가르침!!   (말머리)
         ⊕ 영화 미오
                                             "먼저 깨달은 뒤에 닦을 것"
언어 부정(x)   "선정은 부처, 지혜는 경용"
언어에 대한 집착·경계(o)

* 수행법 ┌ 간화선   *끊임없이 : 달을 가리키는 손가락
        ├ 천문당   ┌ 교 → 달을 가리키는 손가락
        └ 묵조선   └ 선 → 달 직접 체험

▶〈그림 2-5〉   069

② 추가 내용, 약간 강조 - 파란색

이렇게 쓴 내용 외에 선생님께서 추가로 설명하신 부분이나, 노트 한구석에 옆 내용과는 상관없는 독립적인 내용을 쓰고 싶을 때, 아니면 자신이 생각했을 때 조금 강조하고 싶은 내용은 파란색 펜으로 썼어요. 시험 기간에 전체 내용을 노트 정리할 때는 파란색 펜으로 내용을 많이 쓰면 오히려 그 내용이 눈에 잘 들어오지 않더라고요. 많아야 한두 문장, 적으면 키워드 정도를 파란색으로 썼을 때 강조되는 효과가 있었어요(물론 노트 한구석에 독립적인 내용을 다른 색 펜으로 쓴 경우에는 이웃하는 두 내용이 서로 다른 내용이라는 것이 시각적으로 인식돼서 암기가 더 잘되기도 했어요). 그래서 저는 노트 정리를 할 때는 검은색을 기본으로 가져가고, 비슷한 말 사이에 차이점을 드러내는 부분 등 강조하고 싶은 부분, 선생님의 추가적인 설명 등의 내용을 정리할 때 파란색 펜을 사용했어요.

③ 어려운 내용, 강한 강조 - 빨간색

마지막으로 빨간색 펜은 가장 강조하고 싶은 내용을 정리할 때 썼어요. 생소한 용어, 노트를 정리하기 전 교과서를 읽을 때 계속 헷갈렸던 내용 등 어렵게 느껴지는 부분, 선생님께서 특히 강조하셨던 부분 등 1차 노트 정리가 끝난 뒤에 노트를 여러 번 읽을 텐데 그 과정에서 초반부터 내가 집중해서 읽어야 할 부분에 강조 표시를 하는 것이죠. 쉽게 말해 '내가 처음 공부할 때 어려웠던 부분', '선생님께서 강조하신 부분'에 따로 표시를 하는 겁니다.

간단하게 말하면 검은색은 교과서, 프린트 등 '시험 출제 확률이 높은 기본적인 중심 내용', 파란색은 추가 설명이나 중간 정도의 강조, 빨간색은 너무 헷갈리는 부분이나 매우 높은 강조를 나타낼 때 사용했다고 정리할 수 있어요.

④ 노트 업그레이드(선지 추가) - 여러 가지 색깔

이처럼 검은색, 파란색, 빨간색은 시험 기간 초반에 교과서를 몇 번 읽고 나서 1차 노트 정리를 할 때 사용했는데, 저는 이외에도 여러 가지 색깔을 노트 정리에 사용했어요. 문제집이나 인강 교재, 기출문제를 풀면서 틀린 선지나 새롭게 알게 된 내용을 2차, 3차… 이런 식으로 노트 정리에서 추가하면서 노트를 업그레이드한다고 했잖아요? 이때 내가 추가하는 내용의 출처에 따라 색깔을 달리해서 썼어요. 예를 들어 고등학교 3학년 윤리와 사상 과목의 '아퀴나스' 파트에서 언급된 '종교적 덕'을 정리할 때, 같은 내용을 뜻하는 말이지만 A 문제집에서는 '종교적 덕은 신에게로 인도해 준다'는 내용이 있고, B 문제집에서는 '종교적 덕은 신과 하나 되려는 실천이다'라는 내용이 있는데, 이 두 내용이 나에게 모두 새로울 때 A 문제집에서 나온 내용은 핑크색, B 문제집에서 나온 내용은 보라색으로 정리하는 거예요.

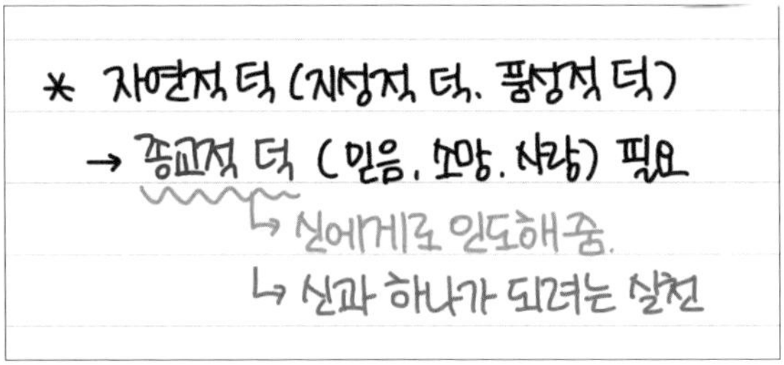

▶ 〈그림 2-6〉

〈그림 2-6〉은 제가 해당 내용을 실제로 정리했던 부분입니다. 이렇게 하면 나중에 노트를 여러 번 읽다가 추가한 내용이 이해되지 않거나 이런 표현이 나오게 된 맥락이 궁금해졌을 때 이 내용이 나온 출처를 빠르게 알고 직접 찾아 확인할 수 있어요. 또 확인했는데 이해되지 않을 때는 문제집을 선생님께 직접 들고 가서 여쭤볼 수도

있죠. 이렇게 하면 시험공부를 하면서 풀었던 여러 문제 집을 뒤지면서 그 내용을 찾느라 시간 허비하는 걸 방지할 수 있을 뿐 아니라 열심히 찾았는데 결국 못 찾거나 찾는 데 시간이 많이 걸리니까 찾기를 포기하고 내 지식에 구멍이 있는 채로 넘어가는 것을 막고 더 꼼꼼하게 공부할 수 있어요. 사소해 보이지만 생각보다 중요한 꿀팁입니다.

◆ 노트 내용을 보완하면서 여러 가지 색깔을 쓰면 노트가 너무 알록달록해서 복잡해 보이고 읽는 데 피로감이 들까 봐 걱정될 수 있지만, 시험 기간에 푸는 문제집이 몇십 권씩 되는 것이 아니라서 색깔 종류가 그렇게 다양하지는 않아요. 또 문제집에 나온 모든 내용을 노트에 옮기는 것이 아니라 그중에 내가 몰랐던 내용이나 틀린 내용만을 적는 것이기 때문에 분량도 그렇게 많지 않거든요. 그래서 생각보다는 별로 알록달록하지 않고, 여러 색깔이 있어도 각각의 색깔들에 분명한 기준(출처)이 있기 때문에 내용이 뒤죽박죽 섞이지 않아서 색깔 구분을 하지 않았을 때보다 깔끔하게 머릿속에 정리할 수 있어요.

**노트 정리의
틀과 구조**

우리가 노트 정리를 하는 이유는 교과서 등 교재에 줄글로 풀어서 쓰여 있는 어려운 내용들을 내가 이해하고 외우기 좋은 방식으로 정리해서 편하게 공부하려고 하는 것이에요. 그래서 교재에 있는 내용을 그대로 쓰면 그건 그냥 교재 복사본을 하나 만든 것뿐이라서 큰 효과가 없다고 얘기했었어요.

같은 맥락에서 교재에 있는 내용을 내 언어로 바꾸고 색깔도 여러 번 바꾸면서 썼다고 해도, 노트에 줄글로 빽빽하게 옮겨 쓴다면 '내가 이해하고 외우기 편한 방식'으로 정리한다는 노트 정리의 의미가 덜할 거예요. 어쨌든 내용을 파악하려면 노트의 왼쪽부터 오른쪽까지 읽어야 할 테니까요. 우리는 많은 내용이 한눈에 들어올 수 있도록 해주는 구조를 만들 거예요.

지금부터는 노트 정리할 때 주로 사용하는 네 가지 틀을 소개할 텐데, 이 중에서 본인이 이해하기에 가장 편할 것 같은 방식을 선택하거나 노트를 정리하는 그날그날 끌리는 것을 선택해서 정리해 보고, 점점 자신에게 익숙하고 좋은 방식으로 발전시켜 나가면 됩니다.

1) 마인드맵

노트 정리를 한 번도 해보지 않았더라도 이 방법은 들어보았을 거예요. 새 학기 때 자기소개 자료로 마인드맵을 준비했다고 가정하고 〈그림 2-7〉을 간단하게 그려보았습니다. 그림을 보면 우선 '나'라는 가장 큰 주제 밑에 이 주제와 연관된 하위 주제, '나의 취미', '내가 좋아하는 음식'으로 가지를 뻗었죠. 그 후에는 이렇게 뻗은 가지들을 이루는 주제, 예를 들어 '내가 좋아하는 음식'이라면 그것에 해당하는 하위 항목들(예: 떡볶이, 김치찌개, 삼겹살)을 적으면서 또 가지를 뻗었어요. 우리에게 익숙한 방식이지만, 앞으로 소개할 모든 노트 정리의 형식은 이 구조를 따른다고 보면 돼요. 알아야 할 정보가 많으니까 이것을 공통점이 있는 항목들끼리 묶어서 정리하는 거죠.

마인드맵은 이 구조를 따르는 방식 중 가장 자유롭게 정리할 수 있다는 장점이 있지만, 자유로운 만큼 전체 구조를 한눈에 알아볼 수 있게 체계적으로 정리하기 어렵고 주제마다 차지하는 공간이 다르다 보니 노트를 효과

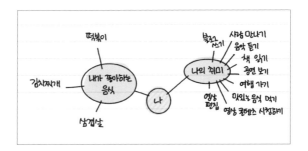

▶ 〈그림 2-7〉

적으로 채울 수 없다는 단점이 있어요. 예를 들어, 〈그림 2-7〉의 오른쪽 모퉁이를 보면 정리할 공간이 부족해서 글씨를 빽빽이 쓴 반면, 왼쪽 모퉁이는 항목 개수가 얼마 되지 않아 공간이 텅텅 비어 있죠. 주제가 두 개뿐이어도 이런데 우리가 공부하는 내용은 이것보다 훨씬 많잖아요. 그래서 자유롭게 마인드맵을 그리다 보면 공간이 부족해서 내용을 적지 못하는 경우가 있어요. 또 공간이 부족해서 적지 못했던 내용들을 상대적으로 여유 있는 다른 주제 주변에 적어두면 나중에 복습할 때 정보가 뒤죽박죽 섞여서 정보를 구분해 내기 어려워지고 가독성도 떨어집니다. 그래서 마인드맵은 많은 내용을 적을 필요가 없는 공부를 할 때나 공부 마무리 단계에서 키워드 위주로 복습할 때 사용하면 좋은 방법입니다.

2) 가지치기

가장 자유로운 형식인 마인드맵에 어느 정도 체계를 부여한 것이 가지치기 방식입니다. 공통점이 있는 내용끼리 묶어서 정리한다는 점에서는 마인드맵과 비슷하지만, 정리할 때 특정 방향으로 향한다는 규칙을 가지고 가지를 치면서 뻗어나간다는 것에서 차이가 있습니다.

〈그림 2-8〉을 보면, '**관형절**'이라는 대주제를 '**짧은 관형절**'과 '**긴 관형절**'이라는 두 하위 주제로 나누고, 각

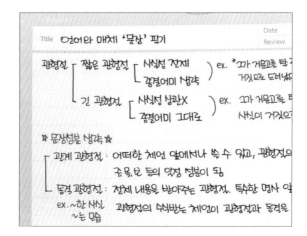

▶ 〈그림 2-8〉

각의 하위 주제의 특징을 정리했음을 알 수 있어요. 이 때 대주제인 관형절을 가장 왼쪽 상단에 배치하고, 가지를 치는 하위 항목들을 그 오른쪽에 위아래로만 배치하면서 전체적으로 왼쪽 위에서 오른쪽 아래로 가지를 치며 넓어지는 것처럼 정리했어요. 이때 〈그림 2-8〉처럼 'ㄷ'자 모양의 가지를 사용해서 왼쪽 위부터 오른쪽 아래까지 뻗어나가도 되고, 〈그림 2-9〉처럼 옆으로 누운 'ㅅ'자 모양의 가지를 사용해서 왼쪽 가운데부터 오른쪽 위아래로 뻗어나가도 됩니다. 또는 〈그림 2-10〉처럼 가운데 상단에서 아래로 넓어지는 방식도 좋습니다. 종이의 여유 공간과 내용의 양, 또는 자신이 보기에 가장 편한 구조 등을 고려하여 자유롭게 그려나가면 됩니다(가지

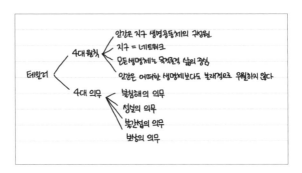

▶ 〈그림 2-9〉

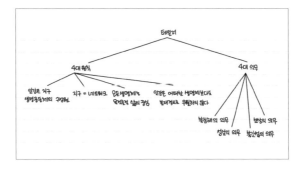

▶ 〈그림 2-10〉

의 모양은 배치 방법과 상관없으므로 자유롭게 선택하면 됩니다).

가지치기 형식은 특정 방향으로 갈수록 세부적인 내용이 배치된다는 규칙을 따르기 때문에 마인드맵보다 체계적으로 내용을 파악할 수 있다는 장점이 있어요. 또 복습할 때 눈으로 내용을 한쪽 방향으로 읽어나가면 정보를 대주제부터 하위 주제까지 순서대로 머릿속에 차곡차곡 쌓을 수 있고 전체적인 구조도 파악하기가 쉽습니다.

하지만 마인드맵처럼 가지가 많아질수록 많은 가지로 나뉜 항목들 각각에 세부적이고 긴 설명을 써넣기에는 공간이 부족할 수 있다는 단점이 있어요. 또 예를 들어 〈그림 2-9〉처럼 왼쪽에서 오른쪽으로 가는 방식이라면 가지를 여러 번 칠수록 노트의 가로 길이는 부족하고, 노트의 왼쪽 부분에는 별 내용이 없어 제대로 활용하지 못한다는 단점이 있죠. 그래서 가지치기 방법은 가지를 여러 번 치지 않는 내용을 정리할 때 좋아요. 모든 내용을 하나의 줄기에서 비롯된 가지들로 뻗으려고 하지 말고, 〈그림 2-8〉처럼 이미 분화된 하위 주제에 대한 세부 정보들을 정리하는 상황이나 전체적인 구조를 보기 위해 키워드 위주로 정리하는 상황에서 사용하면 더 가독성 좋게 내용을 정리할 수 있어요.

3) 인덱싱 + 들여쓰기

우리가 사용하는 교과서, 프린트, 문제집 등을 잘 살펴보면 다음 페이지의 〈그림 2-11〉과 같이 하나의 주제를 가지고 시작되는 내용 전에 번호와 제목이 달려 있는 것을 볼 수 있어요. 이렇게 새로운 주제가 등장할 때 번호를 붙여가면서 표시하면 내가 지금 보고 있는 내용이 어떤 주제에 속해 있는 몇 번째 정보인지 쉽게 알 수 있어서 방대한 양을 체계적으로 정리하기 쉬워요.

다른 정리 형식과 인덱싱의 가장 큰 차이점은 내용을 위에서 아래로 체계적으로 정리하기 때문에 내용이 많고 길어도 가독성에 큰 문제가 없다는 점이에요. 그래서 많은 내용이 담긴 교과서나 문제집에 주로 쓰이는 방법이고요. 보통 **대제목(대단원) → 중제목 → 소제목 → 세부 내용** 등에 따라 **I(로마숫자) → 1) → (1) → ①**의 숫자 기호를 써서 나타냅니다(이 순서로 사용하면 기호 순서 외우기가 쉬워요. 숫자 주변을 감싸는 것이 점점 더 많이 생기는 순서).

   I 대제목
    1) 중제목
      (1) 소제목
        ① 세부 내용

〈그림 2-11〉에서도 긴 역사를 큰 시대적인 흐름에 따라서 로마숫자로 나누고, 그 시대 안에서 또 하위 주제에 01, 02와 같은 숫자 기호를 써서 나눈 것을 볼 수 있어요. 앞서 가지치기했던 것처럼 가지를 칠 때, 가지를 치면서 나뉜 하위 주제들끼리 같은 숫자 기호를 부여하면서 인덱싱을 한다고 생각하면 돼요. 그리고 그렇게 인덱

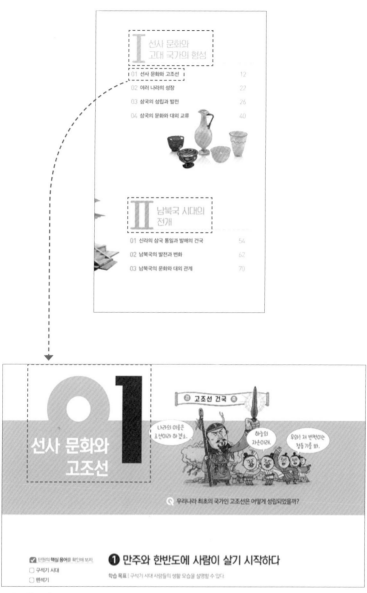

01

선사 문화와
고조선

🔔 고조선 건국 🔔

나라의 이름은 조선이라 하겠소.

하늘의 자손이래.

오와! 저 번쩍이는 칼들을 봐.

Q 우리나라 최초의 국가인 고조선은 어떻게 성립되었을까?

☑ 단원의 핵심 용어를 확인해 보자.
☐ 구석기 시대
☐ 뗀석기

❶ 만주와 한반도에 사람이 살기 시작하다

학습 목표 | 구석기 시대 사람들의 생활 모습을 설명할 수 있다.

▶ 〈그림 2-11〉

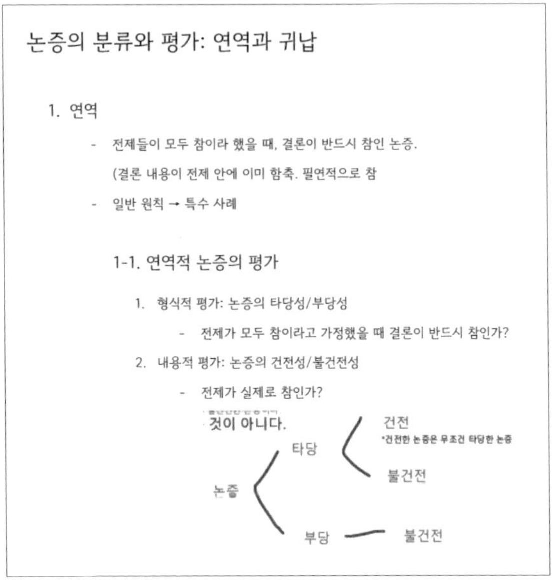

▶ 〈그림 2-12〉

싱한 숫자들을 주제마다 들여쓰기해서, 지금 내가 쓰고 있는 내용이 어느 주제 아래에 있는 내용인지를 시각적으로 나타내는 거죠(〈**그림 2-12**〉).

이 방법은 숫자 기호를 쓰기 때문에 전체 내용이 몇 개의 묶음으로 나뉘었는지, 그리고 특정 하위 주제가 큰 대주제 아래 몇 번째 하위 주제인지 파악하기 편해서 방대한 전체 내용을 가장 체계적으로 구조화할 수 있다는 게 장점이에요. 하지만 숫자 기호를 지나치게 많이 쓰면 내용을 정리하는 과정이나 나중에 노트를 복습하는 과정에서, 기호 사이의 위계가 헷갈려서 내용의 구조를 파악하기 힘들 수 있다는 점, 내용 중간에 새로운 내용을 추가해야 할 때 번호를 일일이 수정해야 한다는 점이 단점이에요.

그래서 숫자 기호를 사용하는 인덱싱은 초반에 굵직굵직한 주제를 나누거나 번호를 붙여가며 달달 외워야 하는 것(예: 사건의 순서, 인물의 업적, 물질의 구성 요소 등)을 정리할 때 사용하면 효과적이고 세부적인 내용은 동그라미나 **점(◎, ·), 작대기(-), 별표(★), 화살표(▷, →)** 등의 말머리 기호들을 사용해서 나타내는 것이 좋아요. 숫자 기호에 비해 기호 종류도 많고 순서가 있는 것이 아니라서 내용을 추가하기도 편하거든요.

4) 표

표 또한 교과서나 프린트에서 자주 등장하는 만큼 이미 익숙할 텐데, 선으로 칸이 정확하게 구분되기 때문에 가장 체계적으로 많은 양을 정리할 수 있다는 장점이 있어요. 가지치기와 마찬가지로 왼쪽에서 오른쪽으로, 위에서 아래로 (한 방향으로) 내용이 큰 주제부터 세부 항목까지 차례로 배치되어서 전체 구조를 파악하기 쉽죠. 또 종이의 크기에 따라서 표의 칸 크기를 직접 선을 그어 조절할 수 있어 많은 내용을 쓰더라도 다른 내용과 뒤죽박죽 섞인 것처럼 보이지 않습니다. 마인드맵이나 가지치기 방식보다 공간을 효율적으로 쓸 수도 있고요.

그런데 표는 직접 선을 그려서 칸을 만들고, 그렇게 만든 칸 안에 많은 내용을 집어넣어서 오히려 외울 때에는 좀 더 헷갈리기도 해요. 뒤에서 설명하겠지만 우리는 만든 노트를 사진 찍듯이 외우기도 할 텐데, 표는 많은 내용이 비슷한 위치에 밀집되어 있다 보니 정확하게 외우지 않는 이상 헷갈리기 쉬운 것이죠. 그래서 표는 많은 내용을 체계적으로 정리해 놓고 백지에 이 표 자체를 외워서 쓸 정도로 달달 외워야 하는 내용을 공부할 때 효과적으로 사용할 수 있어요.

자주 사용하는 표현 방식과 기호

앞에서는 전체 내용을 줄글로 옮겨 쓰지 않기 위해 공통점을 가진 주제별로 나눠서 정리하는 노트 정리의 틀을 설명했는데, 이제부터는 이렇게 분류한 내용들을 요약해서 쓸 때 활용하면 좋은 기호에 대해서 말해보려 해요. 책에 쓰여 있는 내용을 임의로 바꿔서 쓰거나 삭제하면 내용이 달라지거나 오개념이 생길까 봐 결국은 요약하지 못하고 다 옮겨 쓰다 보면 내용이 길어져서 가독성이 떨어질 수 있어요. 여기서는 필요한 내용은 남기면서 효과적으로 내용을 줄일 수 있는 방법을 알려드릴게요.

1) 조사 삭제

우선 문장에 들어 있는, 없애도 되는 조사들을 삭제합니다. 조사('은, 는, 이, 가, 을, 를, 에서, 에, 이나' 등)는 체언(명사, 대명사, 수사) 뒤에서 다른 말과의 문법적인 관계를 나타내는 품사예요. 우리말 특성상 '나는 밥을 먹었어'를 '나 밥 먹었어'라고 해도 의미가 전달되기 때문에 없어도 의미 파악에 큰 문제가 생기지 않는 조사들을 삭제하는 겁니다. 물론 '누가 누구에게 무엇을 했는지', 즉 주체와 대상이 중요한 내용에서는 이를 분명히 나타내는 조사를 생략할 수 없겠죠? 우선 조사를 최대한 생략하여 문장을 떠올려보고, 조사가 있어야만 주체와 대상을 잘 파악할 수 있는 부분의 조사는 살려주는 방법을 쓰면 쉬울 거예요.

2) 연결 단어를 기호로 바꾸기

'~해서, ~이기 때문에, ~지만, ~면, ~을 통해서'는 알아보기 편한 기호로 나타내 주면 좋아요. 이들은 교재에 자주 등장하는데, 글자로 썼을 때보다 기호로 썼을 때 훨씬 내용이 직관적으로 파악되거든요. '~해서, ~이기 때문에'와 같이 원인 관계로 이어져 있다면 **화살표(→) 같은 기호나 영어 'because'를 줄인 b/c와 같은 기호를 쓰**

는 것이죠. 같은 맥락에서 '~지만'과 같이 대조적인 내용이 연결된다면 영어 'but'으로 간단하게 표현할 수 있고, '~면'과 같이 조건을 나타내는 내용이라면 영어 'if'로 나타낼 수 있어요. 물론 너무 많은 내용을 영어로 바꾸면 오히려 읽기 어려워지니까 쉬운 영어로 바꿀 수 있는 확실한 관계일 때 이 방법을 사용해 주세요. 이렇게 하면 한국어로 문장을 쭉 적는 것보다 앞뒤 내용이 한 번 끊기면서 가독성도 좋아지고, 내용 사이의 관계도 직관적으로 파악할 수 있어요. 꼭 영어가 아니더라도, 자신이 알아볼 수 있는 기호 약속을 정해서 사용하면 됩니다.

3) 서술 표현 기호로 바꾸기

노트 정리를 많이 하다 보면, 자주 등장하는 표현들이 있다는 것을 알 수 있어요. 예를 들어, '열대 계절풍 기후에서는 벼의 수확이 **잘된다**', '툰드라 기후는 식물 생장이 어려워 농경에 **불리하기** 때문에', '이슬람교에서는 우싱 숭배가 **금지된다**', '세계 주요 곡물 자원 중 옥수수는 생산지와 사용 범위에 있어서 쌀과 **차이가 있다**' 등등.

특히 긍정/부정, 허용/금지, 있음/없음, 찬성/반대, 같음/다름, 큼/작음과 같이 반대 개념이 분명히 존재하는 표현들이 많이 등장하고 시험에도 단골로 출제되는 포인트입니다. 그래서 저는 이렇게 자주 등장하는 표현에 O/X,

😄/😠, =/≠와 같은 기호를 사용해서 글자를 줄여 가독성을 높이고 내용을 직관적으로 알아볼 수 있도록 했어요.

앞에서 예로 들었던 문장들을 이 방법으로 고치면 다음과 같습니다.

- 열대 계절풍 기후: 벼의 수확 😄
- 툰드라 기후: 식물 생장😠 ->농경에 😠
- 이슬람교: 우상숭배 X
- 세계 주요 곡물 자원 중 옥수수 ≠ 쌀 (생산지, 사용 범위)

〈그림 2-13〉은 자주 사용되는 표현별로 제가 사용했던 기호를 정리한 것이니 아직 자기만의 체계가 없다면 한번 사용해 보세요.

기호	뜻	기호	뜻
b/c	왜냐하면	but	그러나
ex.	예시	&	그리고 / ~와 함께
w/	~와 함께	vs	대립 관계 / 둘 중 하나만 맞는 경우
if	만약 ~라면	○	긍정 / 있음
→	~을 통해서 / 결과	X	부정 / 없음
↔	반대개념	有	있음
=	같음	無	없음
≠	다름	☺	찬성, 좋음
< , >	대소 관계	☹	반대, 나쁨
↑	증가 / 늘음	~'s	~의
↓	감소 / 낮음	(숫자)C	~세기
⊕	추가적인 내용	(숫자+)s	~년대
∵	왜냐하면	A ≠ B	A ≒ B
∴	따라서		

* 자주 사용했던 기호

▶ 〈그림 2-13〉

4) 그림, 그래프 등의 시각자료 활용

그림, 그래프와 같은 시각적인 자료도 중요합니다. 시각 자료를 쓰게 되면 빽빽하게 글자만 가득 썼을 때보다 가독성이 높아지거든요. 또 글자로는 열 줄 이상 설명해야 하지만 시각 자료를 쓰면 한눈에 파악할 수 있는 내용들도 있죠. 예를 들어서 세포의 소기관이나 세포분열을 공부할 때는 각 소기관의 생김새와 위치, 기능 등을 글로 풀어서 쓰는 것보다 그림을 그려놓고 해당 소기관에서 선을 그어서 기능 정도만 메모하듯이 써주는 것이 가독성과 이해도를 높이는 데에 훨씬 좋습니다. 시험에서도 그림을 제시하고 특정 소기관을 찾아서 기능을 쓰라는 문제가 종종 나오죠. 이처럼 글보다 그림이 더 효율적인 경우도 있습니다.

그림을 잘 못 그려도 상관없어요. 교과서랑 똑같이 그리려고 하지 말고, 문제집에는 교과서에 있는 복잡한 그림을 단순화한 그림이 실리기도 하니까 그걸 보고 따라 그리면 돼요. 그리고 이건 제가 썼던 방법인데, 문제집의 문제를 다 풀고 (오답 점검까지 하고) 나서 내가 노트에 넣고 싶은 좋은 그림이나 그래프가 있으면 그 부분을 오려서 노트에 붙였어요. 이렇게 하면 적은 시간과 노력을 들이면서, 내가 보는 노트에 그리기 까다로운 자료들도 포함시켜 간편하게 많은 자료를 볼 수 있거든요.

또 그림 위에 보충 설명을 더할 때에는 그림을 그렸던 펜과 다른 색깔의 펜을 사용하면 내용을 파악하기가 더 쉬워요. 배경에 있는 그림과 설명이 섞이지 않아서 가독성이 높아지고, 그림 안에서 자신이 집중해서 보아야 할 정보들을 시각적으로 쉽게 구별할 수 있습니다.

노트를 펼치기 전
머릿속에서 구조화하기

이렇게 노트 정리의 기본 세팅에 대한 설명을 모두 마쳤고, 이제 본격적으로 노트 정리를 시작하겠습니다. 노트 정리를 위한 0단계는 노트를 펼치지 않은 상태에서 진행됩니다. 만약 정리해야 하는 내용이 무엇인지 모른다면, 노트 정리를 한 번에 깔끔하게 해내기 어렵고 시간도 많이 걸릴 거예요. 그래서 우리는 노트를 펼치기 전에 책을 읽으면서 '머릿속에서 구조화'를 먼저 해줄 겁니다.

앞서 노트 정리의 구조를 설명하면서, 대부분의 노트 정리는 공통점이 있는 내용끼리 한 주제로 묶어서 가지치기, 인덱싱, 표 등의 틀로 정리한다고 했죠? 그래서 책을 읽을 때도 내가 묶을 수 있는 정보들을 묶어나가면서, 노트 정리를 어떻게 할지 머릿속에서 그리면서 읽는 거예요. 만약 처음이라 이 과정이 어렵게 느껴진다면, 우선 교과서 한 단원의 내용을 눈으로 꼼꼼히 읽으면서 최대한 자신이 할 수 있는 만큼 내용을 묶어보세요. 펜을 사용해서 묶을 수 있는 내용끼리 선으로 연결해도 좋고, 그 냥 머릿속에서만 연결해도 좋습니다.

그런 다음에 문제집이나 인강 교재와 같은 참고서에 서 그 단원의 내용을 설명한 부분을 보세요. 아마 참고서 에는 한 페이지에 많은 내용들을 담으려고 표와 같은 방 식으로 내용이 정리되어 있을 거예요. 표로 정리된 내용 들을 보면서 내가 참고서를 보기 전에 스스로 생각했던 묶음들과 차이가 큰지, 어디서 큰 차이가 발생했는지(문 제집은 어떤 기준으로 나눴는지)를 생각해 봅시다. 이때 문제집의 정리가 정답이라고 생각하기보다는, 차이가 왜 발생했고 나의 공부 목적에는 어떤 방법이 더 적절할 지 생각해 보는 것이 좋아요.

이 방법은 처음에 어떻게 내용을 묶는지 감이 아예 오 지 않는 분들에게 추천합니다. 참고서에 너무 의존하다 보면 무의식중에 참고서에 나와 있는 정리가 정답이라 고 생각하고 노트 정리를 할 때도 참고서 정리와 비슷하 게 하려고 할 수 있거든요. 이렇게 되면 노트가 참고서의 필사본이 되어서 내가 직접 내용을 골라내어 정리하는 노트 정리의 효과가 줄어들 뿐 아니라 스스로 내용을 정 리하는 능력을 키울 수 없어요.

물론 참고서 정리도 좋지만, 내가 이 내용을 읽었을

때 떠올랐던 묶음, 구조가 사실 내가 이 내용을 가장 이해하기 편한 구조니까 스스로 내용을 구조화하는 연습을 꼭 하길 바랍니다. 저는 보통 시험 기간에 교과서와 프린트를 한 번씩 읽고 머릿속에서 구조를 짠 다음 교과서와 프린트를 보면서 노트 정리를 했는데, 처음에는 이 과정이 서툴기 때문에 교과서와 프린트를 여러 번 꼼꼼하게 읽으면서 구조화하는 연습을 하면 더 좋습니다.

머릿속으로 구조화할 때는, 생각으로 노트 한 페이지를 완벽하게 채울 정도로 꼼꼼할 필요는 없습니다. 노트 정리를 많이 해보면 감이 잘 잡히겠지만, 너무 세부적인 내용 말고 그 위의 굵은 가지 정도의 구조만 잡히면 나머지는 교과서를 보면서 정리하면 되기 때문에 노트 정리하기 전에 굵직한 가지를 먼저 잡아본다는 마음으로 하면 됩니다.

머릿속에 구조화하면서 책을 읽을 때, 그리고 이 내용을 노트에 정리할지 말지 고민될 때는 아래의 질문들을 떠올리면서 생각해 보면 도움이 돼요.

- 이 내용은 내가 예전에 알던 지식(또는 좀전에 읽었던 정보)과 어떻게 연결되지?
- 앞에서 비슷한 사건이 나왔던 것 같은데, 그건 이거

랑 어떻게 다르지?

- 이 내용이 무슨 뜻이지? 내가 정확히 알고 있나? 당
  장 시험에 선지로 나오면 맞힐 수 있나? (맞힐 수 없
  다는 판단이 든다면, 그것은 노트에 정리해서 익혀
  야 하는 정보)

- 지엽적인 내용이긴 하지만, 이미 알고 있는 지식으
  로 추론하면 알 수 있는 정보(따로 노트 정리해서 외
  우지 않아도 되는 정보)인가?

◆ 머릿속으로 먼저 구조화하고 정리하는 방식으로 노트
정리를 몇 번만 해보면 이 과정이 점점 익숙해지고 빨라
진다는 느낌을 받을 거예요. 그리고 공부할 내용을 꼼꼼
하게 읽으면서 내가 직접 먼저 머릿속에서 구조화를 해
보는 과정은 노트 정리를 할 때, 문제집에서 접한 새로운
내용을 노트에 추가할 때뿐 아니라 그 이후에 공부할 때
도 도움이 돼요. 평소에 새로운 지식을 접하거나 국어 비
문학 지문을 읽을 때 내가 필요한 정보인지 아닌지를 빠
르게 구별하고, 정보를 가장 쉽게 받아들일 수 있는 구
조에 맞춰 분류하고 저장하는 능력이 생기거든요. 주어
진 지문을 빠르게 읽으면서도 정보를 체계적으로 저장
할 수 있게 되는 거죠. 그래서 저는 꼭 노트 정리하기 전

에, 노트는 잠시 덮어두고 책을 읽으면서 머릿속에서 구조화하는 단계를 거치길 권합니다.

또 이 과정을 몇 번만 해보면 느리지 않은 속도로 읽으면서도 구조화를 할 수 있게 되므로 시험공부에 그다지 방해되지 않을 거예요. 오히려 이때 잠깐 투자한 시간이 앞으로 공부하는 내용을 체계적으로 외우는 데 도움이 많이 되죠. 만약 시간이 너무 부족하다면 교과서를 보는 즉시 노트 정리를 해야 할 수도 있지만, 이 방법은 머릿속에서 구조화하는 훈련이 많이 되어 있지 않다면 오히려 내용을 보면서 동시에 노트에 옮기는 것이 훨씬 오래 걸리고 노트 정리의 효과가 줄어들 수 있습니다.

노트 정리를 하면서 머릿속에 기억하는 법

시험에서 좋은 성적을 받을 수 있게 효율적으로 공부하려면, 방대한 내용을 내가 이해하기 편한 구조로 구조화해서 잘 외워야 해요. 마치 전화번호를 이루는 숫자 열한 개를 그냥 외우려고 하면 오래 걸리지만 010 - XXX - XXXX 같은 구조로 3/4/4 글자씩 묶어 외우면 더 잘 외워지는 것처럼요. 그래서 노트 정리를 하기 전에 내용을 꼼꼼히 읽으면서 나만의 방식으로 구조화하고, 이렇게 만든 구조대로 노트에 한 글자 한 글자 적으면서 머릿속에 쏙쏙 집어넣고, 노트를 업그레이드하고 계속 읽으면서 완벽하게 외워가는 거죠.

노트 정리를 하면서 공부를 시작, 즉 내용을 머릿속에 기억하려면 공부 내용을 읽고 이해해서 구조화하는 것이 가장 중요한 첫 번째 단계이고, 이렇게 만든 구조대로 노트에 적으면서 기억하는 것이 두 번째 단계입니다. 그냥 눈으로 읽는 것보다 손으로 쓰면 더 기억이 잘되니까요.

청동대 (청동시대)

유물 ┌ 구석기 - 주먹도끼, 동굴
     ├ *신석기 - 빗살무늬토기, 농경, 움집
     └ 청동기 - 고인돌·비파형 동검, 계급

＊ '여러나라' 문제는 다른 출제된 것 X.

고대 (삼국시대)
전성기 & 그 때의 주변국 상황

도 - 고구려 쓰
광개토대왕 ∘—∘ 내물마립간 ∘—∘ 금관가야↓
                                    (왜 격퇴)
장수왕 ∘—∘ 개로왕(死) ∘—∘ 남상정책
                          (책략 정도)

(저기) 한성 →정도 웅진 →천도 사비

ㄴ고왕 ∘—∘ 고국원왕(死)

• 태종 ┌ 6조직계제 (+세조)
       └ 호패법, 사병X
• 세종 ┌ 의정부서사제
       ├ 집현전
       ├ 4군6진 -지금과 비슷한 영토모양
       ├ 대마도정벌
       ├ 정발 6등법
       └ 연분 9등법 - 그때 쓰...

군고양 ∘—∘ 고국원왕(死)   4c. 백제쓰

3. 25...

3장

노트 정리법
타임라인

수업 시간에 하는
필기

저는 수업 시간에는 교과서에 필기를 합니다. 이때 교과서라는 것은 수업 시간에 진도를 나가는 바로 그 책을 말하는데, 선생님께서 보시는 교재를 내가 같이 봐야 선생님의 설명이 교과서의 어느 부분에 해당하는지를 알고, 선생님의 어떤 설명이 추가적인 내용인지도 알 수 있겠죠. 교재를 펼쳐두고 수업을 들으면서 선생님의 추가 설명을 해당 내용이 있는 교과서 페이지에 쓰는 거예요. 특히 내신 시험은 수업 내용에서 출제되기 때문에 수업을 잘 듣고 선생님 말씀을 빠짐없이 필기하는 것이 중요해요.

**수업부터
열심히 듣기**

어차피 인강 들을 거니까 수업 시간에는 그냥 학원 숙제를 하거나 다른 문제집을 풀겠다고요? 절대 안 됩니다. 수업 시간은 '시험공부의 시작'이에요. 따로 예습을 하지 않았다면 수업을 들으면서 내용을 익힐 수 있을 뿐 아니라, 수업 내용에는 시험을 출제하시는 선생님의 시각이 들어 있는, 시험과 밀접한 정보들이 많이 숨어 있거든요. '첫 단추를 잘 끼워야 한다'는 말이 있죠? 수업이 시험공부의 첫 단추인 만큼 수업을 잘 들어야 선생님께서 어떤 내용을 중요하게 생각하시는지를 알고 나아가 시험공부도 효율적으로 해나갈 수 있어요.

45~50분 동안 수업을 듣는 것보다 학원 숙제나 다른 문제집을 푸는 것이 더 효율적이라는 생각이 들 수도 있어요. 하지만 수업을 듣는 대신 문제집 몇 페이지를 더 풀고 나중에 시험공부를 할 때 그 내용을 내가 혼자서 공부하는 것과 수업을 들으면서 선생님의 설명과 함께 내용을 한 번 머릿속에 저장하고 선생님께서 강조하시는 부분까지 필기해서 중요한 부분 위주로 공부하는 것, 이 두 가지를 비교했을 때 후자가 확실히 효과적입니다. 걸리는 시간이나 시험 결과 가운데 어느 쪽을 비교하더라도 결국 수업 시간에 집중하는 것이 확실히 더 효율적이에요. 아무리 숙제할 시간이 부족하고 잠이 오더라도 수업에 집중하고, 쉬는 시간이나 점심시간 등 다른 시간을 이용해서 숙제나 잠을 해결하도록 합시다.

필기는 노트가 아닌 교과서에

어차피 시험 기간에 노트 정리 해야 하는데 수업 시간에 필기하면서 바로 노트 정리를 하면 효율적일 거 같죠? 그런데 수업 시간에 노트를 펼쳐두고 수업을 듣는 동시에 정리 노트를 완성하려다가는 두 마리 토끼를 모두 놓치게 될 거예요. 자신만의 노트 정리법이 이미 구축되어 있더라도 수업을 들으면서 교과서에 있는 내용과 선생님께서 말씀하시는 새로운 정보들을 한 번에 정리하는 것은 불가능하기 때문이죠. 선생님께서 말씀하시는 내용을 노트에 받아 적는 것만으로도 시간이 부족한데, 거기에 교과서나 프린트에 기본으로 제공된 정보까지 실시간으로 함께 정리할 수는 없을 거예요. 특히나 자신만의 노트 정리법이 만들어지지 않은 경우에는 쏟아지는 정보 속에서 어떤 정보를 어떻게 써넣어야 할지부터가 고민될 테니까요. 일단 되는 대로 열심히 적다가 결국 수업 내용도 놓치고 노트 정리도 못 하게 되는 일이 발생할 거예요. 그래서 수업 시간에는 선생님이 진도를 나가는 교재 위에 필기해야 해요. 그러면 수업 시간에는 어떤 내용을 적어야 하는지, 필기가 익숙지 않은 학생들을 위해 수업 시간에 꼭 필기해야 하는 것들을 알려드릴게요.

수업 시간에 꼭 필기해야 하는 것

1) 칠판 판서 내용, 자체 제작 자료 중 교과서에 없는 것

각 과목 선생님들께서는 같은 내용으로 여러 반을 가르치시고 또 그렇게 가르치신 내용으로 시험 문제를 내시기 때문에 모든 반에서 공통적으로 어떤 내용을 가르칠지 미리 준비해 오십니다. 어떤 반에서 더 많은 내용을 가르치거나 반마다 가르치는 내용이 달라지는 것을 피하기 위해서죠.

이렇게 준비된 내용은 보통 수업 시간에 하시는 '판서'에서 많이 드러납니다. 특히 PPT 등 선생님께서 자체적으로 제작하신 수업 자료가 없는 경우에는 판서가 수업 내용이 담긴 중요한 정보니까 꼭 필기해야 해요. 모든 반에서 판서하시는 내용은 시험 문제에 출제될 가능성이 높은 '기본적인' 내용이라는 뜻이니까요. 필기하지 않으면 나만 손해겠죠?

판서의 경우 학생들이 교과서에 옮겨 적을 시간이 주어질 테니까 이때 잘 적기만 하면 큰 어려움 없이 필기할 수 있어요. 만약 놓쳤다면 같은 반 친구나 다른 반 친구에게 책을 빌려서 필기를 옮겨 적으면 됩니다.

만약 PPT 등 선생님께서 자체적으로 제작하신 수업 자료가 있을 땐 그걸 보며 수업을 듣다가 교과서에 설명되지 않은 내용이 나오면 (선생님께 양해를 구하고) 사진을 찍거나 빠르게 교과서에 필기해야 해요. 이런 수업 자료는 모든 반에서 사용되므로 시험에 나올 가능성이 높기 때문이죠. 꼭 시험에 나오지 않더라도 공부할 때 내용을 이해하는 데 도움이 될 거예요.

만약 PPT 화면을 사진으로 찍었다면, 수업이 끝난 직후에 해당 교과서 페이지에 내가 찍은 PPT 화면에 있는 내용을 바로 옮겨 적거나, 그렇게 하지 못했다면 해당 교과서 페이지 가장 위쪽에 '핸드폰 사진 - 인물 추가 설명', '핸드폰 ~앨범 8/15' 이런 식으로 사진이 있는 위치와 내용을 간략하게 적어놓아야 해요. 이 간단한 작업을 하지 않으면 막상 시험 기간에는 정신이 없어서 사진을 찍었다는 사실조차 까먹고 기껏 찍은 사진을 찍었는데 활용하지 못하는 경우가 생기거든요.

2) 용어의 뜻

보통은 교과서에 학생들이 어려워할 만한 개념의 뜻풀이가 잘되어 있지만, 가끔 어려운 개념인데도 뜻풀이가 나와 있지 않은 경우가 있어요. 또는 다른 학생들은 알고 있지만 유독 나에게는 헷갈리는 용어가 있을 수도 있고요. 이런 경우에 수업 시간에 선생님께서 설명해 주시는 용어의 뜻과 개념을 잘 받아 적어야 해요. 꼭 이 부분이 시험에 나오기 때문만이 아닙니다. 시험공부를 할 때 생소한 개념으로 공부하는 것보다 내가 잘 아는 개념으로 공부할 때 훨씬 공부를 잘 할 수 있기 때문이에요. 노트 정리에서 중요한 '나만의 언어로 바꾸기' 과정과 비슷하다고 볼 수 있어요. 예를 들어, '2기작'이라는 생소한 용어 옆에 '1년에 같은 작물을 두 번 재배함'이라고 쓰고 이와 헷갈리는 개념인 '2모작' 옆에 '1년에 서로 다른 작물을 두 번 재배함'이라고 쓰면 내용이 훨씬 잘 와닿을 뿐 아니라 헷갈리는 개념을 제대로 잡을 수 있어요.

또한 시험 문제에 해당 단어가 다른 말로 풀어서 설명되어 선지로 나왔을 때 문제를 더 잘 풀 수도 있겠죠. 예를 들어, 생활과 윤리 과목 중 '자연과 윤리' 단원에서 슈바이처의 '생명 외경 사상'을 배웠다고 해봅시다. '외경 畏敬'이라는 한자어가 생소해서 이 단어를 따로 외운다면 공부할 때 내용이 와닿지 않을 뿐 아니라 시험 문제에 '외경'이라는 단어가 그대로 등장하지 않으면 헷갈리기 쉬울 거예요. 하지만 만약 '외경'이라는 단어의 뜻(공경하면서 두려워함)을 선생님께서 설명해 주셨을 때 받아 적었다면, 시험공부를 하면서 책을 다시 펼쳐서 봤을 때 이 단어가 결국 '모든 생명은 동등한 가치敬를 지니지만 불가피하게 생명을 해쳐야 하는 선택의 상황이 있을 수 있다는 점을 인정하면서, 그러한 선택에는 도덕적 책임 畏을 느껴야 한다고 주장함'이라는 슈바이처의 생명 외

경 사상에 대한 설명과 같은 맥락에 있다는 사실을 알고
더 잘 이해할 수 있겠죠. 외경이라는 생소한 단어와 슈바
이처의 사상을 따로 외울 때보다 두 개념이 사실 같은 말
이라는 것을 인지하고 이해했기 때문에 기억도 더 잘되
고, 이 내용과 관련해서 다른 표현을 사용한 문제가 나왔
을 때에도 더 잘 풀 수 있을 거예요.

3) 앞 내용과 연결되는 내용

겉보기에는 다른 개념처럼 보이지만 사실은 같은 맥
락 안에 있는 정보들을 연결 지으면 공부가 더 잘된다고
했었죠. 이 과정은 과목에 상관없이 공부하는 데 있어서
가장 중요해요. 위에서 제가 **'생명 외경 사상'**이라는 용
어와 **'슈바이처의 사상을 설명한 문장'** 두 가지를 학습할
때, 슈바이처의 사상을 설명한 문장 속에서 한자 **'외畏'**와
'경敬'에 해당하는 부분을 각각 밑줄 쳐서 연결 지었죠. 이
렇게 하면, 두 가지 개념을 각각 학습했을 때보다 나중에
두 가지 개념 중 한 가지만 보게 되더라도 자연스럽게 다
른 한 가지 내용이 기억나면서 문제도 더 정확하게 풀 수
있게 돼요. 이처럼 내가 아는 정보를 모르는 정보와 계속
해서 연결하는 과정이 학습에 있어서 정말 중요합니다.
비슷한 예를 한 가지 더 들어볼게요. 학습심리학에서
는 장기 기억을 위해서는 '유의미 학습'이 중요하다고 하

는데, 유의미 학습이란 '새로운 정보를 접하면 기억 속의 지식과 관련지어 의미를 찾는 과정'을 말해요. 영어 공부를 하고 있는데, 이미 'trust(신뢰하다)'와 'worth(~할 가치가 있는)'라는 각각의 단어 뜻을 안다고 해봅시다. 이때 단어장에 'trustworthy'라는 새로운 단어가 나오는 거예요. 그러면 이 단어를 어떻게 하면 쉽게 외울 수 있을까요? 아마 대부분의 학생들이 이미 알고 있듯이, 'trustworthy'라는 단어를 'trust'와 'worthy'라는 두 조각으로 쪼개서 내가 알고 있는 각각의 뜻을 생각하고, 다시 쪼개었던 두 조각의 단어와 각각의 뜻을 한 단어로 연결해서 의미를 기억하면 쉽게 기억할 수 있을 거예요. 각각의 단어의 뜻을 연결하면 '신뢰할 가치가 있는, 신뢰할 만한'이라는 뜻이 되니까요. 아마 영어 단어 형성 원리에 대한 정보가 조금 더 있다면 영어 단어 끝에 '-y'가 붙으면 형용사가 된다는 것을 알고 이 새로운 단어의 품사까지도 쉽게 유추할 수 있겠죠.

학교 선생님들께서도 학생들이 생소한 내용을 잘 받아들이고 이해할 수 있도록 수업 시간에 서로 다른 정보들을 연결할 수 있는 힌트들을 던져주실 거예요. 이때 이 내용들을 잘 받아 적기만 해도 시험 기간에 시험 범위에 있는 내용을 남들보다 빠르게 이해하고 외워서 효율적으로 공부할 수 있게 됩니다. 이걸 많이 훈련하다 보면, 나중에는 선생님께서 수업 시간에 직접 언급하면서 연결해 주시지 않아도 스스로 공부하면서 연결할 수 있어요. 교과서의 한 페이지에 **'조선의 제1대 왕 태조'**가 왕위를 차지하게 된 과정이 쓰여 있고, 다른 페이지에 **'조선의 첫 번째 왕 이성계'**의 업적이 나와 있다면 **'태조 = 이성계'**임을 알고 두 정보를 한 사람에 대한 정보로 연결해 정리할 수 있겠죠. 이 과정은 얼핏 보면 매우 당연해 보이지만, 이렇게 연결하는 것을 많이 훈련할수록 공부를 효율적으로 할 뿐 아니라 시험도 잘 볼 수 있게 됩니다. 시험 문제의 까다로운 선지에는 교과서의 문장이 그대로 나오지 않기 때문이에요.

다만 이렇게 연결하는 과정이 아직 익숙지 않다면 스스로 연결한 개념들을 의심해 볼 필요는 있어요. 예를 들어, **'인도네시아와 말레이시아가 열대우림 기후에 속하는 국가'**임을 알고 나서 인도네시아와 말레이시아의 특징으로 제시된 부분을 읽을 때 **'인도네시아와 말레이시아는 열대우림 기후니까 모든 열대우림 기후에 속하는 국가들은 이 특징을 가지고 있을 거야'**라고 섣불리 판단하여 정보를 연결해 버린다면, 오개념이 정립되어 오히려 시험 문제를 틀릴 수 있습니다. 자신이 생각했을 때 정확하게 일대일대응으로 연결되지 않는 개념들을 연결할 때는 선생님께 여쭤보아서 오개념이 생기지 않도록 해야 합니다.

4) 시험 문제에 나왔던 요소들

만약 선생님께서 출제하신 시험을 이미 치른 후이거나, 같은 선생님께서 출제하신 기출문제를 아는 경우(보통 학교 도서관에서 열람할 수 있을 거예요) 그 선생님의 출제 스타일을 어느 정도 파악할 수 있을 거예요. 영어 과목이라면 수업 시간에 설명하셨던 어법이 적용된 문장이 서술형으로 나왔을 수도 있고, 역사 과목이라면 교과서에 아주 작게 나와 있는 내용이 문제 선지로 나오거나 수업 시간에 중요하다고 하셨던 부분이 시험에 나왔을 수도 있어요. 이렇게 기출문제를 분석한 정보들은 시험공부를 하는 데에도 중요하지만, 수업 시간에 어떤 것을 필기해야 할지 정할 때도 큰 도움이 돼요. '다른 내용은 어쩌다 놓치더라도 이런 포인트들은 시험에 나왔었으니까 무조건 필기해야지'라는 나만의 필기 노하우가 생기는 거죠.

특히 선생님들께서 시험 문제를 출제하시는 기간에 진도를 나가는 부분은 필기를 더욱더 열심히 해야 돼요.

'이 부분을 시험 문제에 냈다'고 선생님께서 직접적으로 언급하시지 않더라도 수업 내용 가운데 중요한 정보가 많이 숨어 있거든요. 수업 시간에 가르치지 않은 내용을 시험 문제에 낼 수는 없기 때문에 선생님들께서 무의식적으로라도 특정 내용을 반복해서 말씀하거나 교과서에 없지만 왠지 강조하시면서 설명하시는 부분이 있을 거예요. 평소에 수업을 집중해서 들었다면 이런 포인트들을 포착해서 시험과 연관이 있을 것이라고 눈치채고 남몰래 필기 옆에 별 표시를 그려놓을 수 있겠죠. 이외에도 이 부분은 시험에 나온다고 선생님께서 직접적으로 말씀하시거나 특히 강조하시는 부분이 있다면 해당 필기 옆에 크게 별 표시를 그려서 중요도를 표시하는 것은 당연합니다.

5) 시험 문제에 나오지 않을 요소들

시험 문제에 나오는 것만 필기하기도 바쁜데, 시험 문제에 나오지 않을 것들은 뭐하러 필기하냐고요? 사실 시험 문제를 까다롭게 내시는 선생님들의 경우 대부분 '이 부분 중요하다', '이 부분 시험에 냈다'고 직접적으로 강조하시지 않아요. 관찰력이 좋아도 쉽게 발견할 수 없게, 미묘한 강조조차도 잘 드러내시지 않는 선생님들도 많습니다. 이때 제가 효과적으로 활용했던 방법은 '시험에 안 나오는 부분 빼기'였어요. 중요한 부분을 알면 그 부분을 다른 부분보다 몇 번씩 더 보고 외우면서 효율적으로 공부할 수 있듯이, 시험에 나오지 않는 부분을 알면 쓸데없이 외우는 양을 줄여서 효율적으로 공부할 수 있기 때문이에요.

저는 선생님께서 말씀하시는 거의 모든 내용을 일단 교과서에 받아 적었는데, 이때 선생님께서 해당 내용을 설명하신 뒤에 '그렇지만 이 내용은 시험에는 나오지 않으니까 그냥 알고만 넘어가세요'와 같이 언급하시면 이 내용이 담긴 필기 옆에 '△' 표시를 해두었어요. 'X' 표시는 '필기 내용이 틀렸다(모의고사에 나왔던 오답 선지 등)'는 것을 나타날 때 사용했기 때문에 세모를 그려 표시했어요. 이 부분은 말 그대로 '추가적인 내용'이므로 노트를 정리하기 전에 내용을 파악할 때 이해를 돕기 위한 용도로만 사용하고 노트에 정리해서 외울 때는 해당 내용을 제외했답니다. 이렇게 따로 표시해 두지 않으면, 시험공부를 하려고 책을 폈을 때 중요한 내용이라고 생각해서 열심히 외울 수도 있거든요. 하지만 시험에 안 나오는 내용이라고 표시해 두면 이런 사태를 방지할 수 있어요.

**6) 수업을
듣다가
궁금한 점**

수업을 들으면서 교과서를 봤는데 궁금한 점이 생길 때가 있죠? 교과서에 쓰여 있는 내용과 선생님께서 말씀하시는 내용이 서로 다른 것처럼 느껴질 수도 있고, 내용 자체가 이해되지 않을 수도 있고, 이 내용에 대한 예외는 없는지 등 궁금한 점이 생길 수 있어요. 이때는 궁금한 점이 생긴 즉시 펜 대신 연필로 궁금한 내용 옆에다가 질문을 쓰고, 수업이 끝난 뒤에 선생님께 여쭤보는 것을 추천해요.

수업 시간에 손을 들고 질문하는 것이 조금 부끄럽거나 수업 흐름을 방해하는 것 같아서 꺼려지는 경우가 있잖아요. 이렇게 질문할 내용을 따로 적어둔다면 수업이 끝나자마자 적어두었던 내용을 보고 선생님께 질문해서 빠르고 정확하게 궁금증을 해결할 수 있어요. 수업이 끝난 다음에는 궁금했던 내용이 가물가물해지고 빨리 쉬는 시간을 즐기고 싶은 마음에 '그냥 다음에 생각나면 질문해야지' 하고 넘어갈 수도 있거든요. 하지만 수업을 들으면서 처음 생겼던 궁금증을 해결하는 것은 오개념이 생기는 것을 방지하고, 나중에 선생님 없이 혼자 시험공부를 할 때 도움이 되기 때문에 질문이 생각난 바로 그 수업 시간 직후에 해결하는 것이 좋아요. 이때 선생님께 들은 대답은 펜으로 관련 교과서 내용 옆에다가 작게 적어두면 나중에 시험공부할 때 이해하는 데 도움이 될 거예요.

결국 수업 시간에 필기를 하는 이유는 시험 문제에 나올, 선생님께서 중요하다고 생각하시는 부분을 포착해 중요한 부분과 중요하지 않은 부분을 구별하여 시험공부를 효과적으로 하기 위해서, 그리고 시험과 직접적인 관련이 없더라도 새로운 개념의 뜻을 알고 서로 다른 개념들을 연결함으로써 내용을 더 잘 이해하고 효과적으로 공부하기 위해서로 정리할 수 있어요. 수업 시간 중에 숨이 있는 시험과 관련한 중요한 힌트들을 발견해서 효율적인 시험 공부의 첫 단추를 잘 끼워보도록 합시다.

수업 시간 필기 요령

앞서 수업 시간에 필기할 때는 선생님께서 진도를 나가는 교과서의 바로 그 페이지에 필기하라고 했었죠. 이때 교과서의 빈 공간들을 잘 활용해서 필기하면 됩니다. 아래 〈그림 3-1〉과 〈그림 3-2〉, 〈그림 3-3〉을 보면 필기해야 할 내용의 양에 따라 필기한 위치가 다르다는 것을 확인할 수 있어요. 〈그림 3-1〉의 경우에는 용어에 대한 간단한 설명, 같은 뜻의 다른 단어 등 짧은 내용이기 때문에 설명이 필요한 부분 바로 옆에 필기했죠. 하지만 〈그림 3-2〉, 〈그림 3-3〉의 경우에는 해당 부분과 관련은 있지만 조금은 독립적이고 분량이 많기 때문에 해당 부분에 밑줄이나 동그라미 등의 표시를 하고 선으로 연결한 다음 교과서의 큰 여백에 따로 필기를 했어요. 이때 필기 내용이 교과서의 큰 여백에도 다 들어가지 않을 정도로 길다

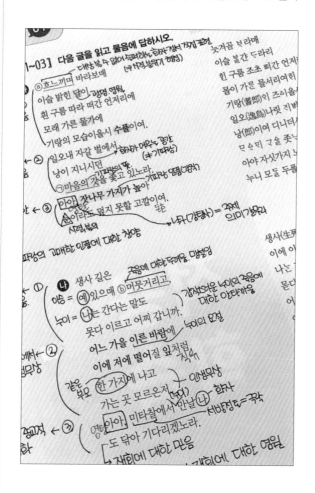

▶ 〈그림 3-1〉

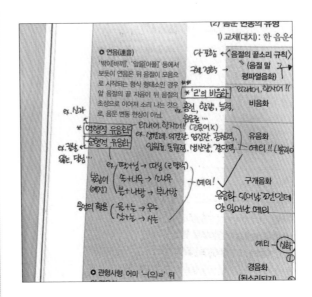

▶ 〈그림 3-2〉

면 포스트잇을 사용해 추가로 필기하거나, 다른 페이지에 필기하고 '(이어서 30p 필기 참고)' 이런 식으로 표시해 주면 돼요.

수업 시간에 필기할 때는 여러 가지 색상으로 화려하게 필기하기가 어렵죠. 짧은 시간 안에 선생님의 말씀을 적어야 하니까 알록달록 예쁘게 필기하다가 수업 내용을 놓칠 가능성이 커요. 그래서 수업 시간에는 많아도 두 가지 정도의 색깔을 사용하는 것을 추천해요. 저는 파란색과 빨간색 펜을 주로 사용했는데, 보통 교과서 글씨가

▶ 〈그림 3-3〉

검은색이기 때문에 검은색 펜 대신 파란색 펜을 사용해서 선생님 말씀을 적었어요. 필기 내용은 대부분 파란색 펜으로 적고, 빨간색 펜은 강조할 때 사용했어요. 중요한 부분이나 선생님께서 강조하시는 부분에 별표를 그려 넣거나 밑줄, 네모 박스 등의 표시를 하는 경우, 또는 〈그림 3-2〉처럼 기존 규칙이 적용되지 않는 예외를 강조하여 표시하는 경우에 빨간색 펜을 사용했답니다.

**필기가
수업 속도를
못 따라간다면**

수업 시간에 필기 시간이 항상 부족한 경우는 선생님 말씀이 너무 빠르거나 필기하는 속도가 너무 느릴 때, 또 모든 내용을 받아 적으려고 할 때예요. 선생님 말씀이 너무 빠른 경우에는 아마 대부분의 학생들이 필기를 못 따라갈 것이기 때문에 선생님께 말씀드려서 수업 진행 속도를 조절해 달라고 부탁드려야겠죠. 보통은 선생님께서 학생들이 필기할 수 있도록 수업 속도를 조절하시기 때문에 학생 개인의 필기 속도가 너무 느리거나 모든 내용을 받아 적으려고 해서 생기는 문제를 더욱 집중해서 볼게요.

**1) 예쁘게
필기하려고
하는 경우**

먼저 학생 개인의 필기 속도가 느린 경우는, 위에서 이야기했던 것처럼 필기를 예쁘게 하다가 필기 속도가 느려진 경우 또는 다른 사람들보다 글씨 쓰는 속도가 조금 더 느린 경우가 있을 수 있어요. 필기를 예쁘게 하다가 속도가 느려진 경우엔 위에서 언급했던 것처럼 필기하는 펜의 색상이나 종류를 줄여보세요. 글씨를 또박또박 쓰는 데 시간이 많이 걸린다면 아예 펜을 내려놓고 연필로 휘갈겨 쓰듯이 빠르게 적는 방법이 있어요. 이때 연필로 휘갈겨 쓴다는 것은, 나중에 책을 펼쳤을 때 알아볼 수 없을 정도로 쓰는 것이 아니라 '잘 알아볼 수 있지만 빠르게' 쓰는 것을 말해요. 〈그림 3-4〉처럼 또박또박 쓰

지는 않지만 빠르게 쓰면서도 알아볼 수 있게 적당히 갈
겨쓰는 거죠.

또박또박	갈겨쓰기
안녕하세요	안녕하세요
각 자모음 획이	인정한 자모음 획을
처음과 끝이 분명함	한번에 씀

▶ 〈그림 3-4〉

　적당히 갈겨쓰는 방법을 이대로 따라 하라는 말은 아
니에요. 어떤 식으로 쓰는 건지 알 수 있도록 가이드라인
을 제공하기 위해 적어놓은 것일 뿐 저도 쓸 때마다 조금
씩 달라진답니다. 빠르게 쓰는 것을 자주 하다 보면 자신
의 글씨체와 필기 스타일에 맞는 노하우가 생길 거예요.
만약 연필로 갈겨쓰면서 필기하면 교과서 필기가 안 예
뻐서 마음에 들지 않는다면, 집에 와서 연필로 한 필기를
사진 찍고서 연필 필기를 지운 다음 사진을 보면서 펜으
로 다시 정리해서 필기하면 돼요.
　하지만 이렇게 한 번 더 정리하는 것은 시간 여유가
아주 많을 때 하는 것을 추천해요. 물론 당일에 필기를
한 번 더 쓰면서 복습하는 효과가 있긴 하겠지만, 연필

117

필기를 사진 찍고 지운 다음 펜으로 예쁘게 다시 쓰는 것은 걸리는 시간에 비해서 얻는 것이 그렇게 많지 않거든요. 또 이때는 교과서 내용이 아닌 선생님께서 추가로 말씀하신 필기 부분만 다시 쓰는 것이라서 내용 전체를 익히고 구조화한다는 느낌도 크게 들지 않을 거예요. 이런 구조화는 나중에 노트 정리를 하면서 얻을 수 있는 효과이므로 연필 필기를 펜으로 다시 정리하는 작업은 꼭 하고 싶거나 시간 여유가 많은 경우에만 하길 바랍니다.

2) 글씨 쓰는 속도가 느린 경우

그리고 만약 다른 사람들보다 글씨를 쓰는 속도가 조금 더 느리다면, 〈그림 3-4〉와 같이 빠르게 글씨를 쓰는 연습을 많이 하거나, 일단 되는 데까지 쓰고 못 쓴 부분은 친구나 선생님께 질문하여 채워 넣는 방법이 있어요. 선생님께 양해를 구하고 판서 내용을 사진 찍는 것도 방법이 될 수 있죠. 저도 가끔 필기 속도가 수업 속도를 따라가지 못하는 경우가 있었는데, 이런 방법들로 중요한 필기들을 놓치지 않고 다 할 수 있었답니다.

3) 전부를 받아 적으려고 하는 경우

마지막으로 모든 내용을 다 받아 적으려고 해서 필기 속도가 느린 경우에는, 필기를 '줄글'의 형태가 아니라 '단어와 기호' 위주로 하는 연습을 해야 해요. 이것은 뒤에서 노트 정리를 할 때에도 사용되는데, 예를 들어 '헬레니즘 문화는 배타적인 폴리스의 틀을 벗어나 모든 시민이 평등하다는 세계 시민주의 성격을 띠었다' 라는 내용을 필기해야 한다면, 이 내용을 토씨 하나 틀리지 않고 받아 적는 것이 아니라 **헬레니즘 문화: 폴리스-배타적 (X) 세계시민주의-모든 시민 평등(O)** 이런 식으로 단어와 기호 위주로 쓰는 것이죠. 지금은 원래 문장의 정보를 모두 담았지만, 본인이 이미 알고 있는 정보나 중요하지 않은 내용이 있다면 그 부분은 빼고 더욱 간추려서 필기할 수도 있어요. 또 수업 내용 중에서 중요하지 않은 내용은 필기를 하지 않는 것도 필요하겠죠. 선생님께서 수업 중간에 하는 사담이나 교과서와 비슷한 맥락의 예시 같은 것은 따로 필기를 하지 않아도 시험공부를 하고 시험 문제를 푸는 데 지장이 없으니 과감하게 펜에서 손을 놓는 것도 방법이에요.

**인강 필기:
들으면서 하기
vs.
멈춰놓고 하기**

많은 학생들이 인터넷 강의를 배속으로 빠르게 듣다가 판서가 많아졌을 때 멈춰놓고 필기하는 방법을 쓰죠. 하지만 저는 강의 내용을 이미 많이 복습해서 완전히 이해하고 있을 때만 이 방법을 쓰는 것을 추천해요. 인터넷 강의를 배속으로 빠르게 듣고 필기 부분에서만 멈춰서 필기하는 것이 시간이 덜 걸리고 효율적이라는 생각이 들 수 있어요. 하지만 실제로는 이 방법이 오히려 비효율적일 수 있습니다. 배속으로 들어도 강의 내용이 귀에 잘 들어오고 들을 때는 이해가 잘되는 것 같지만, 사실은 '이해가 안 됐는데 이해가 되었다고 착각'하는 것일 수 있어요. 들리는 말이 빠르니까, 우리 머리가 그 정보를 받아들이고 진짜 이해가 된 건지 판단하는 중에 내용이 넘어가 버려서 내용을 듣는 동시에 이해가 된 것처럼 느끼는 거죠. 실제로 이해가 됐더라도 이렇게 얻은 정보는 빠르게 휘발되어 버리는 경우가 많아요. 그래서 인터넷 강의도 1배속, 빠르게 하더라도 1.25배속 정도로 들으며 필기하는 것을 추천해요. 인터넷 강의가 아니라 지금 현장에서 강의를 듣고 있다고 생각하면서 필기하는 거죠. 필기 속도를 따라가지 못했다면 '스크린샷'을 해놓고 따로 시간을 내어서 필기하면 돼요.

주로 인터넷 강의를 멈춰두고 여유롭게 필기하던 학생들이 학교 수업을 들으면서 동시에 필기를 따라가기가 어렵다는 고민을 하더라고요. 학교 수업은 녹화했다가 멈춰둘 수가 없으니까 선생님의 말씀을 한 자 한 자

받아 적으면 당연히 시간이 부족해요. 듣는 동시에 들리는 모든 말을 쓰는 것이 아니라 수업 내용을 가만히 듣다가 중요한 내용인 것 같으면 내가 적절히 요약해서 필기하는 것이 중요합니다. 이 과정을 자주 하다 보면 선생님께서 말씀하실 때 초반부만 듣고도 어떤 내용을 말씀하시려는 건지 의도를 빠르게 파악하고 관련된 부분을 미리 읽으면서 새로운 내용을 필기하는 것도 가능해지죠. 수업 시간에 이렇게 필기하면서도 후에 노트 정리할 때 책 내용을 요약하는 나만의 노하우들을 얻을 수 있어요. 인터넷 강의를 들을 때도 학교에서 듣는 것처럼 일시 정지나 뒤로 감기 없이 1배속으로 듣는다는 생각으로 필기하는 연습을 해보는 것을 추천할게요.

─────────┤ 햄이의 별별 공부 꿀팁 ├─────────

필기할 때 팔이나 목이 아프다면

저는 글씨를 쓸 때 손가락에 힘을 굉장히 많이 준 상태로 펜을 잡아서 쓰는 편이라 손이 정말 아팠어요. 가끔 학교에서 하는 수행평가나 대회에서 제한된 시간 내에 많은 양의 글을 써야 할 때면 손이 아파서 글을 쓰다가 펜을 잠시 내려놓고 손 스트레칭을 해야 했을 정도였죠.

그런데 노트 정리는 이렇게 글을 쏟아내듯이 써야 하는 작업은 아니잖아요. 교과서를 보는 동시에 노트 정리를 매우 빠르게 하는 분은 정말 대단한 천재이거나 생각 없이 책 내용을 베껴 쓰는, 의미 없는 작업을 하고 있을 가능성이 큽니다. 이렇듯 특히 1차 노트 정리를 할 때는 여러 자료들을 보고 이 내용들을 노트에 어떻게 담아 낼까 고민을 한 뒤에 쓰기 때문에 노트 정리하면서 손 근육을 쓰느라 잠시 손이 아팠다가도, 다음 정리해야 하는 내용을 뒤적이면서 쉬기 때문에 손이 아파서 노트 정리를 할 수 없었던 적은 없었어요.

또 펜을 잡고 글씨를 쓰는 것도 근육을 쓰는 일이라서, 글씨를 자주 쓰고 많이 공부하다 보면 자연스럽게 굳은살도 생기고 근육도 발달되어 처음보다는 손이 아픈 빈도가 줄어들 거예요. 전에는 반 페이지만 글씨를 써도 손가락이 아팠는데, 글씨를 더 많이 쓰다 보니 이제는 한 페이지를 써도 손가락이 그렇게 아프지 않게 되는 거죠.

저는 오히려 노트 정리하고 공부할 때 손보다 목이나 어깨, 허리가 아팠어요. 오랜 시간 책상 앞에 앉아서 허리를 살짝 구부리고 고개를 숙여 글씨를 쓰니까 이런 부위들이 아프더라고요. 그래서 A4 용지 세 장을 펼쳐도 공간이 살짝 남는 넓은 독서대를 사서 기울기를 조절하면서 노트 정리도 하고 문제집도 풀었어요. 확실히 독서대를 사용하니까 목과 허리를 덜 구부리게 돼서 무리가 덜 가더라고요. 참고로 저는 '위즈 독서대 루미 50M2' 제품을 사용했어요.

수업 직후
필기 보완

이 과정은 필기 이후 노트에 옮기기 전 간단 복습 과정이라 볼 수 있습니다. 물론 수업이 끝난 직후에 바로 노트 정리를 하면 가장 좋겠죠. 기억에도 더 잘 남고, 배운 내용을 당일에 복습하게 되니까 내가 모르는 부분을 더 잘 알고 능동적으로 공부할 수 있을 거예요. 만약 시간 여유가 있고, 이 시간을 공부에 투자하고 싶다면, 이렇게 수업이 끝난 당일에 조금씩이라도 노트 정리를 하는 것을 추천해요.

하지만 저는 이렇게 매일매일 복습하지는 못했어요. 학교가 끝나도 학원, 인강, 수행평가 등으로 시간적 여유가 많지 않았고 또 성격상 한두 번 정도는 당일 복습을 할 수 있어도 꾸준히 하는 것은 정말 어렵더라고요. 특히 고등학교에서는 학년이 높아질수록 학교 수업 외의 시간은 학원 숙제나 수능 공부, 생활기록부 마무리 등으로 정말 바빠지니까요. 그래서 제가 찾은 방법은 이 간단한 당일 복습을 '학교에 있는 시간' 동안 해결하는 것입니다. 가장 좋은 건 쉬는 시간이에요. 수업이 끝난 직후에 다음과 같은 내용을 포스트잇에 빠르게 정리하는 거예요. 노트 정리를 할 때처럼 인덱싱하는 방법을 써도 되고, 마인드맵이나 가지치기 등 본인에게 편한 정리 방식으로 자유롭게 쓰는 거죠. 제가 수업 직후에 정리했던 내용은 다음과 같습니다.

- 오늘 배웠던 내용 중에 특히 어려웠던 부분
- 줄글로 쓰여 있는 교과서 내용을 선생님께서 수업 중에 말로 잘 정리해 설명해 주신 내용
- 많은 내용 중에 선생님께서 특히 강조하셨던 부분
- 선생님과 함께 풀었던 문제 중 내가 실수했던 부분, 헷갈렸던 개념

이처럼 내가 수업을 잘 들었다는 전제하에, 수업을 들으면서 복습이 필요하다고 느꼈던 부분이나 시험에 나올 만한 부분이라고 생각했던 내용을 정리하는 겁니다. 저는 포스트잇에 간단하게 정리해서 교과서나 프린트 위에 붙여놓았어요(〈그림 3-5〉, 〈그림 3-6〉). 이렇게 정리하는 목적은, 시험 기간이 되어 교과서(또는 프린트)를 펼쳐볼 미래의 나에게 힌트를 주기 위한 거예요. '나

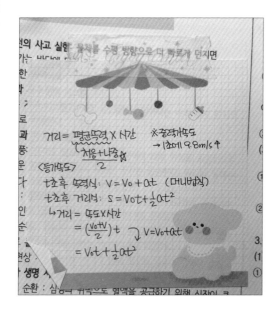

자
④ 전
유
3-2
1. 관
(1)(
① 외력
② 정지

운동에너지 $= \frac{1}{2}mv^2$

$\frac{1}{2}mv_0^2 + F\cdot S = \frac{1}{2}mv^2$

$F\cdot S = \frac{1}{2}mv^2 - \frac{1}{2}mv_0^2$

$ma\cdot S = \frac{1}{2}mv^2 - \frac{1}{2}mv_0^2$

$2aS = v^2 - v_0^2$ 뚝력과 거리 변

수평방향으로 던진 물체의 운동
☆ 간격은 항상 일정
☆ 에스컬레이터 같은차
☆ 자유낙하 : 1초에 9.8m/s 뚝증↑
　거리 = 평균뚝도×시간

㉣ (예) 버스가 갑자기 출발할 때 사람이 뒤로 쏠린다.

▶ 〈그림 3-5〉

년의 사고 실험 물체를 수평 방향으로 더 빠르게 던지면

가는
한
과
풍
운
인
순
상
생명
순환

거리 = 평균뚝력 × 시간　　※중력가속도
　$\frac{처음 + 나중}{2}$　　→ 1초에 9.8m/s↓

〈등가뚝도〉
t초후 뚝력: $v = v_0 + at$ (머니법칙)
t초후 거리: $S = v_0t + \frac{1}{2}at^2$
↳거리 = 뚝도×시간
　$= \left(\frac{v_0+v}{2}\right)t$　　$v = v_0 + at$
　$= v_0t + \frac{1}{2}at^2$

▶ 〈그림 3-6〉

이거 처음 배울 때 이 부분 헷갈렸었어', '선생님께서 수업 때 이 부분이 중요하다고 하셨어'라고 알려주는 거죠.

또 시험 기간에 노트 정리하는 시간을 줄여주기도 해요. 이미 내가 한 번 정리해 놓았으니 시험 기간에는 이 포스트잇 정리를 바탕으로 간단히 수정, 보완하여 노트에 옮기면 되는 거죠. 이게 얼마나 도움될까 싶겠지만, 이런 포스트잇이 쌓인다면 시험 기간에 노트를 정리하는 부담이 정말 많이 줄어들 거예요.

쉬는 시간에 정리하는 것이 가장 좋지만 이동 수업이 있어 시간이 나지 않는다면 점심시간 중 일부를 사용해도 좋고, 다른 수업 시간 초반에 선생님께서 들어오실 때까지 잠깐 동안의 시간을 이용해도 좋아요. 전체 내용을 정리하는 것이 아니기 때문에 포스트잇에 정리하는 것은 길어도 5분 안에 끝날 거예요(짧으면 1분 안에도 할 수 있다고 생각해요). 시험 기간에 더 효율적으로 공부하기 위해 이 정도 시간은 투자해 볼 만하다고 생각합니다.

본격
노트 정리

이제부터는 실제 교과서를 가지고, 책에 있는 내용을 머릿속에 구조화한 다음 이를 노트에 효과적으로 정리하는 방법을 구체적으로 소개할게요. 교과서 속 내용을 실제로 어떻게 줄이고 도식화하는지, 노트 정리 '실전편'을 보여드리겠습니다.

**교과서 보고
머릿속에
구조화하기**

우리는 먼저 노트에 아무것도 쓰지 않은 채로 옆에 놓아두고, 교과서와 그 위에 필기했던 수업 내용들을 보면서 전체적인 내용을 파악하고 머릿속에 구조화를 할 거예요. 이때 교과서의 대단원, 소단원 등 굵은 글씨로 쓰여 있는 제목을 먼저 집중해서 보고, 아래에 쓰여 있는 내용이 위의 제목과 어떤 관련이 있는지를 중심으로 보면 도움이 돼요. 교과서나 참고서는 대부분 넓은 범위의 내용에서 좁은 범위의 내용으로(앞에서 이야기했던 가지치기를 하는 순서와 비슷하죠) 배치되어 있어요. 그래서 이 순서를

2 서양 윤리의 접근

공리주의 ↑

교사
많은 사람의 생명을 구하기 위해 한 사람이 생명을 희생시키는 것은 정당화될 수 있을까?

준수
더 많은 사람에게 행복을 가져 오는 행위는 도덕적 선이기 때 문에 한 사람의 희생쯤 어쩔 수 없다고 생각합니다.

은희
누구에게나 생명은 소중하므로 그 누구의 생명도 다른 사람의 생명을 살리기 위한 도구로 이용되어서는 안 된다고 생각합니다.

? 생각 열기
준수와 은희 중 누구의 의견에 동의하는가?
그 이유는 무엇인가?

ㅋ 칸트 (의무론)

▌의무론

의무론은 행위의 옳고 그름은 결과와 상관없이 그 행위가 의무에 부합하느냐에 의해 결정된다는 이론이다. 칸트는 이성적이고 자율적인 인간은 보편적인 도덕 법칙을 알고 그것을 *정언 명령의 형식으로 제시할 수 있다고 하였다.

☆ (
• 네 의지의 준칙이 언제나 동시에 보편적 입법의 원리가 될 수 있도록 행위하라.
• 너 자신에게 있어서나 다른 사람에게 있어서나 언제나 동시에 인격을 목적으로서 대하고 결코 수단으로서 대하지 말라.

• 칸트(Kant, I., 1724~1804)
18세기 독일의 비판 철학의 창시자

05 　칸트는 개인의 행위 규칙을 *준칙 또는 격률이라고 하면서 이를 도덕 법칙과 구별할 것을 주장하였다. 개인의 준칙이 보편적인 도덕 법칙이 될 수 있는지를 검토하기 위해서 해당 준칙이 보편화 가능성이 있는지, 인간의 존엄성을 존중하고 있는지를 검토해서 이를 통과할 때에만 도덕 법칙으로 수용해야 한다는 것이다.

　의무론은 인간의 존엄성을 중시하고 보편적인 도덕의 중요성을 강조하였다는
10 점에서 긍정적인 측면이 있다. 하지만 형식에 치우쳐 현실에서 우리가 어떤 행위를 해야 하는지 구체적으로 제시하지 못했다는 점, 도덕 법칙들이 서로 충돌하는 경우 어떤 것을 더 우선해야 하는지 해답을 줄 수 없다는 점에서 비판받는다.

* 정언 명령
행위의 결과에 상관없이 그 자체가 선(善)이기 때문에 무조건 그 수행이 요구되는 도덕적 명령

* 준칙(準則)/격률(格率)
개인의 주관적인 행위의 규범이나 윤리의 원칙

시험x 참고만

자료
윤리학 이해하기

자연법 윤리

　자연법 윤리는 인간의 본성 또는 자연적 경향성에 바탕을 둔 윤리설로, 의무론적 윤리설의 성격을 지닌다. 이 윤리설의 대표자인 토마스 아퀴나스에 의하면, 인간이 공유하는 자연적 경향성을 따르는 것은 옳다. 예컨대 인간은 생명을 보존하려는 자연적 경향성이 있으므로 이를 거스르는 행위는 옳지 않다. 따라서 살인이나 자살은 옳지 않은 행위이다.

▶ 〈그림 3-7〉

따라가면서 마치 컴퓨터 드라이브에 폴더 속 폴더를 만드는 것처럼 책을 읽으면서 머릿속에 저장하면 된답니다.

예를 들어, 금성교과서 생활과 윤리 과목의 한 페이지인 〈그림 3-7〉을 함께 봅시다. 먼저 이 페이지의 가장 윗줄에 쓰여 있는 '서양 윤리의 접근'을 보고, '앞으로 서양 윤리에 대한 내용이 나오겠구나' 하고 먼저 머릿속에 저장하는 거예요. 컴퓨터 드라이브에 '서양 윤리'라는 하나의 폴더를 생성한 거죠. 그 폴더를 누르고 들어갔더니 '의무론'이라는 또 다른 폴더가 나옵니다. '이 폴더는 뭐지?' 하고 보니까 '칸트'라는 인물과 관련한 폴더가 또 나오는 거예요. 이 폴더 안에는 이 인물과 관련한 키워드인 '정언명령', '준칙', '격률', '보편적인 도덕 법칙' 등이 나옵니다. 이런 식으로 큰 개념 아래 작은 개념들을 하나씩 저장하고, 그 각각의 개념과 관련한 정보들(개념, 용어 뜻, 특징, 평가 등)을 연결하면서 전체적인 내용의 구조를 파악하는 거죠. 대단원이 끝날 때까지 최대한 집중력을 잃지 않고 페이지를 넘겨가면서, 각각의 내용마다 폴더를 만든다는 생각으로 전체적인 내용을 파악해야 해요. 처음부터 쭉 읽으면 흐름과 구조를 파악하기 더 좋으니까요.

내용 정리하고 요약하기

이제는 책을 읽으면서 머릿속에 저장했던 폴더들을 노트에 실제로 옮겨 적을 차례입니다. 우리가 만든 폴더들을 노트의 중요한 가지, 인덱스로 놓고 그 밑에 이를 설명하는 하위 정보들을 씁니다. 앞서 정했던 자신만의 인덱스 기호를 사용하여 교과서 단원명과 소제목을 정리합니다. 이때 책을 읽으면서 만들었던 폴더와 더불어 교과서 상단에 적혀 있는 '학습 목표'를 참고하면 좋아요. 이 경우 공리주의와 의무론을 '비교'하는 것이 학습 목표에 쓰여 있으니, 각각의 특징과 차이점을 정리하는 것이 중요하겠다고 생각하면서 노트 정리의 방향을 잡는 것이죠(방향을 잡은 후에는 차이점을 드러내기 위해 여러 정리 형식 중 표, 가지치기 등 어떤 방법을 사용할지 머릿속에 그려보면 좋아요). 이외에 선생님께서 수업 중에 강조하신 부분이 있다면 그 내용도 빠트리면 안 돼요.

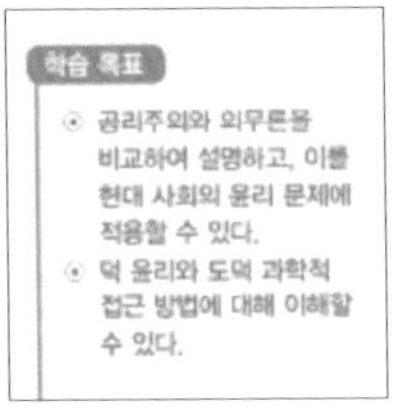
학습 목표

- 공리주의와 의무론을 비교하여 설명하고, 이를 현대 사회의 윤리 문제에 적용할 수 있다.
- 덕 윤리와 도덕 과학적 접근 방법에 대해 이해할 수 있다.

▶ 〈그림 3-7-1〉

하위 정보들을 설명하는 부분을 정리할 때 책에 줄글로 쓰여 있는 내용을 골라내고 요약해야 합니다. 이때 수업 시간에 했던 필기가 큰 도움이 돼요. 수업을 들으면서 **〈그림 3-7〉**과 같이 필기했다고 합시다. 선생님께서 아무리 수업 시간에 교과서에 있는 내용 외에 추가적인 설명을 하지 않으셨다고 해도, 선생님과 함께 교과서를 읽으면서 선생님께서 강조하신 내용 정도를 필기했다면 그림과 같이 필기가 되어 있을 거예요.

먼저, 맨 위의 '서양 윤리의 접근'이라는 글씨 옆에 있는 그림을 봅시다. 같은 윤리적 논점을 가지고 준수와 은희가 각각 공리주의와 의무론의 관점에서 대답한 내용이 있어요. 이 단원의 학습 목표가 공리주의와 의무론을 비교하는 것이니까 같은 논점에 대해 각각의 대표적인 답변을 제시함으로써 이 단원의 전체 내용을 정리했다고 볼 수 있죠.

▶ 〈그림 3-7-2〉

그런데 사실 준수와 은희가 말한 각각의 내용은, 뒤에 사상가와 사상을 설명할 때 훨씬 더 자세하게 설명되어 있는 내용이에요. 새롭거나 추가적인 내용은 아니죠. 다시 말해, 뒤의 내용을 공부한다면 말풍선 안에 들어 있는 말만 보고도 각각의 주장이 어떤 사상과 관련되어 있는지 구분할 수 있어요. 그래서 저는 이 그림 자체를 노트 정리의 대상에서 제외할 겁니다.

그런데 만약 시험 문제를 내시는 선생님께서 이렇게 단원 첫 부분에 나오는 그림의 말풍선 안에 빈칸을 만들어서 정확한 단어를 적도록 하는 문제를 자주 내셨다면 (그리고 그런 문제를 자신이 자주 틀렸다면), 이 부분도 꼼꼼하게 정리해야겠죠. 이렇게 선생님의 출제 경향에 따라서 노트 정리의 대상이 달라지기도 해요. 내가 볼 노트니까, 내가 취약한 부분과 내가 풀어야 하는 문제와 관련된 내용을 위주로 노트에 담아야 한다는 점을 기억해야 해요.

그런 후에는 우리가 머릿속으로 구조화했던 것처럼 '의무론'과 '칸트'라는 가지를 만들고 그 아래에 이에 대한 설명을 적을 거예요. 이때 교과서에 나와 있는 말을 그대로 옮겨 적지 않고, 적절히 요약하고 나만의 언어로 표현을 바꾸면서 정리할 거예요.

교과서에서는 의무론이 '**행위의 옳고 그름은 결과와 상관없이 그 행위가 의무에 부합하느냐에 의해 결정된다는 이론**'이라고 나와 있죠. 이 줄글에서 얻을 수 있는 정보는 행위의 옳고 그름이 결정되는 기준이에요. 이 기준이 결과가 아니라 의무에 부합하는지 여부인 것이죠. 공리주의는 이 기준이 결과입니다. 행위의 옳고 그름이 결정되는 기준부터 두 사상의 차이점이 생기는 거예요.

두 사상의 비교가 학습 목표에 있었으니까 의무론에서 행위의 옳고 그름이 결정되는 기준을 정리할 필요가 있겠죠? 그러면 이 내용은 노트에 써야 하는 정보가 됩니다. 키워드는 '**행위의 옳고 그름**', 즉 '**정당성**'과 '**결과**', '**의무 부합 여부**' 정도이니 이 키워드들을 잘 연결해서 표현하면 됩니다.

〈그림 3-8〉이나 〈그림 3-9〉처럼 '**행위의 옳고 그름**'을 '**행위의 정당성**'이라는 나의 언어로 바꾸어 표현하면서 키워드를 연결한 도식처럼 정리해도 되고, 〈그림 3-10〉처럼 내용을 거의 줄이지 않으면서 '**없음**', '**하는지**' 등의 내용을 '**X**', '**?**' 등 자신이 알아볼 수 있는 기호로 표현해도 좋습니다. 또는 도식을 거의 사용하지 않고 '**의무론 - 행위의 정당성: 결과(X), 의무에 부합 여부(○)**'처럼 줄글로 표현해도 되죠. 본인에게 편한 정리 방법을 선택하면 돼요.

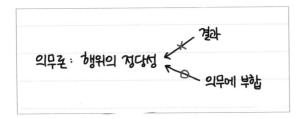

▶〈그림 3-8〉

의무론 : 행위의 정당성 ←─결정─ ~~정당~~ 의무 부합 여부

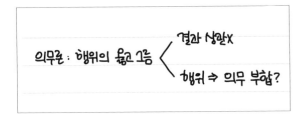

▶〈그림 3-9〉

의무론 : 행위의 정당성 ← ✕ 결과 / ◯ 의무에 부합

▶〈그림 3-10〉

의무론 : 행위의 옳고 그름 ← 결과 상관X / 행위 ⇒ 의무 부합?

이 방법으로 그다음 내용도 '(칸트) 이성적/자율적 인간: 보편적 도덕 법칙 → 정언 명령으로 제시' 등으로 정리해 볼 수 있겠죠. 이때 '정언 명령'의 용어 뜻을 그다음 줄에 **＊정언 명령: 행위의 결과에 상관없이 그 자체가 선이기 때문에 무조건 그 수행이 요구되는 도덕적 명령'**으로 따로 정리하거나, 해당 용어에 밑줄을 긋고 '**결과 상**

관X, 그 자체가 선, 무조건 수행 요구' 등 핵심 내용을 정리해서 작게 써놔도 됩니다.

▶ 〈그림 3-7-3〉

그 밑의 노란색 박스에 있는 내용(〈그림 3-7-3〉)은, 의무론과 관련해 칸트가 실제로 한 말을 수록해 놓은 거예요. 별표 표시와 형광색 체크를 봤을 때, 선생님께서 이 박스에 있는 말을 강조하셨다는 것을 알 수 있어요. 또 이 내용은 인물의 실제 표현 그대로 옮긴 것이기에, 노트에 정리할 때도 축약하거나 도식으로 표현하는 것보다 줄글로 쓰는 것이 더 좋습니다. 만약 줄글로 쓰는 것이 노트의 가독성을 너무 해치는 것 같다면 작은 포스트잇에 글을 쓰거나, 위나 아래에 여유 공간을 확보하고 나서 줄글을 옮겨 적은 다음 주변에 사각형을 그리는 등 시각적으로 공간을 분리해주면 도움이 됩니다. 글자 색을 바꾸거나 형광펜을 사용하는 것도 좋겠죠.

노트 정리할 때 교과서에 줄글로 표현된 말에서 조사만 빼고 적어야 하는지, 중요 단어만 적어야 하는지 등 어떻게 축약할지 고민될 거예요. 내가 뺀 내용이 혹시나 중요한 내용은 아닐까 하면서 적다 보면 노트에 글자만 빽빽해서 가독성이 떨어지기 마련이니까요. 위의 예시에서는 중요 키워드를 가지고 내용을 도식처럼 설명하는 방법을 사용했지만, 이보다 더 길고 복잡한 내용을 쓸 때는 내용을 조금씩 끊어서 정리하는 방법을 활용하면 좋아요.

▶ 〈그림 3-7-4〉

칸트는 개인의 행위 규칙을 "준칙 또는 격률이라고 하면서 이를 도덕 법칙과 구별할 것을 주장하였다. 개인의 준칙이 보편적인 도덕 법칙이 될 수 있는지를 검토하기 위해서 해당 준칙이 보편화 가능성이 있는지, 인간의 존엄성을 존중하고 있는지를 검토해서 이를 통과할 때에만 도덕 법칙으로 수용해야 한다는 것이다.

가령 〈그림 3-7〉의 다섯 번째 줄부터 여덟 번째 줄까지의 내용(〈그림 3-7-4〉)을 한 번에 정리해 봅시다. 이 네 줄은 모두 칸트의 주장이지만, 노트에 깔끔하고 보기 좋게 정리하기 위해 이 내용을 개념별로 잘라서 보는 거예요. 첫 번째 문장인, '**칸트는 개인의 행위 규칙을 준칙 또는 격률이라고 하면서 이를 도덕 법칙과 구별할 것을 주장하였다**'에서 우리는 칸트가 '**개인의 행위 규칙 = 준칙 또는 격률**'임을 주장했다는 것과 '**개인의 행위 규칙 ≠ 도덕 법칙**'임을 주장했다는 것, 이 두 가지 개념을 알 수 있어요. 또 두 번째 문장인, '개인의 준칙이 보편적인 도덕 법칙이 될 수 있는지를 검토하기 위해서 해당 준칙이 보편화 가능성이 있는지, 인간의 존엄성을 존중하고 있는지를 검토해서 이를 통과할 때에만 도덕 법칙으로 수용해야 한다는 것이다'를 봅시다. 우선 첫 번째 문장에서 개인의 준칙은 행위 규칙이라고 했으니까, 이 문장에서는 **개인의 준칙(행위 규칙)이 도덕 법칙인지 검토하는 기준**을 이야기하고 있다는 것을 알 수 있어요. 저는 이 네 줄을 간단하게 <그림 3-11>처럼 정리해 보았어요.

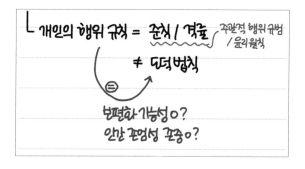

▶ 〈그림 3-11〉

칸트가 제시한 개념을 기호로 표현하고, 개인의 행위 규칙이 도덕 법칙이 되기 위해 검토해야 하는 기준은 파란색으로 나타냈죠. 또 교과서 모퉁이에 적혀 있는 준칙과 격률의 용어 뜻을 보라색으로 작게 키워드만 정리해서 추가했어요. 네 줄로 쓰여 있던 내용이 간단하고 깔끔하게 정리된 것을 볼 수 있죠? 이렇게 노트 정리를 할 때 글 내용을 나만의 언어로 바꾸거나 도식으로 과감하게 나타내도 돼요. 내용을 틀리게 정리하지만 않으면 되니까 개념 사이의 관계나 내용이 잘 떠오를 수 있도록 기호와 도식으로 연결하고, 중요 내용을 담는다고 생각하는 거죠.

남들이 보았을 때는 중요한 정보가 빠져 있거나, 오해의 여지가 있어 보이는 필기여도 괜찮습니다. 내가 정리한 노트이기 때문에, 나는 정리된 도식만 보고도 원래의 내용을 잘 떠올릴 수 있을 거예요. 그렇게 되도록 노트를 정리해야 하고요.

▶ 〈그림 3-7-5〉

> 의무론은 인간의 존엄성을 중시하고 보편적인 도덕의 중요성을 강조하였다는 점에서 긍정적인 측면이 있다. 하지만 형식에 치우쳐 현실에서 우리가 어떤 행위를 해야 하는지 구체적으로 제시하지 못했다는 점, 도덕 법칙들이 서로 충돌하는 경우 어떤 것을 더 우선해야 하는지 해답을 줄 수 없다는 점에서 비판받는다.

〈그림 3-7〉의 아홉 번째 줄부터는 의무론에 대한 평가를 다룬 문단이에요. 긍정적인 평가와 부정적인 평가 각각 하나씩 가지로 설정해서 내용을 정리하면 되겠죠? 각각의 측면에 대한 세부적인 평가 내용은 키워드 위주로 짧게 정리하면 돼요. 예를 들어, '**인간의 존엄성을 중시하고 보편적인 도덕의 중요성을 강조하였다는 점에서**

긍정적인 측면이 있다'라는 문장은, '인간 존엄성 중시', '보편적 도덕의 중요성 강조'로 축약할 수 있겠죠? 이렇게 줄이는 것이 익숙지 않다면, 뉴스 헤드라인을 만든다고 생각하고 줄이면 쉬울 거예요. 의미가 왜곡되어 전달되지 않도록 최소한의 단어만 쓰는 거죠.

▶ 〈그림 3-7-6〉

마지막으로, 〈그림 3-7〉의 페이지 가장 하단에 따로 제시되어 있는 '자료' 부분은, 수업 시간 필기를 보니까 '시험X 참고만'이라고 쓰여 있어요. 이는 해당 페이지에 제시된 내용과 연관된 추가적인 내용을 담고 있으니 한 번 읽어보고, 시험에는 나오지 않는다고 선생님께서 정확하게 말씀하신 내용이니까 노트에는 따로 정리하지 않아도 됩니다.

이렇게 이 교과서 한 페이지에 담긴 내용을 정리하면, 〈그림 3-12〉와 같이 깔끔하게 정리할 수 있어요. 정리한 내용 대부분이 검은색 펜으로 작성되어 있고, 중요한 내

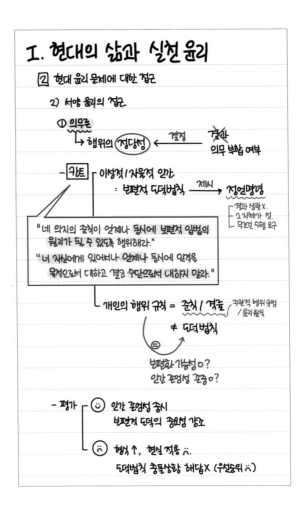

용을 놓치지 않을 정도로만 형광펜이나 다른 색 펜이 사

용되었죠. 앞에서 이야기했던 것처럼 앞으로 이 노트를

여러 번 읽고 활용하는 과정에서 형광펜으로 밑줄도 치

고, 새로운 내용도 추가하면서 업그레이드를 해나갈 겁니다.

노트를 정리하기 전에 수업을 잘 듣고 교과서도 꼼꼼하게 읽으면서 구조화했다면 이렇게 교과서 한 페이지를 정리하는 데 30분 정도 걸릴 거예요. 노트 정리가 아직 서툴다면 당연히 이보다 더 많이 걸릴 수 있어요. 계획법에서 이야기했던 것처럼, 자신이 교과서를 읽고 노트를 정리하는 시간이 얼마나 걸리는지에 따라 시험공부를 언제 시작할지, 문제집은 언제부터 풀 건지 등을 정하면 됩니다. 노트를 정리하다 보면 내용을 자신만의 언어와 도식으로 표현하는 데 익숙해져서 정리하는 시간이 점점 빨라질 거예요.

이해하면서 적기 vs. 적은 후에 이해하기

이해하면서 적는 것과 적은 후에 이해하는 것 중 어느 쪽이 나을까요? 지금까지 노트 정리하는 방법을 잘 따라오신 분이라면, 이 질문에 대한 답을 어렵지 않게 할 수 있을 것이라 생각해요. 당연히 이해하면서 적어야 합니다. 내용을 이해해야 개념 사이의 연결과, 같은 의미의 다른 표현을 쉽게 찾아내고 엮을 수 있어요. 또 책에 쓰여 있는 내용을 그대로 외우지 않고 나에게 편한 '나만의 언어'로 바꾸어 쉽게 정리하고 외울 수도 있죠.

물론 노트 정리가 어느 정도 익숙해지면 이해하지 않고 적더라도 깔끔하게 노트 정리를 할 수 있을 거예요. 하지만 만약 그런 상황에서 노트를 정리했다면 이후에라도 이해되지 않은 부분에 대해 선생님께 여쭤보거나 친구들과 이야기하면서 이해를 꼭 하는 것이 좋습니다. 이해하고 나서 새롭게 알게 된 사실을 바탕으로 노트에 정리했던 개념의 연결을 수정하거나 추가할 수 있을 뿐 아니리, 그 노트를 가지고 복습하면서 외울 때에도 이해한 내용을 외우는 것이 이해 못 한 내용을 외우는 것보다 훨씬 더 잘 외워지거든요.

사실 이런 점 때문에라도 수업 시간에 꼭 집중해야 합니다. 평소에 선생님께서 가르쳐주실 때 내용을 최대한 이해하려고 하고, 이해가 되지 않으면 교과서 한편에 작은 글씨로 메모해 두었다가 수업이 끝나고 나서 바로 선생님께 질문해서 궁금증을 해결했다면, 노트 정리할 때 교과서를 읽으면서 끙끙댈 일이 없을 거예요. 노트 정리하기 전에 교과서를 읽으면서 노트를 어떻게 정리할지만 빠르게 구조화하는 거죠. 이렇게 하면 공부의 효율이 엄청나게 늘어나게 됩니다. 그래서 수업 시간에 집중하면서 최대한 수업 내용 이해하려고 노력하기! 다시 한번 강조할게요.

한눈에 들어오는 노트 정리 요령

1) 인덱싱 + 들여쓰기, 가지치기 등의 정리 형식

앞서 정리한 노트인 〈그림 3-12〉에서 볼 수 있는 또 다른 특징은, 앞서 설명했던 인덱싱과 들여쓰기, 가지치기 등의 정리 형식을 사용했다는 점이에요. 대단원부터 현재 단원까지 한 칸씩 들여 써서 지금 쓰는 내용이 어느 단원에 해당하는 내용인지 알 수 있게 했어요(원래라면 'I. 현대의 삶과 실천 윤리' 단원 밑에 ①번, '2) 서양 윤리의 접근' 위에 1)번이 있어야 하지만 지금은 일부분만 노트 정리를 해서 빠졌습니다). 이 들여쓰기가 어렵다면 앞에서 이야기했던 모눈 노트를 사용하면 편리해요.

또 '① 의무론'이라는 주제 밑에는 말머리 기호 '-'를 사용하여 대표 사상가와 평가를 적고, 그 옆에 세부 내용을 또다시 가지치기하여 나눈 모습을 볼 수 있습니다. 이렇게 체계적인 정리 형식을 쓰면 한눈에 내용의 구조가 보일 뿐 아니라 노트의 가독성이 높아진다는 장점이 있어요.

2) 여백 활용

〈그림 3-12〉를 보면, 내용과 내용 사이에 최소 노트 한 줄 정도의 여백이 있는 것을 알 수 있어요. 특히 의무론의 '평가'를 적은 부분에서는 같은 종류의 내용임에도 긍정적 평가와 부정적 평가 사이에 한 줄을 비워놨죠. 어차피 우리는 교과서의 내용을 줄글로 옮겨 적는 것이 아니라 키워드 위주로 도식을 만들고 나만의 언어로 표현할 것이기 때문에 쓰지 않는 노트의 부분이 꽤 많을 거예요. 그 부분들과는 별개로, 한 꼭지의 내용이 끝났다면 최소 한 줄을 비워서 여백을 확보하는 것이 중요해요.

상황에 따라 다르겠지만, 서로 다른 내용을 적어도 연속으로 네 줄 이상 쓰지 않으면 가독성을 크게 높일 수 있어요. 같은 내용이라도 네 줄 이상 쓰면 가독성이 확 떨어지기 때문에, 그런 경우에는 다른 색 펜으로 밑줄을 긋거나 동그라미를 그리는 등 표시를 해주는 것이 좋습니다. 또 우리는 노트를 계속 활용하면서 취약한 부분에 표시하거나 새로 알게 된 내용을 추가할 것이기 때문에 내용과 내용 사이에 여백을 주는 것은 매우 중요합니다.

3) 색깔 사용

전체적으로 검은색을 이용해 노트 정리를 했지만, 이 노트를 처음 딱 봤을 때는 다양한 색깔이 알록달록하게 들어갔다는 느낌이 들죠. 사실 다른 색을 쓴 부분은 그리

많지 않은데도 말이에요. 그래서 노트 정리를 할 때는 색깔을 무분별하게 다양하게 쓰는 것은 절대 안 되고, 본인의 기준에 따라 몇 가지의 색을 사용하는 것이 좋습니다.

〈그림 3-12〉에서 개념 사이의 관계를 나타내는 글자에 파란색, 틀린 내용을 빨간색, 용어의 뜻을 보라색으로 정리한 것처럼 말이죠. 또 '의무론'과 같이 중요한 개념이 새로 나타났을 때나, 칸트의 말을 쓴 것처럼 한 색깔로 여러 줄의 글을 써서 가독성이 떨어질 때는 형광펜을 사용해서 중요한 부분을 살짝 표시해도 좋아요. 이때도 너무 많은 색을 사용할 필요는 없고, 전체적인 노트를 봤을 때 중요하게 보아야 할 곳을 체크해 준다는 느낌으로 표시하면 효과적입니다.

도표를 노트에 옮길 때 가독성이 떨어진다면

앞서 언급했듯이 한눈에 들어오는 노트 필기를 위해 그림이나 도표를 노트에 함께 정리하는 것은 중요합니다. 줄글로는 다섯 줄 이상으로 풀어서 설명해야 하는 정보를 도표를 사용하면 한눈에 파악할 수 있고, 도표를 직접 노트에 옮기면서 도표에서 의미하는 바가 뭔지 해석해 볼 수도 있거든요(이 해석은 수업 시간에 선생님께서 도표를 보면서 설명하신 내용이나 도표 옆에 쓰여 있는 교과서 내용을 보고 알 수 있습니다). 또 도표가 그대로 시험에 나올 수도 있겠죠. 하지만 도표에 지나치게 많은 정보가 포함되어 있거나 복잡한 도표일 때는 노트의 한 정된 공간에 깔끔하게 그리기가 어려울 거예요. 이럴 때는 두 가지 방법을 쓸 수 있어요.

1) 도표 잘라서 노트에 붙이기

첫 번째는, 도표가 있는 부분을 잘라서 노트에 붙이는 방법이에요. 그런데 교과서는 보통 설명하는 글이 많기 때문에 도표가 그려져 있는 뒷면에 설명이 쓰여 있거나 다른 도표가 있을 거예요. 또 교과서에는 수업 중에 내가 한 필기도 있고, 선생님께서 교과서 검사를 하신다면 도표가 오려져 있을 때 곤란한 상황이 생길 수 있겠죠. 그래서 교과서에 있는 도표를 쓰기 어렵다면 문제집 등 참고서에 비슷하게 나와 있는 도표를 이용하면 돼요. 만약 뒷면에 개념 문제 같은 게 있다면 얼른 풀고 나서 오리는 거죠. 저는 세계지리와 같이 국가별/지역별 특징을 도표를 통해 해석해야 하는 과목들은 자주 보면서 외워야 하는 복잡한 도표들이 많아서 이 방법을 즐겨 사용했어요.

2) 중요 부분만 발췌해서 옮기기

아무리 참고서라도 책을 훼손하고 싶지 않다면 두 번째 방법을 쓰면 돼요. 복잡한 도표를 노트에 모두 옮기지 않고, 해석이 이루어지는, 우리가 집중해서 보아야 하는 부분을 발췌해서 옮기는 거예요.

도표를 선생님께서 강조하지 않으셨을 때, 개념을 학습하면 도표를 외우지 않아도 충분히 해석할 수 있을 것 같을 때는 노트에 옮기지 않아도 돼요. 책에는 개념 이해를 돕기 위해서 예시처럼 첨부해 둔 그림들도 많으니까요. 개념을 학습하고 나서 도표를 봤는데 그렇게 어렵지 않다면, 우선은 노트 정리를 하지 않고 놔뒀다가 인덱스를 붙여놓고 '시험 직전에 교과서 읽을 때 봐야지'라고 복습 계획을 세우는 것도 좋은 방법이에요. 혹은 문제에 자주 출제된, 그 도표에서 해석해야 하는 중요한 부분만 골라서 그리는 거예요. 그 도표의 특징을 글로 짧게 정리할 수도 있죠.

예를 들어 〈그림 3-13〉을 보면, 국제무역에서 선진국과 개발도상국이 각 연도에 몇 퍼센트를 차지했는지가 중요한 것이 아니죠. 선진국과 개발도상국 모두 국제무역이 증가하고 있지만, 특히 개발도상국이 국제무역에서 차지하는 비중이 더 크게 늘고 있다는 점이 중요해요. 이 점을 안다면, 노트에 도표를 옮길 때 막대의 정확한 길

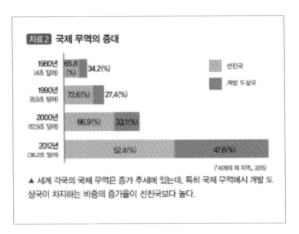

자료2 국제 무역의 증대

1980년
(4조 달러) 65.8(%) 34.2(%)

1990년
(6.9조 달러) 72.6(%) 27.4(%)

2000년
(12.9조 달러) 66.9(%) 33.1(%)

2012년
(36.2조 달러) 52.4(%) 47.6(%)

■ 선진국
■ 개발 도상국

(『세계의 제 지역』, 2015)

▲ 세계 각국의 국제 무역은 증가 추세에 있는데, 특히 국제 무역에서 개발 도상국이 차지하는 비중의 증가율이 선진국보다 높다.

▶ 〈그림 3-13〉

이와 수치를 옮기는 것이 아니라 도표에서 해석해 내야 하는 정보를 인식할 수 있을 정도로만 간소화해서 그리면 됩니다. 어떤 방법을 쓰든 도표에서 어떤 정보를 얻을 수 있는지를 그 위에 기록해 두는 것이 가장 중요해요. 수업 시간에 선생님의 설명을 들으면서 필기했던 내용도 괜찮고, 도표의 의미를 해석하면서 스스로 알게 된 점도 좋아요. 중요한 것은, 나중에 노트에 그려진 도표의 형태를 잠깐 보아도 도표에서 찾을 수 있는 의미가 한눈에 보일 수 있도록 하는 거예요. 이 방법들을 종합하면 〈그림 3-13〉의 도표를 〈그림 3-14〉와 같이 나타내어 노트에 정리할 수 있게 됩니다.

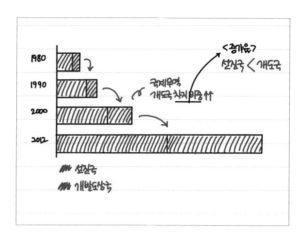

▶ 〈그림 3-14〉

태블릿 대신 종이에 정리하는 이유

　몇 년 전에 태블릿과 스마트 펜슬이 나오고부터 수업 중에, 시험 기간에 디지털 노트를 이용해 간편하게 노트 정리를 하는 것이 유행하기 시작했어요. 저도 그 유행을 따라가던 사람 중 하나였습니다. 사실 저는 예쁘고 깔끔하게 노트 정리하는 것을 좋아해서 정리하는 데 시간이 꽤 걸렸어요. 그래서 가끔 시간이 너무 부족하다는 생각이 들면 디지털 노트에 타자를 쳐서 빠르고 쉽게 노트를 만들어 사용하기도 했어요. 그런데 고등학교 3학년 때가 되어서 저는 수업 시간과 시험 기간에 태블릿에 노트 정리를 거의 하지 않게 됐습니다. 왜일까요?

**1) 기억나는
양의 차이**

　　결국 다시 '효율'에 대한 이야기입니다. 이상하게도 태블릿에 노트 정리를 하거나 컴퓨터로 정리해서 외우면 성적이 잘 안 나왔어요. 우선 종이에 펜으로 한 자 한 자 눌러썼던 내용은 적어도 노트 정리한 날에는 내용이 머릿속에 저장되어 있었는데, 타자를 쳐서 정리했던 내용은 정리가 끝나고 나서 2~3시간만 지나도 대부분 기억이 나지 않았어요.

　　또 종이에 정리하면 노트를 여러 번 읽으면서 내가 중요하다고 생각하는 내용이나 헷갈리는 부분에 연필로 연하게 동그라미를 치기가 더 쉽잖아요. 노트에 내가 읽었던 흔적을 남기면서 정보를 적극적으로 읽고 자연스럽게 외울 수 있었죠. 그런데 태블릿은 상대적으로 그런 작업을 편하게 할 수 없으니까(같은 작업을 해도 더 복잡해지고 가독성이 떨어지더라고요) 화면을 넘기면서 눈으로 꼼꼼히 읽어도 한 번 읽었을 때 외워지는 양이 종이 노트보다 적었어요.

**2) 전체 구조
파악의
용이성**

　　태블릿이나 컴퓨터는 디지털 노트의 특정 부분을 줌인, 줌아웃하고 필기 내용의 위치를 옮기거나 크기를 조절할 수 있는 기능이 있죠. 이 기능은 얼핏 보기에 제가 앞에서 이야기했던, 새로운 내용을 추가하는 '노트 업그레이드'를 더 쉽게 할 수 있도록 도와주는 기능처럼 보여요. 추가하고 싶거나 빼야 하는 내용이 있으면 간단하게 노트 정리한 내용을 재배치할 수 있으니까요. 하지만 이 방법을 이용하면 깔끔한 노트를 만들 수는 있겠지만, 노트를 여러 번 읽으면서 전체 구조와 내용을 외우는 데에는 효과적이지 않아요.

우리가 여러 번 읽으면서 암기하고 활용할 노트는, 공부하면서 업그레이드를 하더라도 어쨌든 1차로 노트 정리했던 구조와 내용이 기반이 될 거예요. 뒤에서도 이야기하겠지만, 우리는 이 노트 한 페이지를 여러 번 읽으면서 '사진 찍듯이' 외울 거예요. 그러면 노트에 들어 있는 많은 내용들을 차례대로 읽더라도, 우리 눈에는 언제든지 노트 한 페이지에 배치되어 있는 전체 구조가 잘 들어옵니다. 그런데 디지털 노트를 수정하면서 그때그때 배치를 바꾼다면, 전체적인 구조와 흐름을 한눈에 파악하기 어렵겠죠. 계속해서 확대, 축소하면서 노트를 읽는다면 더더욱 전체 내용보다 세부적인 내용에만 집중하게 될 거예요.

물론 세부적인 내용을 공부하는 것도 중요하지만, 시험 문제는 단원 순서대로 나오지 않잖아요? 또 시험 문제에 '이 문항은 교과서 2단원에서 출제되었습니다'와 같은 말은 쓰여 있지 않아요. 게다가 서로 다른 단원의 내용이 융합되어 하나의 문항이 출제되기도 합니다. 그래서 세부적인 내용만을 달달 외우기보다, 전체 구조와 흐름, 즉 뼈대를 머릿속에 확실하게 집어넣은 상태에서 그 안에 살을 붙이는 방식으로 공부하는 것이 중요합니다. 그래야 어떤 시험 문제가 나와도 내가 정리해 놓은 많은 뼈대 중에 문제에서 원하는 뼈대를 빠르게 찾아서 정답을 찾을 수 있거든요.

3) 어렵게 기억할수록 쉽게 인출 가능

종이에 정리할 때의 장점을 하나 더 이야기해 볼게요. '어렵게 기억할수록 쉽게 인출할 수 있다'는 말, 들어보셨나요? 우리가 종이 노트 한 페이지에 내용 정리를 해 놓고 노트를 업그레이드하는 과정에 있다고 해봅시다. 추가하려고 하는 내용이 어느 내용과 관련이 있을지, 노트의 어떤 부분 옆에 들어가야 이해하기 좋은 내용인지 파악하는 과정에서, 그리고 해당 부분의 좁은 공간 속에 새로운 내용을 추가하기 위해 이 내용을 요약하고 정리하는 과정에서 우리는 많은 생각을 하게 됩니다. 때로는 공간이 너무 부족해서 포스트잇에 써서 노트 위에 붙이거나, 아예 새로운 내용을 추가하지 않고 그냥 머릿속에만 집어넣어야겠다고 판단할 수도 있겠죠. 이 모든 과정은 우리가 지식을 '어렵게 기억하게' 합니다. 지식을 받아들이고 기억하는 데 있어 한 번이라도 더 생각하게 하는 것이죠. 이 지식을 어떻게 가공해서 내 노트에, 머릿속에 집어넣을지 고민하면서요. 하지만 이렇게 어렵게 기억하는 만큼 나중에 기억을 떠올리기는 더 쉬워져요. 추가한 내용이 어떤 내용과 관련이 있는지, 왜 그 내용과 관련이 있는지 등 개념 간의 연결 관계를 잘 기억할 수 있고, 문제를 풀 때도 (노트를 복습하며 사진 찍듯 기억했던 잔상 중에서) 내가 추가했던 내용이 어디에 적혀 있었는지를 떠올리면서 선지를 지울 때 활용할 수 있어요. 이는 실제로 제가 시험을 볼 때 많이 활용했던 방법입니다.

태블릿 적절히 사용하는 법

하지만 이렇게 노트를 활용하고 내용을 외우는 과정에서 불리한 점이 생기더라도 당장 노트를 종이에 정리하기에는 절대적인 시간이 부족할 수 있어요. 저 또한 너무 많은 내용을 정리해야 할 때면, 손으로 하나하나 작성하는 데 시간이 너무 오래 걸려서 고민이 많았습니다. 그래서 제가 찾았던, 디지털 노트를 활용할 수 있는 일종의 타협점은 두 가지가 있었어요.

1) 1차 노트 정리만 디지털 노트 이용

첫 번째는, 시험 기간에 노트 정리할 시간이 너무 부족하다면 교과서를 보면서 정리하는 '1차 노트 정리'만을 컴퓨터나 태블릿으로 하는 것이었어요. 저는 보통 태블릿을 사용했어요. 컴퓨터는 기본 문서 애플리케이션을 사용할 경우, 글자와 기호를 무조건 한 줄 안에만 작성할 수 있으므로 종이에 펜으로 정리할 때보다 정리의 자유도가 떨어지잖아요. 종이에 정리할 때처럼 내 마음대로 표 중간에 글씨를 넣거나, 종이 끄트머리에 별표를 추가하거나, 서로 다른 개념을 선으로 잇는 등의 표시를 하기 어렵죠. 그래서 저는 글자가 많은 내용은 태블릿에 키보드를 연결하여 최대한 인덱싱과 들여쓰기를 적용해 작성하고, 디지털 펜슬을 이용해 앞서 말했던 '자유로운 정리'의 요소들을 추가했어요. 대표적인 것이 바로 고등학교 3학년 때 정리했던 윤리와 사상 노트입니다. 뒤에 나오는 〈그림 3-15〉, 〈그림 3-16〉, 〈그림 3-17〉을 보면 감이 좀 올 거예요.

* 동양사상
: 만물이 관련성 맺고
조화롭게 공존한다는
유기체적 세계관에 기초
세계 ≠ 개체의 단순한 집합

- 이기·이타 & 이기·자역 상호연관성, 조화!
- 개인도 공동체 안에 있을때 의미O
- 계약 < 정감 인식 공동체

```
* 유교 등장배경
(1) 춘추전국 시대 제자백가가 등장 (유,도,묵,법)
(2) 공자: 하·은·주 시대의 문화 집약 → 유교 사상 정립
(3) 학통상의: 공자-맹자 / 맹순-정자
(4) 시기별 주요 흐름
    한(훈고학) - 위진 - 당 - 송(성리학) - 원 - 명(양명학) - 청(고증학, 실학)
(5) 성립: 요·순·우·탕·문무
    공자: 정주
```

인
(바탕)
인간 내면의 도덕성(진정한 인간다움)   겸애와 구별되는 차별적 사랑
사랑의 정신, 사회적 존재, 인간다움   친친정의 차별적인 사랑
예와 악의 기본, 넓혀 나가는 사랑 →   사비성이 분별되는 차별적 사랑
마땅히 행해야하는 의의 구체적 내용

(인의 확장)인의 실현
가장 근본적 방법   충(적극적): 자신의 마음을 성실하게 함 →   내가 하고싶은것, 남도O!
「혈구지도」   강요·주입X. 정성!
                                                             中 + 心 = 열심

        서(소극적): 추기급인, 역지사지-자기를 미루어 다른 사람의 마음을 헤아림   내가 하기 싫은것 남도X!!
                                                                              如+心

        효제: 부모에 대한 효도와 형제에 대한 우애
        ① 행위 자체로움   ③ 부모사랑
         ② 효: 敬(공경)의 결여   ④ 효의 시작: 부상(身)체발부 / 효의 끝: 입신양명   * 친친: 친하게 여겨야 할 사람을 친히 여기는 것
         ⑤ 봉양 의지: 기간   (혈연적 윤리 관계, 부모형제가 기본)

별애   존비친소에 따른 차등적 사랑, 선악 구별
            인= 가까운 사람부터 실천하여 확장

예   인 실현 위해 반드시 필요한 외면적 사회 규범   필수조건
(형식)   극기복례 강조 ─> 인 완성   예제(禮制) 따르라   정사 (비례물시 비례물청 비례물언 비례물동)
           기본적인 것이 아닌 내면 것   예가 아니면 듣지도X 보지도X 말X 행하지X
                                                                                         - 아침에 도를 들으면 저녁에 죽어도 좋다 (구도의 신념)

수양: 수기안인   자신을 수양하여 다른사람을 편안하게 함 (= 수기치인)   당연히 해야함!

정명   명분을 바로잡음   부모   군자:복지성 바탕
정치의 시작   각자가 자신의 신분과 지위에 맞는 역할을 다함   백성:못배움 혹
명실상부의 기본조건   "임금은 임금답고, 신하는 신하답고, 부모는 부모답고, 자식은 자식다움(군군신신부부자자)"

덕치   임금(통치자)이 도덕성과 예의로써 백성을 교화(스스로 부끄러움(염치)을 깨닫도록)하는 정치
덕으로 백성을 복종시킨다(O)   통치자가 먼저 도덕성과 인간다움 갖추어야
'형벌·정치 배제(X)'   통치자는 법에 의존하기보다 도덕에 기초한 정치
                    ↳ 법치 (법가대표) - 가혹한 형벌X
덕치 + 고른분배(경제적)   (애민이 강조됨)
대동 사회   인륜이 구현되고, 인재가 주요 자리에 임용되며, 재화가 고르게 분배되고,   * 능력 인정O, 신분 사회X
              사회적 약자가 보살핌을 받는 도덕적 이상 사회   경제적 분배의 형평성이 재화 중
이상적 인간상(군자)   인과 예를 바탕으로 덕을 갖춘 도덕적 인간(성인)
수기의 계급   수기안인에 힘쓰는 사람
            +수기치인
고른분배 (경제적측면)

"고르면 가난이 없고, 화합하면 적음이 없고, 편안하면 기울어짐이 없다."
"옛날에 배우는 자들은 자신을 위한 학문(위기지학)을 하였는데(ʘ)"
"군자는 경으로 몸을 닦아 사람을 편안하게 한다(수기안인)"
"정치란 바르게 하는(정) 것이니, 그대가 바름으로써 솔선수범한다면 누가 감히 따르지 않겠는가?"

▶ 〈그림 3-15〉

→ 도덕적 기준과 양의 욕망 활동하는 요소 방지
이/기: 주된 바에 따라 분속(배속) 시킴

@study_ham2

✦ 시대적 배경
    성리시대: 성리유교 주체적수용 → 정치, 생활원리 …
    고려말: 성리학의 수용 → 정치, 사회적 개혁의 이론적 기초
    조선 초: 성리학의 발달 (대내+대외수용)
      → 개인 참된 인격과, 개인의 도덕적 명성·사회 통치 실현 위한 이론적 바탕
      → 정치 안정과, 생활을 윤리 확립 추구
      → 사단칠정논쟁 등 다양한 이론 논쟁

이귀기천, 이장기졸	(성리학적) 이: 순선한 원리적 개념. 순수. 절대.(존귀) 기: 현상적 개념. 가선가악. 비천(가치적 명예비) 이기불상잡)이기불상리 ＊ 정기: 현상세계를 움직이는 근본원리
이기호발설	기에 대한 이의 주재성 → 이는 병행되어 어느 곳에나 이을수 있음. 이, 기 모두 위유(동정) 이는 기의 근원(o) 인간에게 도덕적 행위 근거인 **도덕 본성** 이미 있음 -) 발현 당연 기가 떠나지 않는이 내로수X → 〈이발기수〉: 사단=이발, 칠정=기수 이가떠나지 않는이 기→ 〈기발이승〉: 칠정=기발이승 → 도덕적 가능 - 양의 욕망 활동X. → 이기의 욕망에 빠져 공유됨 사단과 칠정은 각각 그 **연원**이 다름 ＊연원
사단과 칠정	사단과 칠정은 엄격히 구분. 이는 기의 주재자로서 명령해야 함.
경()성)	거경과 궁리의 병진 강조 거경, 궁리는 새의 두 날개, 사람의 두 발과 같음
	주일무적: 마음이 흐트러지지 않도록 한 곳에 집중 상성성: 항상 깨어 있음 정제엄숙: 몸가짐 단정히 하고 엄숙한 태도 유지 신독

사단칠정 논쟁	(아래 참조)
	① 추만 정지운 「천명도설」 ② 이황수정
	  - 이어발: 사단 - 이지발: 사단
	    →어에서 '어': 에서 (수동) →어에서 '지': ~가 (능동)
	  - 기어발: 칠정 - 기지발: 칠정 ☆

	(기대승과) ③ 기대승 비판 ④ 이황 답변 ㄱ. 이(리)는 무위 - 이발기수: 사단 ㄴ. 성통심정 → 하나 - 기발이승: 칠정 ㄷ. 이기불상리

  사람이 적극적으로 악을 몰아 비극과 가능 것과 가능
  사람이 말에 타고 있으나 말이 가는 대로 맡겨 두는 것
  → 말이 대로 기를 벗어나듯 이(론)에 빠질수 o. (개선대응)

"본상달"	본연지성: 주된 바 '이'	→ 이발기수: 사단	
	기질지성: 주된 바 '기'	→ 기발이승: 칠정	

＊ 성향: 사단/칠정이 조리 /기의 양면으로 설명할수 있다나.
    양면성 제시

이황&이이 공통	사단: 인간이 지닌 네 가지의 도덕 감정 - 측수사시 칠정: 인간이 지닌 일곱 가지의 일반 감정 - 희노애구애오욕 (학)

"오직 경에 힘써라"
"사단과 칠정이 모두 이와 기를 벗어나는 것이 아니다.(이황, 이이 공통)"
"확실히 칠정은 이와 기를 겸한다. 하지만 구분해 말하자면 칠정과 기의 관계는 사단과 이의 관계와 같다고 할 수 있다.(분속)"
"각각 주가 되는 바가 있으므로 분별하여 말해도 안 될 것이 없다."
"그 발하는 것이 각각 혈맥이 있고, 그 이름이 다 가리키는 바가 있으므로 주가 되는 바에 따라 나누어 귀속시킬 수 있다."

▶ 〈그림 3-16〉

2. 이이 〈형상개혁에도 깊은 관심〉

@study_ham2

이통기국론	형태가 없는 이는 통하고 형태가 있는 기는 국한됨
이기불상리〉이기불상잡	
	물이 담긴 그릇에서 물이 그릇을 떠날 수 없는 것과 같음
이기지묘	이와 기는 하나이면서 둘이고, 둘이면서 하나인 묘한 관계
	이: 모든 사물의 원리이자 도덕 본성의 근거. 보편적 실재(이통). 무형무위
	기: 현실세계에서 구체적으로 운동, 변화 -〉시공간의 제약 받음(기국). 유형유위
기발이승일도설	이는 발하는 까닭이고, 기는 발하는 것. ONLY 기발이승 이는 기의 근원(X)
사단과 칠정	사단과 칠정 모두 기발이승
	칠포사
	사단은 칠정 중에서 선한 부분만을 가려내 말한 것
	성)경 경을 지니는 것은 궁리의 바탕
	인간의 기질에 청탁과 수박의 차이 -〉 성실하고 정밀하게 하여 통달, 명석
	이의 본연인 선의 실현 위해 기질 바로 잡기(학문하는 근본 목적)
	경을 통해 성에 이를 것 강조 경=노력의 요체. 성=노력, 거둬들이는 바탕

※ 주희의 사단칠정 - 이이's 해석
사단= only 이
칠정= 이+기 (경정)
본연지성 = 기질 경하거X
기질지성 = 본연지성 경함

기발이승 (칠정)

	이황	이이
	주리론	주기론
	이귀기천	이통기국
	이장기졸	이기지묘
	이기호발설	기발이승일도설
	경+성	경+성
	이: 유위	이: 무위
	기: 유위	기: 유위
	'성학십도'	'성학집요'
	위정척사	사회경장론 =〉실학
	이: 무형 기: 유형유위	

* 이의 본체는 무위. (주희, 이황, 이이)
  ※ 用(용)

* 성리학 기발입장
  [이: 무위,무경
    기: 유위,유경

갑: 옛사람들은 사람이 말(馬)을 타고 출입하는 것으로써 이(理)가 기(氣)를 타고 가는 것을 비유하였으니, 그 비유가 참 좋습니다. 사람은 말이 아니면 출입하지 못하고 말은 사람이 아니면 궤도를 잃어버리니 사람과 말이 서로 의지하여 서로 떨어질 수 없습니다. 이 비유에서 "사람이 간다."라고 한다면 굳이 말까지 함께 말하지 않더라도 말이 가는 것은 그 중에 있으니, 사단이 이것입니다. 또한 "말이 간다."라고 한다면 사람까지 함께 말하지 않더라도 사람이 가는 것은 그중에 있으니, 칠정이 이것입니다.

을: 옛사람들의 그 비유는 참으로 좋습니다. 비유에서 사단과 말이 문을 나설 때 반드시 사람이 감을 가리고 사람이 말이 서는 것을 세우는 것이니, 이것은 이가 기의 주재(主宰)가 되고 기가 이를 태우는 것과 같습니다. 그리고 문을 나설 때에 사람과 말이 궤도를 따라가는 것은 기가 이에 순응하여 발하는 것과 같으니, 사람이 비록 말을 탔으나 말이 제멋대로 달려 궤도를 타르지 않는 것은 기가 함부로 날뛰어서 과(過)하기도 하고 불급(不及)하기도 한 것입니다.

〈보기〉
ㄱ. 갑은 사단은 이가 발하고 기가 따르기에 드러난 것이라고 본다.
ㄴ. 을은 형태 없는 이는 통하고, 형태 있는 기는 국한된다고 본다.
ㄷ. 을은 갑과 달리 이는 순선하여 기가 능동적으로 흐름을 수 있다고 본다.
ㄹ. 갑, 을은 기는 만물에 있지만 이는 사람의 선한 마음에만 있다고 본다.

① ㄱ, ㄴ   ② ㄱ, ㄷ   ③ ㄴ, ㄷ   ④ ㄴ, ㄹ   ⑤ ㄷ, ㄹ

이 미 학문을 하는데 성실하다면 반드시 치우친 기질을 바로잡아 본연의 성품을 회복해야한다.(교기질)"
□ 질지성은 본연지성을 겸하여 말하는 것이다.(기포리)"
□ 하는 것은 기이고, 발하는 까닭은 이이다."
□ 물은 기가 치우치고 막히게 되면 변화시킬 방법이 없으나, 사람은 비록 청탁과 수박이 같지 않더라도 마음이 허명하여
이 변화시킬 수 있다."
□ 람이 본심을 회복하지 못하는 것은 사특함이 본심을 가리기 때문이다. 그러므로 경으로 주재하여 사특함을 제거하면 본체가
전할 수 있다. 경은 노력의 요체이며 성은 노력을 거둬들이는 바탕이므로 경으로써 성에 이를 수 있다."

▶ 〈그림 3-17〉

2) 정리 내용 정확하게 암기해야 할 때

두 번째 방법은, 정리한 노트에 있는 내용을 정확하게 달달 외워야 할 필요성이 있을 때 사용했어요. 처음부터 백지를 놓고 외우는 것은 너무 힘들고 오래 걸리니까 저는 정리해 놓은 노트의 중요 용어에 빈칸을 넣어서 채우는 방식으로 외웠어요. 이렇게 하면 내가 정리해 놓았던 노트 정리의 기본 틀 위에 들어갈 세부 내용들을 외우는 데 효과적이거든요. 그런데 종이에 노트 정리한 것은 한 부밖에 없으니까, 위에 바로 스티커를 붙이거나 펜으로 가리는 것은 아깝잖아요. 그렇다고 노트에 쓴 내용을 다른 공책이나 디지털 노트에 빈칸을 만들면서 옮기는 것은 시간도 너무 많이 걸리고 비효율적이죠. 그래서 저는 〈그림 3-18〉, 〈그림 3-19〉처럼 정리해 놓은 노트를 찍어서 디지털 노트 앱에 불러온 다음, 중요 용어를 펜을 이용해 가린 복사본을 만들었어요. 그 후에는 가린 부분 위에 들어갈 말을 떠올리면서 글씨를 쓰고, 가린 부분을 지우면서 정답을 확인했죠. 중요 용어를 가린 복사본을 여러 개 만들어 놓고, 이것을 이용해서 이 방법으로 2~3번 반복하면 내용을 정확하게 외우는 것이 수월해지니까요.

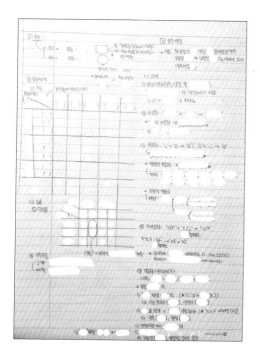

▶ 〈그림 3-18〉

러시아 사건 정리+회화 정리

간략 러시아사

류리크 왕조	862	류리크: 노브고로드 정착
	882	●●●● 대공: ●●●●●●● 건국
	●●●●	●●●● 대공: 기독교 수용
	1147	유리 돌고루키 대공: ●●●●●● 건국
	1240-1480	몽골의 지배
	1598-1612	●●●●: 12년간 6명의 차르 살해/교체, 농노 반란, 폴란드 점령
로마노프 왕조	1613	미하일 로마노프 즉위
	1689-1725	●●●●: 서구화 정책
	1762-1796	●●●●: 개혁
	1812	●●●●: 나폴레옹 전쟁 승리
소비에트 시대	1917	●●●● (러시아 사회주의 혁명)
	1985-1991	●●●●: 개혁/개방
러시아 연방	1991	●●: 러시아 연방 최초 민선 대통령

▶ 〈그림 3-19〉

노트 정리를 하면 한 번에 암기가 될까

짐작하듯, 노트 정리를 한 번 했다고 해서 내용이 바로 암기가 되는 것은 아닙니다. 물론 노트 정리한 날에 정리한 내용이 어느 정도 기억날 수는 있겠지만, 이 지식은 복습하지 않으면 금방 사라져 버릴 거예요. 책의 모든 내용을 적혀 있는 대로 빨리 달달 외우는 것만이 목적이라면, 시간이 오래 걸리더라도 책에 있는 내용을 종이에 여러 번 베껴 쓰는 방법이 훨씬 효과적일 겁니다. 하지만 우리는 서술형과 같은 특정 문항을 제외하면 수업 내용을 똑같이 암기하는 것이 아니라, 지식을 머릿속에 저장해서 이를 토대로 문제에 적용해서 정답을 찾아낼 수 있어야 해요. 이 과정에서 방대한 지식을 머릿속에 빠르게 넣을수록 관련 문제를 풀어보면서 지식의 구멍을 찾고 보완하는 시간이 많아지겠죠. 그래서 내용의 구조에 따라 체계적으로 정보를 저장하고 보충할 수 있도록 노트를 활용하는 거예요.

문제집 같은 예쁜 정리 vs. 엉망이지만 공부 내용이 떠오르는 정리

결론부터 말하자면, 문제집처럼 예쁘게 정리하는 것과 개발새발이지만 공부 내용이 떠오르는 정리, 두 가지 모두 중요해요. 일단 가독성 좋은 글씨로 색깔까지 구분해 가며 깔끔하게 정리해 놓은 노트는 내용을 정리한 뒤에도 자꾸자꾸 쳐다보고 싶어지고, 그렇게 내가 정리한 깔끔하고 예쁜 노트를 자주 보다 보면 내용이 더 머릿속에 잘 들어와서 학습 효과가 좋거든요. 정리한 후에 노트만 보더라도 내용이 한눈에 들어오기 때문에 공부해야 할 내용을 시각적으로 머리에 각인시키기에도 좋을 거예요. 저도 유튜브에 나오는 알록달록하고 멋진 노트 정리까지는 아니더라도 항상 깔끔하고 한눈에 들어오도록 노트 정리를 하곤 했는데, 이런 장점들 덕분에 정리한 노트의 효과를 더욱 잘 얻을 수 있었다고 생각해요. 깔끔하게 노트 정리를 하는 그 과정 자체가 재밌어서 공부가 재밌게 느껴지기도 했으니까요.

하지만 머릿속에서 구조화한 내용을 노트에 시각적으로 구현시켜 더 효과적으로 공부를 하겠다는 목적을 벗어나 '예쁘게 노트 정리'를 해야겠다는 목적이 더 커진다면 문제가 될 수도 있겠죠. 학습과는 큰 상관이 없는 그림이나 도표를 그리는 데에 몇 시간씩 할애하거나(완벽하게 그린다고 해서 학습 효과가 올라가는 것은 아니니까요), 예쁜 노트 정리에 집착하여 마음에 들지 않는 부분이나 실수한 부분이 생겼을 때 다시 처음부터 정리하게 되면 노트 정리의 본래 목적인 '학습'과 멀어지게 될지도 몰라요. 그래서 성적을 올리기 위해 세워놓은 공부 계획이 차질 없이 진행될 수 있게 노트 정리에 지나치게 많은 시간을 쓰지 않도록 주의해야 합니다.

◆ 개발새발이지만 공부 내용이 떠오르는 정리의 경우, '공부 내용이 떠오르는' 정리라는 점에서 장점이 있어요. 글씨를 엉망으로 써도 어떻게 공부 내용이 쉽게 떠오르는 정리를 했는지는 정확히 설명할 순 없어도, 아마 자기만 알아볼 수 있는 줄임말이나 기호를 써서 정리를 했기 때문에 남들은 알아보지 못하더라도 본인은 그 노트를 보고 배운 내용을 떠올리고 복습할 수 있겠죠? 노트 정리는 책에 줄글로 나와 있는 많은 내용을 그 자체로 학습하기 어려우니까 내가 머리에 집어넣기 편한 형태로 노트에 써서 효과적으로 학습하려고 하는 거거든요. 그렇기 때문에 노트가 형형색색 아름답지 않아도 공부 내용이 잘 떠오르기만 한다면, 그건 노트의 기능을 잘하고 있는 것이기 때문에 문제가 없습니다.

다만, 글씨를 너무 흘려 쓰거나 겹쳐 써서 노트를 쓰고 시간이 꽤 지난 후에 다시 노트를 보았을 때 본인의 글씨도 못 알아볼 정도면 안 되겠죠. 그렇게 되면 '공부 내용이 잘 떠오른다'는 장점도 얻지 못하게 되니까요. 하지만 안타깝게도 제 주변에 글씨를 지나치게 흘려 쓰거나 겹쳐 썼던 친구들은 쓰고 나서 시간이 지나면 자기 글씨도 잘 알아보지 못하는 경우가 꽤 있더라고요. 노트 정리가 한 번 완료된 후에도 내가 모르는 부분이 생겼다면 그 부분을 계속 추가하면서 노트를 업그레이드해야 하기 때문에 글씨를 본인도 알아보지 못할 만큼 써버리면 곤란해요. 내용을 보완하거나 시험 직전에 내용을 확인하기 위해 노트를 보았을 때 내가 필요한 내용을 찾지 못하거나 무슨 의미로 썼는지 불분명해서 노트를 100% 활용하지 못할 가능성이 크거든요. 그래서 노트 정리를 할 때 어느 정도는 글씨를 깔끔하게, 또박또박 쓸 필요가 있습니다.

물론, 시험 직전에 자신이 아는 것을 확인하기 위해 백지 위에 내용을 써 내려가는 '백지 공부법'이나, 내용 사이의 관계 등을 빠르게 정리하는 등의 목적을 가진 노트라면 휘갈겨 써도 되겠죠. 이렇게 자신이 하는 공부의 목적에 따라 '힘 조절'을 하는 것은 효율적으로 공부를 하는 데 큰 도움이 될 거예요.

정리한 노트를 안 보게 된다면

'노트 정리를 해놓고 막상 공부할 때는 잘 안 보게 돼서 보람이 없다'는 질문이나 댓글이 인스타그램에 많았어요. 아마 정리한 노트를 보고 공부하지 않는다는 것은 노트가 아니라 교과서나 문제집, 학교에서 나눠준 프린트물을 보고 공부를 한다는 말일 거예요. 하지만 결론부터 말하자면, 노트를 정리해 놓은 후에 다른 교재만 보고 공부할 거라면 노트 정리를 공들여 한 의미가 없습니다.

사람마다 자신이 정리한 노트를 다시 보지 않게 되는 이유가 다르겠지만, 자신이 정리한 노트의 글씨가 마음에 들지 않아서, 교과서와 문제집 내용만 보기에도 시간이 부족해서, 굳이 노트를 봐야 한다는 생각이 들지 않아서 등 다양한 이유가 있을 수 있어요. 하지만 제 생각에는 '정리된 노트를 어떻게 활용해야 할지 몰라서'가 가장 큰 이유라고 생각해요. 그냥 교과서와 문제집에 있는 개념을 정리한 거니까, 선생님 말씀을 받아 적은 교과서의 필기, 문제집에 있는 요점 정리와 문제보다 특별하게 느껴지지 않는 거죠. 내가 정리한 노트를 성적을 끌어올리는 특별한 노트로 만들려면, 노트의 가치를 계속해서 높여주어야 해요.

저는 책에 있는 내용을 노트에 한번 써보는 것으로 끝내지 않고 문제집을 풀기 전, 문제집을 푼 후, 시험 직전까지 노트를 계속 활용했어요. 흔히 문제를 풀기 전에 내용을 익히거나 문제를 풀고 나서 내용을 확인할 때 교과서 회독(여러 번 반복해서 읽기)을 하죠? 저는 문제를 풀기 전에는 교과서와 함께 정리한 노트를 빠르게 회독해요. 이때 노트에 쓰면서 기억했던 내용을 한 번 더 머릿속에 집어넣습니다. 그리고 문제를 푼 후에는 틀린 문제의 내용을 노트에 추가하면서 약점까지 한 번에 커버할 수 있는 노트로 계속 업그레이드해요. 그리고 이 노트를 새로운 문제를 풀 때마다 문제를 풀기 전과 후에 계속 읽고 같은 방식으로 또 업그레이드 합니다. 시험 직전까지요. 이렇게 하면 나를 위한 맞춤형 노트를 여러 번 보면서 넓은 범위의 내용을 확실하게 기억할 수 있게 되어 열심히 정리한 노트를 200% 활용할 수 있습니다.

정리한 노트로
공부하는 법

**문제 풀기 전에
교과서와 노트
한 번씩 읽기**

　지금까지 잘 따라왔다면, 노트를 펼치기 전에 교과서를 읽으면서 내용을 구조화하고, 그 내용을 바탕으로 교과서를 보면서 노트에 1차 정리까지 끝냈을 거예요. 적어도 교과서 내용을 두 번은 읽게 된 거죠. 앞에서도 이야기했지만, 노트 정리를 했다고 해도 하루 이틀만 지나면 노트에 구조화해 놓았던 내용이 기억나지 않을 거예요. 그래서 한 과목의 시험 범위를 여러 날에 나누어 정리하다 보면, 앞에 정리했던 내용의 구조가 잘 떠오르지 않게 되기도 하죠. 노트 정리를 한 번 한다고 해서 내용이 완벽하게 외워지는 것이 아니기 때문에 이는 당연한 현상입니다. 그래서 본격적으로 문제집을 풀기 전까지 계속 복습하는 것이 중요해요. 적어도 하루에 한 번은 교과서 내용을 한 번 쭉 읽고 나서 내가 정리한 노트도 한 번 읽어야 해요. 이렇게 하면 같은 내용을 두 번씩 읽으니까 기억이 더 잘되고, 내가 이해하기 쉬운 방식으로 정리했던 구조를 확실하게 머리에 새겨 넣을 수 있어요.

2장에서 했던 비유를 활용하자면, 노트 정리를 하면서 이름을 붙였던 박스들의 위치와 순서를 확실히 기억하는 것입니다. 한 번에 박스 안에 담긴 내용물들까지 정확하게 외우기는 힘드니까, 적어도 그 내용물이 담긴 박스에 왜 이런 이름을 붙였는지, 왜 이 위치에 배치했는지를 자주 보면서 머릿속에 집어넣는 거죠. 이 큰 뼈대만이라도 여러 번 보면서 외우듯이 익혀놓으면 나중에 노트를 업그레이드하는 과정에서 추가되는 내용을 더 효과적으로 저장할 수 있게 되니까요.

예를 들어, 월요일에 1단원, 화요일에 2단원, 수요일 3단원… 이런 순서로 각 단원을 정리하기로 계획했다고 합시다. 그러면 월요일에 1단원 정리를 하면서 교과서를 최소 두 번 읽고 노트 정리를 했겠죠? 그러면 화요일에는 2단원을 정리하기 전에 월요일에 정리했던 1단원 교과서 내용을 한 번 읽고, 1단원을 정리한 노트도 읽는 거예요. 이렇게 교과서 내용을 읽고 나서 마무리로 내가 정리했던 노트도 읽으면서 계속 내가 만든 구조 안에 든 내용을 눈에 익게 하는 겁니다.

저는 정말 쓰여 있는 그대로, 처음부터 끝까지 토씨 하나 틀리지 않고 통으로 외우는 것을 잘 못하는 편이에요. 하지만 내신 시험은 어느 정도 외워야 시험을 잘 볼 수 있잖아요. 아무리 암기를 못하는 사람이라도 노트를 여러 번 읽으면 달달 외우지 않아도 내용이 기억나는 기적을 경험할 수 있을 거예요.

노트 정리를 해본 적 없는 학생이라도, 교과서를 여러 번 읽고 시험을 본 적이 있다면 그때를 한번 떠올려보세요. 교과서를 열심히 읽었다면, 문제에 나온 바로 그 내용이 교과서에서 (정확히 몇 페이지인지는 몰라도) 어느 위치에 있었는지 어렴풋이 기억날 거예요. 또 보통 교과서는 사건이 일어난 순서대로 내용이 진행되니까 A 사건의 뒤 페이지에 B 사건이 있었던 것을 기억해 내서 A와 B 사건의 흐름과 관련된 문제를 풀 수도 있겠죠.

이처럼 노트도 여러 번 읽어서 내가 기억하기 편하게 배치해 놨던 정보들을 사진 찍듯이 암기하는 거예요. 노트에 쓰여 있는 글자를 토씨 하나 놓치지 않고 외우는 것은 힘들겠지만, 여러 번 읽으면 주요 개념을 이루는 키워드들과 내용이 나온 순서는 정확하게 기억해 낼 수 있거든요. 교과서는 페이지도 많고 정보들이 흩뿌려져 있으니까 최대한 체계적으로 노트에 압축해 놓고, 노트를 여러 번 보면서 페이지 자체를 머릿속에 본뜨는 거죠.

**노트
업그레이드
하기**

시험 범위의 내용들을 노트에 정리했다면, 이제 자습서나 평가문제집 등에 있는 문제나 기출문제, 올해 모의고사 등을 풀면서 공부한 내용의 구멍을 찾고 새로운 정보를 얻어야겠죠? 이렇게 문제를 풀면서 새로운 사실을 알게 될 때마다 1차로 정리했던 노트에 내용을 추가할 거예요. 저는 이 과정을 '단권화'라고 했는데, 교과서, 문제집 등 많은 자료에 있는 정보를 한 권의 노트에 합친다는 의미에서 단권화와 결이 비슷해서 그렇게 불렀습니다.

1) 개념 읽기

우선 참고서나 문제집을 풀기 전에 교재의 개념 파트를 읽는데, 거기에서 새로운 정보를 발견했다면 일단 그 교재 위에 노란색 형광펜으로 표시를 해줍니다. 사실 이 개념 파트는 문제를 풀기 전에 읽은 후로는 더 이상 읽을 일이 거의 없기 때문에(모르는 내용은 노트에 옮겨서 노트로 외울 거니까) 어떤 색상을 사용해도 좋습니다. 저는 문제집 페이지를 빠르게 넘길 때도 눈에 잘 띄도록 노란색 형광펜을 사용했어요.

2) 문제 풀기

① 문제 풀 때 하면 안 되는 두 가지

이제 본격적으로 문제를 풀어야겠죠? 그런데 이때 하

169

면 안 되는 일이 두 가지 있습니다. 한 가지는, 한 단원에 해당하는 모든 문제집을 하루에 다 푸는 거예요. 예를 들어, 1단원 노트 정리를 하고 나서 참고서, 문제집, 기출문제집 중에 1단원만을 모아서 다 푸는 것이죠. 1단원이 특히 취약하다면 이 방법이 도움이 될 수 있겠지만, 이렇게 한 번에 풀어버리면 비슷한 개념을 다루거나 겹치는 문제들이 많아서 문제집을 풀수록 점점 맞는 개수가 늘어날 거예요(이렇게 한꺼번에 문제를 풀었는데 채점을 마지막에 한 번에 몰아서 하는 것은 절대 금물입니다. 그러면 같은 개념을 사용한 문제들은 다 틀릴 거예요). 마치 1단원 내용을 다 아는 것 같은 기분이 들고, 그래서 일주일 동안 1단원은 아예 쳐다보지 않을 수도 있죠. 하루에 여러 단원을 공부하더라도 각 단원에 해당하는 문제집은 여러 날에 나눠서 푸는 것이 좋아요. 물론 한 문제집에서 그 단원에 해당하는 부분을 풀다가 말라는 것은 아닙니다. 보통 난이도가 자습서 < 평가문제집 < 기출문제집 < 고난도 문제집 순이니까 이 모든 문제집을 몰아서 풀지 말라는 이야기예요. 같은 단원에 해당하는 문제라도 여러 날에 나누어 풀면서, 문제를 풀기 전에 노트를 읽고 문제를 풀고, 내용을 복습하면 더 오랫동안 여러 번 반복해서 공부할 수 있어서 더 잘 기억할 수 있게 돼요.

문제를 풀 때 하면 안 되는 다른 한 가지는, 문제를 대충 푸는 거예요. '대충' 푼다는 것의 의미는, 답이 맞고 틀리는 것에만 집중하면서 문제를 푸는 거예요. 물론 내용을 여러 번 복습하고 문제를 풀면, 문제를 쳐다보자마자 답이 눈에 보여서 얼른 답을 체크하고 다른 문제로 넘어가고 싶은 충동이 들 거예요. 하지만 이럴수록 의식적으로 다른 선지도 한 번씩 읽는 것이 필요합니다. 다른 선지에 제시된 내용 중에서 내가 모르는 것이 있다면 해당 선지를 고민하고 답지를 확인하면서 새로운 지식을 얻을 수 있어요. 이것은 꽤 중요해서 뒤에서 제대로 다룰 예정입니다. 게다가 실제 시험에서 이렇게 급하게 정답을 찍으면서 넘어가면, 선생님께서 숨겨놓으신 함정에 걸릴 수도 있거든요. 집에서 혼자 문제집을 풀 때부터 침착하게 모든 선지의 참, 거짓을 분별하면서 푸는 연습을 해야 합니다. 시험 당일이 되면 긴장해서 평소보다 조급하게 문제에 접근할 수 있거든요(시험을 마치는 종이 치고 답안지를 걷어 가자마자 정신이 맑아지면서 실수한 것이 보인 적 있으시죠?). 미리미리 침착하게 문제 푸는 연습을 한다면 이런 실수를 줄일 수 있어요.

② 문제의 다섯 가지 선지 분석하기

그래서 문제집을 풀 때, 다섯 가지 선지를 꼼꼼하게 보면서 이 선지가 왜 맞고 틀리는지에 대해 스스로 근거를 정확히 댈 수 있는지 생각하면서 풀어야 해요. 만약 근거를 댈 수 없을 땐 선지 앞에 있는 ①, ②, ③, ④, ⑤의 기호에 노란색 형광펜으로 색을 칠해줍니다. 선지에 쓰여 있는 특정한 용어를 모르겠다면 그 용어를 형광펜으로 칠해도 좋아요. 심지어 문제에 제시된 도표나 그림 등의 자료나 보기가 이해되지 않는다면 그 부분에 형광펜으로 동그라미 표시 등을 해야 해요. 이렇게 문제를 풀 때는 꼼꼼하게 문제에 접근하되 모르는 부분이 있으면 표시하면서 일단은 문제를 끝까지 풉니다.

그런 다음 채점하고 나서 틀린 문제 오답 점검할 때 노란색 형광펜으로 표시해 둔 부분에 대한 해설도 같이 보는 거예요. 만약 답지에 그 선지에 대한 추가적인 교과 내용이나 설명, 내가 왜 잘못 이해했는지에 대한 설명이 나와 있다면 그 내용을 노란색으로 표시했던 부분 밑에 적어줘요. 문제집도 마찬가지로 노트에 단권화할 것이기 때문에 웬만해서는 다시 보지 않을 테니까 과감하게 그 위에 적어줍니다(수학 제외).

**3) 새로
알게된 내용
노트에 옮기기**

이렇게 한 단원에 해당하는 문제를 풀고 오답까지 끝 났다면, 이제 이 문제집을 처음부터 넘기면서 노란색으로 표시했던 부분과 틀린 문제에 내가 썼던 설명을 노트에 옮길 차례예요. 지금껏 이야기해 왔던, 노트를 업그레이드하는 과정인 거죠. 이 노트를 나의 '뇌'라고 생각하면, 교과서를 보면서 1차로 형성되었던 지식에, 문제집으로부터 얻은 지식까지 추가하면서 점점 뇌의 용량을 늘려 나가는 거예요. 결국 이 노트에 있는 내용들은 내가 시험 직전까지 완벽하게 알게 될 내용이니까 계속해서 시험 때 내가 사용할 뇌에 정보를 추가로 집어넣는 것입니다.

이미 1차로 노트 정리가 되어 있는 상태이기 때문에 더더욱 줄글 설명을 그대로 옮길 수 없을 거예요. 그만한 공간이 없으니까요. 그래서 좁은 공간에도 내가 오답하면서 썼던 설명의 내용이 잘 들어갈 수 있도록 노트 정리할 때처럼 요약하고 도식으로 정리하면서 옮겨야 해요. 또 앞서 이야기했던 것처럼 '같은 문제집에서 나온 정보끼리 같은 색깔'이라는 기준을 지켜주면, 나중에 노트를 회독하면서 내가 정리해서 써놓은 부분이 이해되지 않을 때 이 정보가 나온 문제집을 찾아서 확인하기 좋습니다.

이 내용을 추가하는데 노트가 더러워지고 더 이상 추가할 공간이 없다는 이유로 다시 새 종이를 꺼내서 1차 노트 정리부터 새로 할 필요는 전혀 없습니다. 그렇게 하면 안 돼요. 내용을 추가하는 과정을 거치면서 노트가 꽉 차는 것은 당연한 일입니다. 이렇게 내용이 꽉 차는 와중에도 가독성이 좋게 하려면, 새로운 내용을 추가할 때는 펜촉이 더 얇은 펜을 사용하거나 눈이 피로하지 않도록 형광 색상의 펜을 피하는 등의 노력을 할 수 있어요. 작은 메모지를 붙이거나 노트의 새 페이지에 이어서 필기하는 것도 방법이에요. 또 작은 글씨로 쓰면서도 최대한 글씨를 삐뚤빼뚤하지 않게 쓰면서 어느 정도 규칙성을 지켜주는 것도 가독성을 높이는 데 큰 도움이 돼요.

4) 필요 부분 오려 붙이기

일부 문제들은 간단한 설명을 옮기는 것으로는 충분하지 않을 때가 있어요. 자료가 문제의 선지를 판단하는 데 있어 중요할 수도 있고, 아예 새로운 개념이 등장해서 기존 노트 정리에 추가하기 어려울 수도 있죠. 우선 자료 등 문제 전체를 알고 있어야 선지에 대한 설명을 이해할 수 있는 경우에는 설명을 요약해서 노트에 집어넣는 것을 깔끔하게 포기했습니다. 이때는 노트에 새로운 한 페이지를 추가해서 문제 자체를 오려 붙인 다음 설명을 추가했어요. 자료 해석이 필요하거나 난이도가 높은 문제 중 틀린 문제를 스크랩하는 페이지를 만든 거죠. 문제집에서 문제를 오려 내기 어렵다면, 문제를 사진으로 찍어서 디지털 노트로 불러온 다음 펜슬로 설명을 추가했어요. 이렇게 만든 새로운 디지털 노트 페이지는 인쇄한 후 구멍을 뚫어 기존 노트 뒤에 추가하거나, 그냥 노트를 사진으로 내보내서 등하굣길에 자주 보는 등의 방식으로 기억했어요.

아예 새로운 개념이 등장해서 기존 노트 정리에 추가하기 어려운 경우에는, 노트에 있는 여백이나 포스트잇을 붙여 만든 공간에 따로 정리했어요. 155쪽 〈그림 3-15〉상단처럼, '*' 표시한 용어 뒤에 설명을 비교적 길게 적고, 마찬가지로 이 내용이 나온 문제집을 나타내는 색의 펜을 사용했어요. 이런 식으로 모든 문제집의 선지를 분석 및 정리한 다음 이렇게 정리한 단권화 노트를 계속 반복해서 읽어주면, 시험 범위와 관련된 웬만한 내용에 대해서는 모르는 게 없을 겁니다.

노트에 있는 내용을 내 머릿속에 넣는 방법은 간단합니다. 여러 번 읽고, 때로는 소리 내서도 읽어보고, 사진 찍어 디지털 노트로 불러와서 빈칸을 만들어 외워도 되고, 친구들과 퀴즈를 내면서 외워도 돼요. 중요한 것은 이 노트를 활용해서 n회독을 하든, 새로 문제집을 풀거나 퀴즈를 풀든 간에 조금이라도 잘 외워지지 않거나 헷갈리는 부분에 그때그때 표시를 해주는 거예요. 노트가 더러워지는 것이 싫다면 샤프를 연하게 사용하거나 펜으로 작게 체크 표시를 해서라도 이 작업을 해야 합니다. 이 노트를 활용해서 여러 번 읽고 외우려고 노력하는 과정에서 어떤 내용이 헷갈렸는지 기록해 두어야 나의 취약점을 알 수 있기 때문이에요(그러면 관련 문제를 풀어보는 등의 노력을 더 할 수 있겠죠). 또 지금 알고 있는 것이, 사실은 이 내용만 최근 며칠 동안 너무 자주 봐서 '단기적으로 기억'하고 있을 뿐인데도 완벽히 알고 있다고 '착각'하는 것일 수도 있거든요. 이 경우에 내가 처음 봤을 때 헷갈렸던 부분을 표시해 두었다면, 어느 정도 시간이 지난 뒤에 표시한 부분을 다시 보았을 때 내가 잘 기억해 내는지를 보면서 착각이었는지 아닌지도 파악할 수 있겠죠. 전체 내용에 대해 백지 복습을 하지 않아도 최대한 효율적으로 구멍을 찾아낼 수 있게 되는 거예요.

시험 직전, 단기 기억력 최대한 활용하기

이렇게 나의 노트에 있는 정보들을 머릿속에 차근차근 저장해 가다가 마침내 시험 보는 날이 되었습니다. 시험 당일에는 일단 그 과목의 내용을 수차례 업그레이드해 가며 정리해 온 노트 전체를 가져가야 해요. 만약 시험 당일 1교시에 자습 시간이 있어서 시간적인 여유가 있다면, 이제 마커펜을 들고 노트에 적힌 내용을 읽어 내려가면서 헷갈리는 부분과 시험 직전에 꼭 달달 외워야 할 부분을 표시해요. 이때 암기가 필요한 서술형 문제에 나올 부분을 집중적으로 표시하면 좋아요. 영어 과목이라면 영작으로 나올 만한 문장, 국어나 사회, 과학의 일부 등 암기 과목이라면 선생님께서 강조하신 용어나 어떤 개념의 역할 등을 집중해서 보면 효과적일 거예요.

만약 이 작업을 했는데도 시간이 많이 남아 있다면, 노트 옆에 백지를 한 장 꺼내두고 노트에 있는 내용을 옮겨 적으면서 마지막으로 머릿속에 마구 때려넣어도 좋아요(이때 노트를 보고 적는 빈도를 최대한 낮추면서 적으면 더욱 효과적이겠죠). 그리고 시험 직전 쉬는 시간 10~15분 동안에는 아까 마커펜으로 표시해둔 내용을 소리 내어 읽으면서 마지막으로 머릿속에 입력합니다. 한 번은 내용을 눈으로 보면서 소리 내어 읽고, 한 번은 보지 않고 소리 내어 읽으면서 단기 암기력을 최대한 활용하는 것이 좋습니다. 저는 친구들에게 시험에 나올 만한 중요한 개념들과 어려운 포인트들을 소리 내어 알려주면서 다시 한번 복습함으로써 그 내용을 절대 잊지 않도록 했어요. 실제로 제가 이때 서술형 등으로 출제를 예상했던 문제가 꽤 많이 적중해서 시험 때마다 이 작업을 했어요.

원하는 성적을 만드는

최소한의
노트 정리

청동대 (선사시대)

유물 ┌ 구석기 - 주먹도끼, 돌급
　　├ *신석기 - 빗살무늬 토기, 농경, 움집
　　└ 청동기 - 고인돌·비파형 동검, 계급

* '여러나라' 문제는 단독 출제된 적, X.

고대 (삼국시대)
전성기 & 그 때의 주변국 상황

5c~ 고구려 전성
광개토대왕 ●—● 내물마립간 ●—● 금관가야↓
장수왕 ●—● 개로왕 (死) ●—● 남진정책
　　(평양 천도)　　　　　　(왜 견제팀)

┌한성┐ → ┌웅진┐ → ┌사비┐
　　천도　　　천도
근초고왕 ●—● 고국원왕 (死)

• 태종 ┌ 6조직계제 (+ 세조)
　　　└ 호패법, 사병 X

•*세종 ┌ 의정부 서사제
　　　└ 집현전
　　　┌ 4군 6진 - 지금과 비슷한 영토모양
　　　└ 대마도정벌
　　　┌ 전분 6등법
　　　└ 연분 9등법 - 그때...

근초고왕 ●—● 고국원왕 (死)

4장

시험 대비
노트 공부법

시험 공부
계획 짜기

많은 학생들이 노트 정리 공부법에 실패하는 이유는 '언제부터 언제까지 노트 정리를 해야 하는지 잘 몰라서' 일 거예요. 너무 빨리 시작했다가는 시험 기간에는 정작 노트를 보지 않게 될 수도 있고, 너무 늦게 시작했다면 노트만 정리하다가 시험 기간이 다 지나가 버릴지도 몰라요. 그래서 여기에서는 노트 정리뿐 아니라 시험공부를 할 때 시험 기간 계획을 어떻게 짜야 하는지 소개해보려고 해요.

**계획
세우기 전
알아야 할 것**

우선 본격적인 계획을 짜기 전에 알아야 할 것들이 있습니다.

- 시험 범위
- 시험 일정
- 내가 공부하는 데 걸리는 시간 및 취약점

정확하게 학교에서 제시해 주는 시험 범위나 일정과는 다르게, 공부 시간이나 취약점은 공부를 해보지 않았다면 알기 어려운 정보이기 때문에 앞으로 공부를 해나가면서 차근차근 알아가야 해요. 예를 들어, 내가 교과서 한 단원을 읽고 노트에 정리하는 데 얼마나 걸리는지, 문제집 한 단원을 푸는 데 얼마나 걸리는지 등과 같은 데이터를 시험공부를 해나가면서 수집해 놓으면 계획을 짤 때 한층 더 수월해지고 계획의 실천율도 높일 수 있어요.

시험 범위 확인하기

우선 A4 용지 두 장을 준비해 주세요. 그리고 한 장을 펼쳐서 과목 이름과 각 과목의 시험 범위를 씁니다(〈그림 4-1〉). 이때 한 가지 팁이 있는데, 처음에 적을 때는 선생님께서 알려주시는 대로(교과서 페이지, 프린트 페이지 등) 쓰고, 그다음에는 해당 페이지가 교과서 몇 단원부터 몇 단원까지인지를 옆에 같이 적어야 해요. 그렇게 해야 나중에 문제집 등 다른 교재로 시험공부를 할 때 교과서가 없더라도 단원 이름을 보고 시험 범위에 맞게 공부할 수 있으니까요. 모든 과목의 시험 범위를 쓰는 과정은 공부 계획을 세우는 가장 처음이자 기본적인 단계예요. 시험 범위를 빠뜨리거나 잘못 적으면 시험에 공부 하지 않은 내용이 나오거나 괜히 엉뚱한 범위를 공부하 느라 시간을 낭비할 수 있기 때문에 첫 단추부터 제대로 끼우도록 합시다.

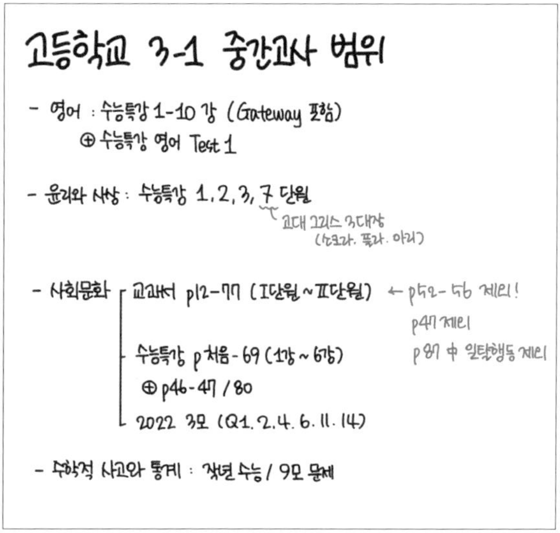

고등학교 3-1 중간고사 범위

- 영어 : 수능특강 1-10 강 (Gateway 포함)
  ⊕ 수능특강 영어 Test 1

- 윤리와 사상 : 수능특강 1, 2, 3, 7 단원
  └ 고대 그리스 3대가
  　(소크라. 플라. 아리)

- 사회문화 ┌ 교과서 p12-77 (I단원 ~ Ⅱ단원) ← p52- 56 체크!
  │ 　　　　　　　　　　　　　　　　　　　 p47 체크
  ├ 수능특강 p 처음 - 69 (1강 ~ 6강)　 p 87 中 일탈행동 체크
  │ ⊕ p46- 47 / 80
  └ 2022 3모 (Q1. 2. 4. 6. 11. 14)

- 수학적 사고와 통계 : 작년 수능 / 9모 문제

▶ 〈그림 4-1〉

시험
준비 기간
설정 하기

아까 A4 용지를 두 장 준비했었죠? 방금 시험 범위를 적었던 종이는 한쪽에 두고, 남은 한 장에는 달력처럼 격 자무늬를 그립니다(〈그림 4-2〉). 가능하면 한 페이지 안 에 시험 기간 전체가 들어올 수 있도록 그려주세요. 저는 이 '시험 기간'을 중학교 때는 넉넉하게 공부하는 것을

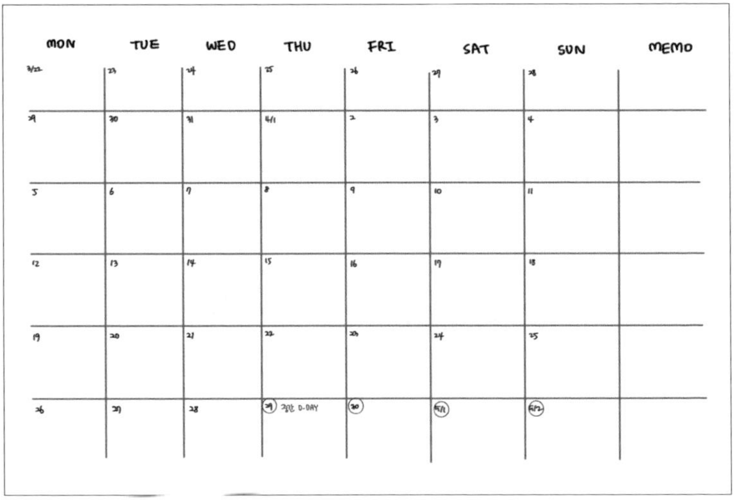

▶ 〈그림 4-2〉

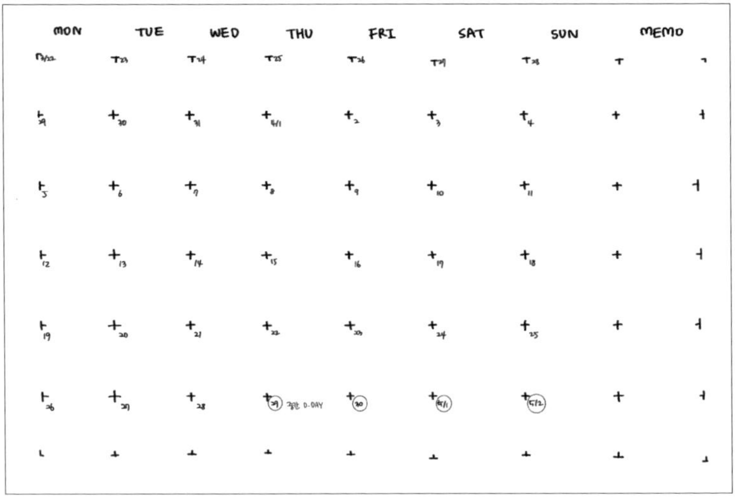

MON   TUE   WED   THU   FRI   SAT   SUN   MEMO

▶ 〈그림 4-3〉

기준으로 3~4주, 고등학교 때는 5~6주 정도로 잡아서 달력을 그렸어요. 예쁘게 그릴 필요는 없어요. 그냥 칸 개수를 잘 맞춰서 격자를 그리고 날짜만 표시하면 됩니다. 월별로 구분할 필요도 전혀 없어요. 구분을 안 하기 위해서 있는 달력 놔두고 종이에 새로 그리는 거니까요. 시험 기간 계획을 위한 달력에서 중요한 것은 '일日'이지 '월月'이 아니랍니다. 보통 두 달이 애매하게 걸쳐서 시험 공부 기간이 잡히는 경우가 많은데, 이 긴 기간을 한 페이지에 합쳐서 공부 계획을 한눈에 볼 수 있도록 하는 거예요. 직선을 그리기 어렵다면 〈그림 4-3〉처럼 십자 기호를 사용해서 간단히 그릴 수도 있어요.

주차별 계획 세우기

자, 이렇게 시험 기간 계획을 세울 준비가 끝났죠? 그러면 다시 달력을 그려놓았던 종이를 앞에 두고 이제부터는 주차별로 어떤 공부를 끝낼지 정하면 됩니다. 과목별로 상세하게 구분할 필요도 없고, 시험 범위를 확인할 필요도 없습니다(물론 단기간에 공부해서는 성적이 크게 오르지 않는 수학이나 자신에게 취약한 과목은 차별을 두어서 계획을 해야겠죠). 그냥 정말 대략적으로 계획을 하는 거예요. 어차피 이때 계획을 자세하게 세운다고 해도 끝까지 지킬 확률이 정말 낮으니까(보통 앞에 계획했던 공부가 밀리기 마련이죠) 전체적인 시험 기간을 크게크게 자른다고 생각하면 돼요. 예를 들어, 시험 4주 전까지는 모든 과목 1회독을 할 거고, 3주 전까지는 과목별로 문제집 한 권씩을 풀고 오답 체크하고, 2주 전까지는 두 번째 문제집을 풀고, 1주 전에는 총정리를 하겠다, 하는 식으로요.

◆ 이렇게 하려면, 우선 내가 시험공부를 어떤 과정을 거쳐서 할 건지 정해야 해요. 저는 시험공부를 크게 다음과 같이 진행했어요.

> 개념 익히기(회독) → 문제 풀고 오답하기(이 과정은 문제집 개수만큼 반복해서 진행) → 문제를 풀면서 알게 된 내용을 추가한 개념 익히기(회독) → 내용 암기하기

◆ 앞에서 얘기했던 것처럼 '각 과목을 공부하는 데 얼마나 걸리는지'를 알면 자신에게 맞게 계획을 세우면 되고, 모르면 일단 대략 한 주씩 계획을 세워보고 최대한 지키려고 노력해 보되 실패하면 계획을 조금씩 수정해 나가면 됩니다.

제가 넉넉하게 공부했던 기간을 기준으로 하면, 보통 주요 과목(국영수사과)을 모두 다룬다고 했을 때 4주 계획의 경우,

- 교과서와 프린트 2~3회독 하고 노트 정리: 2주
- 각 과목당 문제집 한 권씩을 푼다고 했을 때 문제집 한 권(시험 범위에 해당하는 부분)을 풀고 오답 확인하고 틀린 내용 노트에 추가해 수시로 회독: 1~1주 반
- 지금까지 밀렸던 공부 정리하고 시험 직전 암기: 1주

이 정도로 잡았어요. 저는 문제집을 여러 권 푸는 것보다 제대로 꼼꼼하게 한두 권 푸는 것을 선호해서 이렇게 계획을 세웠는데, 각자 공부 스타일이 다르니까 자신에게 맞는 계획을 세우면 됩니다.

일별 공부 내용 정하기

이렇게 주차별로 대략적인 계획을 세웠다면, 그 주의 목표를 이루기 위해 일별로 할 일들을 정해야 해요. 예를 들어, 시험 3주 전에는 '문제집 풀기/오답 확인하기/틀린 내용을 노트에 추가해 회독하기'를 계획했다면, 어떤 요

MON	TUE	WED	THU
3/22	23	24	25
29	30	31	4/1
5	6	7	8
12 - 통합사회 2단원 노트 정리 - 통합사회 A문제집 2단원 풀고 오답정리 - 수학 기출문제집 1단원 풀기 - 국어 자습서 전범위 읽기	13 - 국어 자습서 1-2단원 풀오 - 수학 기출문제집 오답점검 - 통합과학 문제집 1-2단원 풀오 - 영어지문 흐름정리	14 - 국어 자습서 3-4단원 풀오 - 수학 기출 2단원 풀오 - 통합사회 3단원 풀오 - 영어 지문 선생님 따라 내어 읽기	15 - 국어 평가문제집 1-2단원 풀오 - 수학 기출 3단원 풀오 +) 수학약점 숙제
19	20	21	22
26	27	28	㉙ 중간 D-DAY

▶ 〈그림 4-4〉

-I	SAT	SUN	MEMO
	27	28	
	3	4	교과서 2~3회독 & 노트정리
	10	11	
...겸 3·4단원 풀·오 ; 단원화 + 읽기 ...원 풀·오	17 - 영어문제집 1·2단원 풀·오 - 통합사회 노트 1회독 - 통합과학 오답 단원화 + 읽기	18 - 영어문제집 3·4단원 풀·오 - 전범위 영어지문 소리내어 읽기 - 통합사회 / 통합과학 노트 1회독	* 과목 당 문제집 1권씩 풀고 오답정검 + 단권화
	24	25	* 과목 당 문제집 1권씩 풀고 오답정검 + 단권화
	⑤/1	⑤/2	— 일련 것 해결 + 총정리 (빈칸통암기)

일에 어떤 과목, 어떤 단원을 어떻게 공부할 건지 상세하게 계획하는 거예요. 다음 페이지의 〈그림 4-4〉처럼 '**월요일에는 통합사회 2단원 정리 노트를 회독하고 A 문제집 2단원을 풀고 오답해야겠다**'라는 식으로요. 과목별로 시험공부를 하는 과정이나 시간이 다를 수도 있으니까 그것도 고려해서 세세하게 짜야 해요. 예를 들어, 수학의 경우에는 따로 개념 정리를 할 필요가 없다면 어떤 문제집을 언제부터 풀 것인지, 사회나 과학 과목의 경우 인터넷 강의를 듣는다면 어떤 강의를 무슨 요일에 듣고 복습을 할 것인지, 이런 식으로요.

세부 맞춤 계획 조정하기

과목별로 선생님의 출제 경향을 파악해서 시험 기간 계획을 세우면 더욱 효과적입니다. 만약 영어 선생님께서 서술형을 까다롭게 출제하시는 편이라면 서술형을 대비하는 기간을 더 오래 잡는 것이죠. 지금 세우는 공부 계획은 내가 실제로 이 계획에 따라 공부할, 구체적이고 실천적인 계획이기 때문에 내가 공부를 하는 목적에 부합하도록, 그리고 내가 취약한 부분을 보완할 수 있도록 하는 것이 매우 중요합니다.

이때 본인의 공부 스타일을 파악한 다음, 집중도를 높

이고 공부 시간을 줄이기 위해서 하루에 한 과목을 쭉 공부하는 것이 나은지, 아니면 하루에 여러 과목을 공부하는 것이 나은지에 따라 계획을 세우는 게 좋습니다.

저는 과목에 대한 흥미가 금방 떨어지는 편이라 하루에 여러 과목을 조금씩 공부할 수 있게 계획을 세웠어요 (물론 취약한 부분이 있다면 그 부분을 집중적으로 학습할 수 있도록 계획을 세워야 하지만 지금은 일단 어느 부분이 취약한지 모른다고 가정하고 얘기를 해봅시다). 하루에 한 과목을 모두 공부하면 흐름이 끊기지 않고 한 과목에 대해 깊이 있게 학습할 수 있다는 장점이 있고, 여러 과목을 공부하면 매일 그 과목 내용을 다시 떠올리며 복습할 수 있다는 장점이 있으니 자기 스타일에 맞게 계획을 세우면 돼요. 주차별로 설정했던 목표를 지킬 수 있도록, 어느 한 과목을 지나치게 많이 공부하거나 적게 공부하지 않도록 균형이 잡힌 방향으로 계획을 세운다면 더 좋겠죠? 자신의 장단점을 고려해서 유동적으로 짜되, 한 주 한 주가 지날 때마다 모든 과목을 비슷한 수준으로 끌어올릴 수 있게 균형을 맞추는 거죠.

앞에서 이야기 했던 '일별 공부 내용 정하기' 때 시험 기간 전체 계획을 짜는 것이 아닙니다. 이때는 상세하게 계획을 짜봤자 끝까지 지킬 가능성이 낮기 때문에 각 주차가 끝나는 날(보통 일요일)에 계획을 점검한 다음 계획을 세워야 해요. 각 주차가 끝나면 처음 시험 기간 계획을 세웠을 때 정했던 주차별 목표 공부량을 얼마나 달성했는지 점검하고, 만약 덜 달성했다면 해당 공부량을 다음 주차의 언제 채울지 계획해야 해요. 원래 다음 주차에 하려고 계획했던 공부량도 있으므로, 우선 주차별 공부량을 최대한 지킬 수 있게 해당 주차에 열심히 공부를 하고, 그래도 다 못 한 양이 있다면 다음 주차 목표 공부량을 달성하는 데에 큰 영향이 가지 않도록 일별로 지킬 수 있게 잘 배분해야 해요.

그래서 일별 공부 계획을 세울 때 한 주차가 끝나는 요일(보통 일요일이 되겠죠)의 반나절 정도는 그 주에 계획했던 공부량 중에 지키지 못했던 것을 끝내는 시간으로 비워두는 것도 하나의 전략이에요. 만약 그 주에 계획했던 공부를 다 했다면 그동안 공부했던 내용을 복습하거나 기출문제를 더 풀어보는 시간으로 쓰면 되니까 여유 시간을 조금 만들어두는 거죠. 만약 이렇게 했는데도 목표 공부량을 지나치게 따라가지 못한다는 생각이 들면, 처음 계획했던 목표 공부량을 낮추는 방법도 있어요. 물론 이때는 목표 공부량을 낮춘 만큼 성적이 떨어질 수도 있으니 최대한 영향을 최소화하도록 대안이나 대비책을 생각하면서 신중하게 결정해야겠죠. 계획 세우기는 길어도 30~40분 안에는 끝내주세요. 시험 기간 때마다 계획을 세우다 보면 요령이 생겨서 계획 세우는 시간도 점점 줄어들 거예요.

시험공부
계획 예시

**고등학교
시험 기간**

〈그림 4-5〉는 제가 고등학교 1학년 때 시험 기간 계획을 세웠던 달력이에요. 왼쪽 위에 시험 범위에 해당하는 단원을 쓴 걸 볼 수 있고, 오른쪽 위에는 과목별로 시험공부를 하기 위해 전체 시험 기간 동안 어떤 공부를 할지, 문제집이나 강의 이름, 공부법(백지 복습, n회독 등)을 써놓은 것도 볼 수 있어요. 당시에 세부 계획은 일별 플래너에 썼기 때문에 보이지 않지만, 달력 안에도 매 주차가 시작되는 월요일에 이번 주에 어떤 공부를 해야 할지 계획을 세워놓은 걸 확인할 수 있습니다.

〈그림 4-6〉은 고등학교 2학년 내신 시험을 준비했던 계획이에요. 이 플래너의 경우에는 가장 오른쪽, 토요일 칸 옆에 '메모' 칸이 있어서 주별로 어떤 계획을 마무리할지를 그 칸에 정리해서 썼어요. 시험 4~5주 전에는 단기적으로 공부해서는 성적을 높이기 힘든 수학과 같은 과목의 강의를 듣고서 문제집을 풀었고, 3주 전부터

는 본격적으로 교과서/학습지를 1회독하고 인터넷 강의를 들으면서 노트 정리를 했어요. 그리고 시험 2주 전부터는 사회 과목 문제집 푸는 것을 시작했죠. 문제집을 풀면서 계속 노트에 단권화 정리를 하고, 그 단권화된 노트도 여러 번 읽었던 흔적이 보이네요. 시험 1주 전에는 문제집을 계속 풀면서 연계 지문이나 고난도 지문과 같이 시험에 나올 수 있는 추가 자료들을 찾아서 보거나 교과서/프린트/노트를 백지 복습 하면서 내용을 총정리하고 암기할 수 있도록 계획을 세운 모습을 볼 수 있어요.

시험 피드백 정리

〈그림 4-7〉과 〈그림 4-8〉은 각 시험이 끝나자마자 시험에 대한 기억이 최대한 많이 남아 있을 때 그 시험에서 틀린 문제나 시험을 보면서 헷갈렸던 기억을 바탕으로 이번 시험을 리뷰하고 다음 시험을 대비하는 '피드백'을 정리했던 사진이에요.

1) 꼭 정리할 내용

과목마다 출제하신 선생님별로 어떤 류의 문제(예: **학습지에 나온 내용을 서술형으로 출제하신다, 선지의 마지막 부분에 오류가 있는 단어를 포함시켜서 오답 선지를 만드신다 등**)를 어렵게 내시는지 정리하기도 하고, 수

<시험범위>
물파 I 단원 소(4)
        Ⅱ 단원 소(3)
        Ⅷ 단원 (소3)
통사 I, IV
        Ⅱ-(1), (2)

확통: 기초, 배통, 예사, 개미.

기가 I 전체

화작나 전군대.

동간고사

월		화	수	
1 물파 배지 / 통사 개념, 배지 / 한국사 개념 배지 ③ 개론	2		③ 등교개학	4
국어 20쪽 끄1 읽고 완료 수학 20쪽 끄1 수1 마무 과학 복습 화학1 어제꺼꺼. 다 제자지 (개생기 자료본 통) 복습 가눈 2일치		수학개념정리 / 교생이 인당기사초 / 100인 문제	교생이 복습: 핸 C 인강개초 / 교생이 자막	핸C 복습 / 인종 2단
영어 2과 통사ㅌ.O까지 물파 Ⅱ-이,2 배지 통사 I 배지, IV-이 // 화작나 배지 2 끝기				
8 통사 / 물파 I 등급 만들기 / 한국사 개념 2nd · 배지 ⑧ 통사, 화파 배지 가도!	9		10	11
15 가정. 해문 여으바 오당(내필등)	16		17	교과서. 해 18 통겠던 눈지 체
다음날 과목!!	23 D-day	24		25

마지막 오늘 여긔.

▶ 〈그림 4-5〉

다 뿌셔

✽ 한문 학습지 〈한문부장〉

〈과목별 해야하는것〉

동사: 노트정리랑 것 베끼기슨
       뺴게 원라탱 문제·문답
       1등급영단어 문제·문답 게론

영화: 내맘바 갈롱 T (8~COLCH)
       내띵통면

        : 힌지지문에 문답, 난어바 밸다 문답
         내맘바 내쨉목만교 문제·문답게론
         1등급영단어 문제·문답게론

화음: 교괴서 베끼기슨
       샘영상게 햄용단어 위기능 해도 되나싀 점금
       벌른 바꾸것도 영동

가가: 가행백, 노트정리바기재슨

국어: 에비과서, 읽기
       기본서 끝나믄 대표 랑기

영어: 2과 영단 ·여휘
       오의사 분석 & 분론 ⇒ 국대랑 베끼기슨

수학: 일룸, 예, 고게이 ·가론
       연습지및 오 게롬
       풀이 이유 찾아야해요.

화악사: 긴셤평 기강 고베끼
       교게서 청소 5화금
       노트정리바학것 베끼기학슨
       (청본+화강사 + 교괴서
        + 문화프)

금	토	일
5	6	7
핀스터 2-3 아씸		19:00 영어의욥 22:00 국어의욥

홍화기(한국사)
✽ 비격
↓
  Ddbkl노트

수명 아예글 ✏

12	13	14

l (통재료 엉기)
병에서 룰렜 19   20   21

26

힝겐 (2거개봄.

SUN	MON	TUE	WED
4	5	6	7
	뉴th 10,11	뉴th 12-①	뉴th 12-②
	←⊕전박복습→	※(주)까지 가능것?	센C 교3항두
	국어자습서운품	⊕국어숙제	마플지2항ㅇ
	마플지2항ㅇ		
11	② (교과서+노트정리↑안감)	③	14 (교믹+백지)
영교2,4익	생윤1회	정법1회	생윤2회+수특
영모	생윤 내개씩	세지 1회	
사탐영영두	세지 꼬방씩 (아,정)×7 ~~~		뉴런복습 노코+재품
		마플, 센C	
18	T사탐문품!!! 19 끝 20		21
⊕잼기추4~6	재측		1등급 세지
생정세 1회			1타 33법
(8답 2회독)			
	센 (수)# → 지향ㅇ 지향ㅇ쇼 생향ㅇ 영향고		
——→	9회독(백지복습) 2회독 ⊕교과서		10회독
25	26	27	28
생세지1회독	⊕뉴런수 P1가? 그래프 분석 (上)문품	수의1회독두	
+1등급 세지영	사향고	마플재품	2라씨씨
센 C 재품 →마저탐	수I 뉴런		
마플겨품 5+3	스크럼영	스크럼문품	
	복N제 생세1회		

DAILY CHECK

1. 승모1 허리스트레칭   1 2 3 4 5 6 7 8 9   O O O O O X

2. 학교 4H. 주말 10H 이상   X O X O O O

3. 매일 순공 3H 이상

THU	FRI	SAT	MEMO
4/1	2	3	
8 뉴런 12-② 생윤 생명5 마플5	9 ← 시냅스 수I 모두 영윤 생명5 마플Ⅱ-1	10 생윤 생명5 마플Ⅱ-2	영어 본문 암기 어휘쪽 암기 밥먹을때 사탐 인강 사탐 문제집 주문
⌈15 생윤 1회 정법 1회 + 수특 세지 1회 + 개념 수학교과서 재픔 뉴런- 앤비고	16 ⊕정기고2 생윤 2회~ 정법 1회 세지 1회 시냅스 ─	17 정법 2회 + 열뜔 세지 2회~ 생윤 1회 → 정기고4	일주일 남았어!! 수특, 하특 쓴센 C 재픔 수학교과서 재픔
22 열뜔, 정기고, 내 <수I tough, step 2,3>	23 <하특 step2,3> 오늘 영어 하특 프린트 하특 프린트 생제정 1회독 (수)(내)(교과)	24 세, 정 2회독 정기고, 영뜔 국어노트정리 1 단어정리 수I 마플 step2/하특 스크래오 (마플 애기)	⊕ 하특! 밥먹을때 사탐 문풀 쓴B,C 재픔 마플 1,2,3 재픔 ⊕ 마플 최대 반복
29 중간고사	30	─── ✶ 생윤/하특/일본어/영뜔 ⌊하요고	사항전날 + 오답 싹 백지복습 + 마지막 문풀 한켤로 큰 세트 복습 (세지 개념 암기) ─── ⌊수능 → 마플 개념복습 + 내신 기출

걸어갈때 정법·세지 개념

공부자극 study with me
° 대학명/ ex. 의대·입학 ~과. 등등

시지, 무항 → 정도 맞춰 인강

6주전~ 4주전: 마퐁 3단계까지 끝.
           (+학원매기 씬)

4주전~ 2주전: N범스 + 학교기출 or 어려운Q.

|학거말 미드백.
┌ 국: 전지복습(음).
│   +
⁂│ ⁂ 해답인지
│   자문구하기

                    이차원적 생각필요 (& 질문).

영: 서술형대비 꼼꼼. (주제&서술형 미리대비).
+ 사이드트리 등 문제집 2회독 이상.
시지: 모두복 여러번읽독 (강약O) / 1주전쯤엔 서술형대비
생윤: 전지복습 (해댔던 것처럼).
정법: 문제 제대로 읽기. 서술형 대비⁂
일본어:

종교사 피드백. → 입학할 때 즉겨봤던 과목 ✱
                    32070원

문학: T - 학습지 (서술형), 매주 회 (의의) 필!
        문풀: 단어 (사자/사전, 문상건에 붙여서 외어보기). 유의
        사항)
        교과서 본문 ⇒ 선생님 필기, 타하고 필기, 인터넷 정보

        T - 수업시간 필기 + 학습지 묘건 준비
        서술형 : 문의 강요 or 특징.

수학: (서숙통) 6주전~ ⇒ 시범짐 workbook, 뉴런 1회독 + 시넙스
      4주전~ ⇒ 마플 step 1, 2, 3 1회독
      3주전~ ⇒ 마플 step 1,2,3 2회독
      2주전~ ⇒ 뉴런 2회독 + 시넙스, 워크북 틀린것 재독
      1주전 ⇒ 교.학. 마 틀린것 재독 ⊕ 학원사항 재독.

영어: 어휘끝
        어법형광펜 ✱!
        학원주제정리 프린트 ✱!   ✱사항적는 묘건
        단어예문정리 최소 일주일 전.   본문 다 소리있고 자기.
        서술형 대비 가볍게.   ℃ (이) 범위.
                                                    (얀) → 어법형광펜 문장은
                                          리등당 4회독   읽고자기

탐구: 3주전 ⇒ 노트정리 밑작업 + 소리 읽기 (개념음지).
       2주전 ⇒ 문풀 + 노트정리 (2회독정도)
       1주전 ⇒ 바탕독. 4회독. 문풀 한 세트

일본어. 평소 가타카나, 단어, 구문 암기 (쓰는것도)
        묘건 3회독 이상은 하기 - 여러 노 건져서.

업 중에 말씀하셨던 어떤 내용(예: **영어 과목의 경우 선생님이 강조하셨던 어법이 문제로 나온다, 단어장에 있는 예문도 꼼꼼하게 봐야 한다 등**)을 시험에 내시는지 정리하기도 했어요.

2) 다음 시험 준비 때 고려할 부분

이 정리된 내용을 가지고 다음 시험에서는 평소에 어떤 공부를 해놓고(예: **제2외국어의 경우에는 단어를 평소에 짬짬이 공부해 놓는다**), 이번 시험 기간에 공부할 때 어떤 공부가 생각보다 오래 걸렸으니(예: **각 과목별 처음 1회독을 하고 노트 정리를 하는 것이 오래 걸렸다. 2주 정도로 넉넉하게 잡고 시작해야 할 듯**) 다음 시험 기간 계획을 세울 때에는 이 점을 고려해서 각 주차별로 어떤 공부를 할 것인지를 미리 고민해 두면, 조금 더 나에게 '맞춤형'인, 그래서 더 효과적이고 실천 가능성도 높은 완벽한 계획을 세울 수 있게 돼요.

이건 시험 직후에 하면 정말 길어봐야 30분밖에 걸리지 않을 정도로 간단한 과정이지만, 조금 귀찮다고 미루고 '다음 시험 기간의 내가 알아서 잘하겠지'라는 식으로 넘겨버리면 이번 시험을 통해 얻을 수 있는 훌륭한 성장의 기회들을 버리게 됩니다. 다음 시험 기간은 적어도 한

두 달 뒤잖아요. 그때는 내가 생각하는 것보다 이번 시험에 대해 생각이 많이 나지 않거나 나더라도 기억이 조금 왜곡되어 있을 가능성이 큽니다. 그래서 귀찮더라도 시험이 끝나자마자 시험 기간 계획을 세웠던 A4 용지 뒷면의 남는 공간에 생각나는 것들을 조금이라도 기록해 둬야 해요.

공부 계획을 꼭 세워야 하는 이유

1) 공부 의지가 생긴다

저는 사실 '공부'라는 행위 자체를 좋아하는 학생은 아니었어요. 그래서 꾸준히 공부를 잘해 나가기 위해서는 저에게 '공부의지'를 계속 불어넣을 수 있는 장치가 필요했는데, 그중 하나가 '계획'이었어요.

공부를 너무너무 하기 싫을 때는 공부 계획 세우는 것도 하기 싫잖아요? 저도 그랬어요. 하지만 그때 진짜 10분만 딱 참고 공부해야 할 내용과 범위, 그리고 어떻게 공부해야 할지(인터넷 강의를 듣거나 문제집을 푸는 등)를 써놓고 남은 시간 동안 이걸 어떻게 해낼지 계획을 한번 세워보잖아요? 그러면 왠지 모르게 이 계획대로 다 하면 내 실력이 엄청 늘어서 지금은 못 푸는 문제들도 풀 수 있을 것만 같은 기분이 들고, 또 한편으로는 계획을 세운 순간부터 지금 이 순간을 허투루 보낼 수 없게 돼요. 내가 세운 계획에는 지금 이렇게 허투루 보내는 시간 동안 어떤 문제집 몇 페이지를 더 풀 수 있는지가 나와 있으니까요. 또 이 계획들을 모두 달성하려면 지금 누워서 한탄하고 있을 게 아니라 문제집 한 장이라도 더 풀어야 한다는 생각이 들면서 자리에서 벌떡 일어나게 된답니다.

2) 공부를 체계적으로 꾸준히 할 수 있게 된다

예전에 공부의 신 강성태 님이 쓰신 책을 읽었을 때 인상 깊었던 부분이 있었어요. 우리가 게임과 다르게 공부에는 흥미를 덜 가지게 되는 이유가, 공부는 보상이 즉각적으로 나타나지 않기 때문이래요. 시험을 본다고는 하지만 모의고사나 내신 시험은 몇 달에 한 번씩 있는 거고, 우리가 오늘 하루, 지금 이 순간을 어떻게 공부하느냐에 따라 결과가 눈앞에 바로 다르게 나타나지는 않잖아요. 그런데 계획을 세우면 공부가 '눈에 보이게' 돼요. 어떤 공부가 남았고, 어떤 공부를 해냈는지, 마치 게임의 퀘스트나 미션처럼 보이는 거죠.

또 계획을 세우지 않았을 때 내가 취약한 어떤 과목에 대해 얼마만큼 공부를 더 해야 할지 추상적이고 막막하게 보였던 데 비해, 계획을 세우면 매일 어떤 공부를 얼마만큼 해야 할지 눈에 보이게 되니까 공부를 체계적으로 할 수 있게 됩니다. 어느 한 과목 공부가 재밌다고 계속 그 과목만 공부하는 것도 방지해 주고, 정해진 기간 동안 내가 정한 목표를 달성하기 위해 어떤 과목에 얼마만큼의 시간을 투자해야 할지를 체계적으로 계획할 수 있어요.

'다음에 어떤 공부를 하지?'라는 고민을 하지 않고 바로바로 공부할 수 있게 되는 것도 장점이에요. 책상에 앉아서 눈에 띄는 과목의 책을 들고 조금 공부하다가 집중이 안 되는 것 같으면 과목을 바꿔서 공부하는 게 아니라, 이미 짜놓은 계획에 따라 차근차근 공부를 해나가니까 더욱 체계적이죠.

이렇게 내가 어떤 공부를 언제 얼마만큼 했는지가 눈에 보이게 되니까 나중에 피드백할 때도 유용해요. 공부를 열심히 했는데도 불구하고 원하는 결과가 나오지 않았을 때 원인을 분석하잖아요. 만약 계획 없이 학원에서 시키는 대로 공부했다가 시험을 망치면 학원 탓을 하고 학원을 바꾸게 될 거예요. 하지만 나의 취약한 점을 보완할 장기적인 계획과 목표가 있었다면 애초에 자신에게 필요한 공부가 더 있을지 파악하고 스스로 단기적인 계획을 세워 공부했을 가능성이 높고, 또 그 공부 계획을 세우고 지켰던 흔적을 따라 더 정확하게 원인을 파악할 수 있게 됩니다.

예를 들어 영어 시험에서 문제를 단어를 몰라서 틀렸다면, 내가 세웠던 계획표와 실제 그 계획을 지켰던 흔적을 보면서 '매일 단어를 50개씩 외우겠다고 계획만 세워놓고 사실 잘 지키지 못했구나. 다른 공부를 다 하고 나서 단어를 외우려니까 계속 미루기만 하고 실천하지 못했어. 다음에는 아침에 공부를 시작하면서 단어를 꾸준히 외워야겠다'와 같이 생각할 수 있는 거예요. 원인을 명확하게 밝혀내고, 이를 어떻게 보완할지 구체적으로 새로운 계획을 만들어내고 실천하면서 더 빠르게 나아질 수 있겠죠. '눈에 보이지 않는' 공부를 '눈에 보이게' 만들어서 피드백을 하는 것은 공부에 많은 도움이 돼요.

공부 계획이 실패하는 이유

1) 공부 의지가 부족해서 계획을 세워도 잘 지키지 않는다

앞서 이야기했던 것처럼 자기 전에 내일 어떤 공부를 할지 쓰고 각 할 일별로 언제 할 건지 시간 계획까지 대략 짜보면서 '내일은 무조건 몇 시까지는 독서실에 가야 해'라는 식으로 공부 의지를 불러일으킬 수 있겠죠. 또 명언, 유튜브, 시험 점수 등을 이용해 자극을 줄 수도 있고요. 하지만 공부 의지, 공부 자극보다 중요한 것은 결국 '공부를 하는' 것입니다. 좋은 계획을 아무리 세워봤자 공부를 하지 않으면 아무 소용이 없습니다. 시험 성적을 고민하고 계획만 화려하게 세워도 그 자체로는 아무것도 달라지지 않으니까, 계획을 잘 지키고 싶다면 공부를 해야 해요. 공부에 관해 고민하는 문제는 공부를 하면, 즉 절대적인 공부량이 늘어나면 대부분 해결될 수 있다는 사실을 알게 될 거예요.

2) 계획을 잘못 세운다

자신의 역량이나 자신에게 주어진 시간에 비해 계획을 너무 많이 세우거나 반대로 계획을 너무 적게 세우는 경우에도 계획이 실패해요. 이를 방지하기 위해서는 계획을 세울 때 먼저 할 일별로 끝내는 데 최대 몇 시간이 걸리는지를 알아야 해요. 예를 들어, '수학 문제집 열 페이지를 풀고 오답 확인하는 데 보통 2시간이 걸려' 하는 식으로요.

이렇게 각 할 일을 끝내는 데 걸리는 시간을 알았다면, 내가 세운 계획을 실천하는 날(전날 계획을 세운다면 다음 날이겠죠)에 공부하는 데 최소 몇 시간을 쓸 수 있는지를 파악해야 해요. 전체 24시간 중에 수면 시간 6~7시간, 학교 수업 시간, 학원 수업 시간, 이동 시간, 식사 시간을 빼고 나서 순수하게 공부에만 투자할 수 있는 시간이 얼마나 되는지 파악하는 거죠.

계획을 실행하는 데 걸리는 최대 시간과 내일 공부하는 데 쓸 수 있는 최소 시간을 알았다면 이 둘의 균형이 맞는지를 보면 돼요. 이 둘이 얼추 비슷하거나, 계획을 실행하는 데 걸리는 최대 시간이 공부하는 데 쓸 수 있는 최소 시간보다 1시간 정도 많게 할 일을 설정하는 것이 좋아요. 조금 촉박해야 주어진 시간을 더 알차게 쓸 수 있으니까요.

잘 지켜지는 계획 세우는 꿀팁

공부하다 보면 하루 동안 공부가 잘되는 공부 순서가 눈에 보일 거예요. 저는 아침에 일어나서 독서실에 도착하면 아직 공부하고 싶은 마음이 그다지 들지 않아서 조금 가볍게 영어 단어를 외우고 헷갈리는 단어를 단어장에 옮겨 적는 식으로 30분 정도 공부했어요. 부담되지 않는 공부이다 보니 하기 싫어서 괜히 딴짓하는 일이 줄더라고요. 또 아침에는 몸도 찌뿌둥하고 졸리니까 글씨 쓰면서 자는 동안 굳은 손가락 근육을 풀고 본격적인 공부를 시작하기 위한 예열을 한 거죠.

저는 특히 아침 시간을 어떻게 보내는지에 따라 그날 하루의 기분과 계획 실행률이 달라지는 편이었어요. 아침에 공부가 안 돼서 딴짓을 하면 그게 낮까지 이어지고, 그러다 보면 이미 하루를 버렸다는 생각에 남은 시간도 설렁설렁 보내게 되더라고요. 그래서 아침에 독서실에 가자마자 이 방법으로 가볍게 예열을 하면서 공부를 성공적으로 시작할 수 있도록 했어요.

점심 식사 후에는 졸리기 쉬우니까 저는 능동적으로 하는 공부를 주로 했어요. 점심 먹은 후 인터넷 강의를 들어본 적도 있는데 졸리기 쉬운 시간대인 데다 비교적 수동적인 자세로 강의를 듣기만 하면 되는 공부라서 잠시만 한눈팔면 집중력을 잃게 되더라고요. 그래서 집중력이 좋을 때보다 2~3시간씩 더 시간이 걸렸어요. 결국 점심 식사 후에는 집중이 잘되도록 알람을 맞춰두고 모의고사를 푸는 등 능동적으로 할 수 있는 공부를 선택했습니다.

이런 식으로 어떤 시간대에 어떤 공부를 할지, 또 어떤 과목 이후에는 어떤 과목을 공부할지 본인에게 잘 맞는 방법을 터득하고 그걸 계획에 반영하면서 계획을 점점 업그레이드하다 보면 좀 더 지킬 가능성이 높은 완벽한 계획에 가까워집니다.

1년 계획, 방학 계획 짜는 법

1년 계획이나 방학 계획은, 시험 기간 계획에 비해 기간이 훨씬 길어서 어떻게 계획을 세워야 할지 막막하게 느껴지죠. 하지만 시험 기간 계획을 세울 때처럼 가장 큰 목표를 먼저 세우고 그것을 기간에 맞춰서 나눠가면서 계획을 세우면 크게 어렵지 않습니다.

만약 올해의 목표가 '수학 내신 1등급'이라면, 우선 이 목표를 달성하기 위해서 어떤 공부를 해야 하는지를 먼저 알아봅니다. 새로운 수학 학원을 등록해야 할 수도 있고, 수학 인터넷 강의를 들어야 한다고 생각할 수도 있고, 또는 문제집 몇십 권을 풀어야 할 수도 있어요. 이 중에서 자신에게 필요하다고 생각하는 공부 방법과 양을 정하세요.

예를 들어, 수학 인터넷 강의를 듣고 문제집 열 권을 풀기로 정했다고 합시다. 그러면 이제는 이걸 언제까지 할지를 대략 정하는 거예요. '여름·겨울방학 중, 시험 기간이 아닌 학기 중, 시험 기간' 정도로 큰 틀을 잡아서 할 일을 나누면 쉬워요. 수학 인터넷 강의도 여러 종류가 있으니까 개념 강의는 겨울 방학에 끝내고, 시험 기간이 아닌 학기 중에는 문제집 두 권을 풀고, 이런 식으로요. 여기까지 정했다면 이제 '여름·겨울 방학 중, 시험 기간이 아닌 학기 중, 시험 기간' 이렇게 크게 잡았던 기간을 조금 더 작게 나누어서, 여름 방학 중에서도 몇 월, 시험 기간이 아닌 학기 중에서는 몇 월에 어떤 할 일들을 끝낼지 정하면 돼요.

이런 식으로 가장 큰 목표와 그 목표를 이루기 위한 공부량과 방법을 정하고, 그 공부량과 방법을 긴 기간에서 짧은 기간으로 나눠가면서 계획을 세우면 돼요. 이렇게 하면 처음엔 막막해 보였던 1년 계획, 방학 계획이라는 큰 계획도 무리 없이 세울 수 있답니다.

중간·기말고사
6주 공부 계획 세우기

다음에 소개하는 시험공부 계획은 고등학교 기준, 국어, 영어, 수학, 사회탐구, 과학탐구 과목을 모두 시험 볼 때의 6주 계획입니다. 중학생 때는 문제집을 한 권 정도밖에 풀지 않았기 때문에 시험 기간을 3~4주 정도로 짧게 잡았어요. 중학생의 경우 고등학교 때처럼 공부하는 것을 미리 체험해보고 싶다면 6주 계획을 그대로 해보고, 그렇지 않다면 '시험 6주 전'과 '시험 4주 전'의 과정을 일주일 정도 줄여서 적용해 보길 추천합니다.

**시험
6~4주 전**

공부랑 친해지기, 1차 노트 정리

아직 정확한 시험 범위도 나오지 않은, 시험이 아직 멀게 느껴지는 시기예요. 하지만 이때부터 시험공부를 시작하겠다는 마음을 먹고 이것저것 건드려봐야 실제로 시험공부를 열심히 하는 기간이 한 달 정도가 돼요('4주 전부터 시작해야지' 하고 아무것도 안 하고 있다 보면,

어느새 시험 2~3주 전이 돼버리거든요).

그래서 이때는 조금 가벼운 마음으로 교과서와 프린트를 넘겨봅니다. 우선 앞으로 남은 수업 일수를 보면서 시험 범위를 예상하거나 선생님께 직접 여쭤보아서 시험 범위를 파악해야 해요. 그렇게 나온 시험 범위를 토대로 6주간 계획을 세우고, 4주 전까지 각 과목 교과서와 프린트를 최소 2회독하면서 노트 정리를 시작하는 거예요.

사실 책을 읽고 노트 정리하는 것이 그렇게 오래 걸리지 않는데도 2주를 잡은 이유는, 아직 제대로 시험 범위도 안 나왔으니 이때까지는 단기간에 공부해서는 큰 효과를 볼 수 없는 영어나 수학 등의 과목에 조금 더 집중하는 것이 좋기 때문이에요(이 과목은 시험 기간이 아닌 학기 중에도 꾸준히 공부하는 것이 좋습니다. 영어의 경우 모의고사 유형별 대비 및 어법 학습, 수학의 경우 해당 학기의 개념 문제집과 심화 문제집을 3~4권 정도 풀어놓으면 내신과 수능 모두에 도움이 돼요).

이때는 수업 중에 했던 필기, 그리고 교과서와 프린트의 내용을 노트에 나만의 구조로 옮기면 됩니다. 만약 이 과정이 아직 너무 복잡하다고 느껴지면 쉽게 시도해보지 못할 수도 있어요. 그렇다면 처음에는 문제집이나 인강 교재에 있는 정리된 내용을 노트에 큼직큼직하게 정리하며 큰 구조를 잡고, 교과서 내용과 수업 필기를 빠트리지 않고 그 안에 넣는 방식으로 써도 돼요. 이 방법을 여러 번 하다 보면, 나에게 잘 맞는 노트 필기 형식을 찾아 효과적으로 노트 정리하는 데 도움이 될 거예요.

**시험
4~2주 전**

노트 업그레이드하기

이제는 본격적으로 문제를 풀면서 노트를 업그레이드해 나갈 시간입니다! 이때는 **①내가 정리한 노트를 계속 읽기 → ②문제 풀기 → ③틀린 내용/새로 알게 된 내용 노트에 추가하기**를 반복하면 됩니다. 저는 과목별로 문제집을 두세 권 정도(보통 기본 문제집, 심화 문제집, 기출문제집 이렇게 세 권을 골랐어요)는 꼭 풀었는데 모든 문제집을 풀 때 이 과정을 반복했답니다. 문제를 풀기 전까지 교과서와 노트를 각각 한 번씩 읽고, 문제집의 개념 파트와 문제 파트에서 내가 틀렸던 내용이나 새로 알게 된 내용이 있다면 노란색 형광펜으로 표시해 놓았다가, 문제를 풀고 오답 확인한 뒤에 정리한 노트 사이사이에 그 내용을 추가하는 거죠. 저는 보통 하루에 여러 문제집을 함께 풀어서 매일 노트를 확인하고 보완하며 노트를 효과적으로 가득 채울 수 있었어요.

시험 2주
~이틀 전

밀린 공부 하기, 노트 내용 암기

사실 과목마다 문제집을 두세 권씩 풀면 2주 만에 공부를 완벽하게 끝내기 어려울 거예요. 학원 숙제나 수행평가 등으로 공부가 꽤 밀릴 수 있거든요. 지금부터는 그렇게 밀린 문제집 풀기 및 노트 업그레이드 과정을 마무리하고 동시에 교과서 등 수업 자료와 노트에 있는 내용을 완벽하게 머릿속에 집어넣을 겁니다. 지금까지 교과서와 노트를 한 번씩 읽고 노트를 업그레이드하는 것을 착실히 해왔다면, 노트에는 시험에 필요한 지식이 어느 정도 쌓여 있을 거예요. 하지만 노트가 시험을 대신 봐주지는 않죠. 이 내용을 내 머릿속에 완벽하게 집어넣어야 합니다. 태블릿으로 노트를 찍어서 빈칸 만들어 외우기, 내용을 누군가에게 가르치듯이 소리 내어 말하면서 읽기 등의 방법으로 노트의 내용을, 그리고 영어나 국어 과목의 경우 외울 필요가 있는 본문을 이 기간에 완벽하게 외우려고 노력했어요.

시험 전날 ~당일

단기 기억 끌어올리기

각 시험 전날에는 다음 날 보는 과목을 공부해야겠죠? 이제는 다시 기본으로 돌아가 선생님께서 수업하셨던 교과서를 찬찬히 봅니다. 이미 노트에 옮겨서 수도 없이 외웠던 내용이라 어려움은 없을 거예요. 그냥 교과서를 천천히 넘겨가면서 혹시 노트에 잘못 옮긴 부분이 있는지, 너무 작은 글씨로 쓰여 있는 부분이라 빠뜨린 부분은 없는지 마지막으로 점검합니다.

저는 과목에 상관없이 교과서 본문을 마지막으로 기억할 겸 소리 내어 읽기도 했어요. 시간적인 여유가 있다면 백지를 펴놓고 노트에 정리했던 내용을 그대로 기억해서 써보기도 했어요(백지 공부법이라고 하죠). 만약 그렇게까지 외우지 못했고, 백지에 막상 옮기자니 시간도 너무 오래 걸리고 기억이 잘 나지 않는다면 그냥 노트 정리한 내용을 보면서 백지에 연필로 휘갈겨 쓰는 것도 도움이 돼요.

이때 노트에 쓰여 있는 내용을 최대한 안 보면서(글의 앞머리만 보고 뒷부분은 최대한 머릿속에서 떠올리면서) 백지로 옮겼어요. 이건 시험 때 갖고 가서 볼 것이 아니기 때문에 색깔 펜을 전혀 쓰지 않고 연필로 휘갈겨 써요. 노트에 있는 내용을 손으로 쓰면서 머릿속에 집어넣기 위한 하나의 방법입니다.

이 과정이 끝나면, 그동안 풀었던 문제집을 찬찬히 넘겨가면서 틀렸던 문제와 노란색 형광펜으로 표시했던 내용을 다시 봅니다. 혹시 빠뜨린 내용이 있을 수 있고, 노트에는 내용을 요약해서 옮기다 보니 내가 외웠던 내용과 원래 내용이 조금 다를 수 있거든요. 원래 출처에서 내용을 한 번씩 다시 보면서 오개념을 최대한 없애는 거죠. 저는 문제집을 풀 때 맨 뒤에 있는 '실전 마무리 문제' 같은 것을 남겨놓았다가 이때 마지막으로 점검하는 차원에서 그 문제를 한 세트 정도 풀기도 했어요. 이렇게 하면 시험 문제 푸는 감각을 기를 수 있답니다.

시험 당일에는 아침에 등교할 때와 아침 자습 시간에 노트 전체 내용을 읽으면서 두꺼운 마커펜으로 시험 직전에 읽어야 하는, 아직 암기가 덜 된 부분이나 시험 출제 가능성이 높은 부분을 표시합니다. 시험 직전 쉬는 시간에는 아까 마커펜으로 표시한 부분을 한 번은 노트를 보면서 소리 내서 읽고 한 번은 노트를 보지 않고 외워서 말해보면서 단기 암기의 효율을 최대로 끌어올립니다. 시험 종이 치면, 까먹으면 안 되는 내용을 계속 머릿속에

떠올리거나 입으로 중얼중얼하다가, 시험지를 받으면
바로 그 위에 휘갈겨 썼어요. 음운표, 주기율표 등 표를
그려놓으면 문제 풀기가 더 쉬울 때 이 방법을 가장 많이
활용했답니다.

시험 문제 푸는 순서

서술형이 있다면 서술형 문항을 가장 먼저 푸는 것이 좋아요. 객관식(선택형 문항)과 달리 찍을 수 없고, 객관식보다 푸는 시간이 오래 걸리기 때문이에요. 또 시험 직전에 외워놓았던 단기 기억의 효과를 최대로 이용하기 위해서는 오로지 내가 기억하고 있는 내용을 작성해야 하는 서술형 문항을 가장 먼저 푸는 것이 효과적이에요.

이 다음부터는 1번부터 차근차근 풀다가 헷갈리거나 모르는 내용이 있으면 남은 문제의 개수를 생각해서 딱 정해진 시간 동안만 고민하고, 그래도 답이 나오지 않으면 별표를 하고 다음 문제로 넘어가는 거 아시죠? 그리고 시험 끝나기 5분 전에는 무조건 마킹을 시작하세요(특히 서술형 답안까지 써야 한다면 시간을 더 넉넉하게 잡는 것을 추천합니다). 마킹만 하기에는 충분한 시간이긴 하지만, 시험 끝나기 2~3분 전에는 마음이 조급해져서 마킹 실수를 하거나 충동적으로 답을 바꿀 수 있거든요(경험담입니다).

'내가 처음 문제를 풀 때 찍었던 답이 웬만하면 맞다. 나를 믿자'라고 생각하고, '정확한 근거(이 정답이 아니라면 나머지 답에 대해 합리적으로 이의제기를 할 수 있을 정도)'가 있는 게 아니라면 답을 바꾸지 않는 것을 추천합니다.

플래너를 작성하면 좋은 점

공부 계획을 세운 뒤 이걸 플래너에 옮겨 적고 그 공부를 했는지 안 했는지 체크하는 과정이 필요한지 궁금한 학생들이 있을 거예요. 물론 어떤 것을 계획했는지 이미 머릿속에 다 있고, 플래너를 사서 쓰는 것 자체가 귀찮은 학생들도 있겠죠. 그런 학생들은 그냥 집에 굴러다니는 남는 포스트잇이나 공책에 계획을 끄적이는 정도로만 써도 돼요. 하지만 이렇게 하면 내가 계획을 세우고 실행했던 기록들이 없어질 수도 있어요. 또 '계획 그 자체'만 쓰는 것보다 그 계획을 실제로 '실행했는지'까지 기록해 놓을 수 있는 플래너를 활용한다면 더욱 꼼꼼하게 공부할 수 있습니다.

플래너 작성은 공부 의지가 생기고 공부에 재미를 느낄 수 있는 요소가 돼요. 중학교, 고등학교를 거치면서 공부를 계속하다 보면 지치는 순간이 올 수도 있어요. 공부를 많이 하는 것 같은데 다른 친구들에 비해 뒤처지거나 시험 성적이 생각만큼 잘 나오지 않으면 내가 지금 공부를 잘하고 있는 것인지 의문이 들고 우울해질 수 있죠. 이렇게 슬럼프에 빠진 시기에는 '더 열심히 해야지'라는 격려나 다짐이 오히려 더 스트레스의 원인이 될 수도 있어요. 슬럼프를 극복해 보고자 모의고사를 더 많이 풀어서 점수를 올리려고 노력했다가 원하는 결과가 나오지 않아서 더 힘들어질 수도 있어요. 저뿐만 아니라 저와 함께 공부했던 많은 친구들이 겪었던 과정이랍니다.

이럴 때는 오히려 내가 할 수 있는 만큼의 공부 계획을 세우고, 이것을 그저 하나하나 성취하면서 작은 성취의 기쁨을 느끼며 다시 공부할 마음가짐을 다지고 자신감을 회복해 가는 것이 중요해요. 이때 정말 효과적인 것이 플래너예요. 플래너는 공부 계획과 그 계획의 실행률이 한눈에 보이기 때문에 계획과 실행률에 집중하면서 작은 성취감을 느끼기 좋죠. 또 이렇게 지치는 시기가 아니라도 플래너는 매일 공부 의지를 잃지 않고 꾸준히 공부하는 데 큰 도움이 돼요.

데일리 플래너를 쓰는 경우, 저는 하루 동안의 공부를 마치고 나서 플래너에 다음 날 계획을 쓰는 것을 추천합니다. 그 이유는 오늘 공부한 경험을 바탕으로 내가 지킬 수 있는, 또는 나에게 필요한 계획을 세울 수 있기 때문이기도 하지만, 밤에 계획을 세우고 나서 '내일은 계획을 꼭 다 지켜야지' 다짐하면서 잠들면 다음 날 아침에 계획을 지키기 위해서 조금 더 일찍 몸을 일으키게 되고 쓸데없이 핸드폰 보는 시간을 줄이게 되는 등 실제로 공부를 열심히 할 수 있는 원동력이 생기기 때문이에요. 매일 반복되는 생활 패턴으로 공부를 하면 쉽게 지칠 수 있는데, 이렇게 플래너를 쓰고 성취하는 소소한 재미를 느낀다면 꾸준히 지치지 않고 공부를 하는 데 큰 도움이 될 거예요.

다음 날 시간 계획 세우기

데일리 플래너를 쓴다면 많은 경우 〈그림 A-1〉처럼 플래너에 하루 24시간을 어떻게 썼는지 기록할 수 있는 칸이 있을 거예요. 이 칸을 잘 활용하면 공부량뿐 아니라 하루하루의 시간도 체계적으로 쓸 수 있게 돼요. 전날 밤 계획을 세울 때 다음 날 일정을 생각하면서 공부를 할 수 없는 시간을 미리 체크해 두고, 남은 공부할 수 있는 시간에 어떤 공부를 몇 분 안에 끝낼지 대략 표시해 보세요.

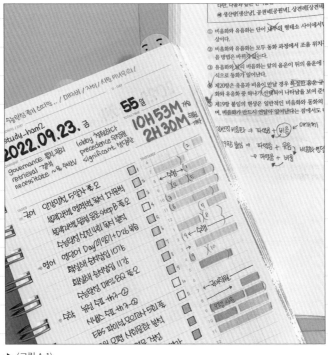

▶ 〈그림 A-1〉

먼저 할 일을 적는 칸에 공부 계획을 쓰고, 그 옆의 실행 여부를 체크하는 상자 옆에 위에서부터 차례대로 1부터 숫자를 매겨요. 그런 다음 오른쪽 타임테이블(하루 24시간 계획)에 연필로 1번 공부를 할 때와 소요 시간을 정해 괄호로 표시하고, 괄호 안에 숫자 1을 쓰는 거죠(《그림 A-2》). 이렇게 하면 계획을 다 끝내기 위해서는 대략 몇 시부터 몇 시까지 공부해야 하는지가 나옵니다. 그러면 그 시간에 맞춰서 아침에 일찍 일어나게 되고, 공부할 때도 몇 시까지 끝내야 한다는 (하루보다 더 세부적인) 시간 계획에 따라 느슨하지 않게 공부할 수 있어요.

예를 들어, 쉬는 시간마다 수학 문제를 몇 개씩 풀겠다는 계획을 세웠다면 쉬는 시간을 알차게 쓸 수 있겠죠. 또 방학 때처럼 공부할 수 있는 시간이 확 늘어난 기간에 '시간 많으니까 이

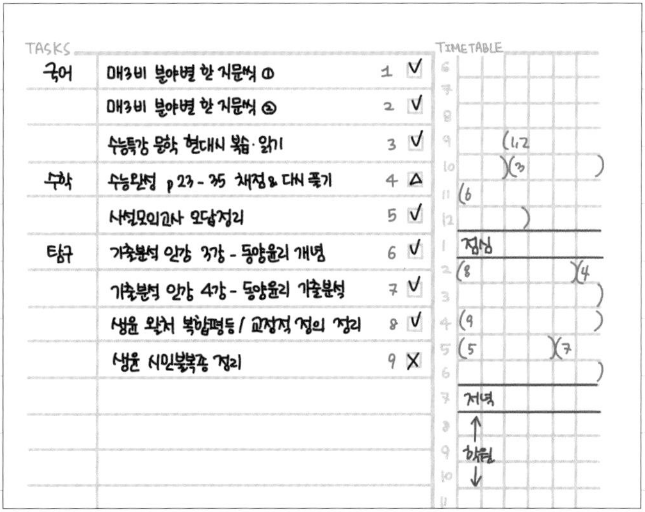

▶ 〈그림 A-2〉

따 밤에 해야지' 하고 생각하는 대신 이 시간에 계획한 공부를 끝내야겠다는 목표 아래 더 열심히 공부할 수 있게 되는 거죠.

또 아까 이야기했던 것처럼 세워놓은 계획을 얼마나 지켰는지 기록으로 남아 있는 플래너를 보면서 이번 시험의 실패 요인을 분석하고 다음 시험을 위한 보완책을 마련할 수도 있어요. '집에서 멀리 떨어진 학원에 가는 날에는 학원에서 하는 공부 말고는 다른 공부에 집중을 잘 못해서 실행률이 낮았구나. 그럼 다음 시험 계획을 짤 때는 학원 멀리 가는 날엔 짬짬이 할 수 있는 가벼운 공부를 계획해야겠다' 하는 식으로 자신에게 맞는 계획을 세우는 방법을 터득해 나가는 거죠.

소셜미디어에 올라오는 휘황찬란한 플래너들을 보면서 '쓸 데없다'고 하면서 플래너 사용의 필요성까지 부정하는 경우가 많더라고요. 하지만 저는 플래너가 화려하고 아니고를 떠나서, 우선 앞서 언급한 여러 이유들을 근거로 플래너는 공부하는 데 아주 큰 도움을 준다고 생각해요. 제 경우에는 하루 공부를 마무리하고 다음 날 공부를 계획하는 하루 15분 동안 플래너를 쓰고 꾸미는 낙으로 공부했었거든요. 지루함을 극복하고 꾸준히 공부할 수 있는 원동력으로 하루 15분 투자하는 것 정도는 괜찮다고 생각해요. 플래너를 통해 얻을 수 있는 공부의 효율성도 절대 무시할 수 없기에, 공부할 때는 꼭 플래너를 쓰시는 것을 추천합니다.

먼슬리, 위클리, 데일리 플래너 사용법

저는 세 가지 종류의 플래너를 모두 써봤기 때문에 각각의 플래너들을 언제 썼는지, 그리고 그들의 장단점은 뭔지를 알려 드릴게요.

먼슬리(monthly)

말 그대로 월별로 대략적인 계획을 세울 때 자주 썼어요. 앞에서 이야기했던 것처럼 시험 기간은 보통 한 달 정도 되니까 가장 포괄적이고 궁극적인 계획들, 그리고 각 주차별 계획을 한 페이지에서 볼 수 있도록 하기 위해 먼슬리 플래너를 썼습니다. 먼슬리 플래너는 한 달 동안 계획된 공부량을 한눈에 파악할 수 있고, 하루뿐만 아니라 1주, 2주 동안 어떤 공부를 할지 포괄적으로 계획하기 매우 편리하다는 이점이 있어요. 하지만 하루 계획을 다 쓰기에는 칸이 좁아서 내가 원하는 내용을 모두 넣기 어렵고, 데일리 플래너처럼 하루의 시간을 어떻게 썼는지 표시할 수 있는 공간이 없어서 하루 동안의 공부 시간을 계획하고 기록하기는 어렵죠. 하지만 저는 항상 일별 계획을 세우기 전에 학기별, 월별 계획을 세웠었기 때문에 위클리, 데일리 플래너를 쓰더라도 항상 그 플래너 안에 수록되어 있는 먼슬리 플래너 페이지에 가서 포괄적인 계획을 짜놓았었습니다.

위클리(weekly)

위클리 플래너는 그림 〈그림 A-3〉, 〈그림 A-4〉와 같이 썼는데, 학교 내신 시험 기간에 자주 썼어요. 큰 이유가 있었던 것은 아니고, 데일리 플래너의 경우에는 하루 동안 공부한 것을 가지고 채울 수 있는 칸이 많다 보니 오히려 채울 칸이 많이 없는 위클리를 선호하게 되었어요. 시험 기간에는 시험이 다가올수록 시간도 정말 촉박하고, 스스로도 발등에 불이 떨어졌다는 것을 알기 때문에 큰 동기 부여 없이도 열심히 공부를 할 수 있잖아요? 그래서 이때는 하루 시간 계획은 굳이 짜지 않아도 제가 알아서 시간을 쪼개서 잘 공부를 하더라고요(물론 사람마다 다를 수 있으니 본인에게 맞는 방법을 선택하시길 바랍니다). 이렇다 보니 하루 시간 계획 칸이 없는 위클리 플래너에 그냥 하루 동안 할 일을 나열하고, 각각의 할 일 옆에 했는지 안 했는지 정도 표시하고, 안 한 할 일이 있다면 다음 날로 넘겨가면서 간단하게 플래너를 썼습니다.

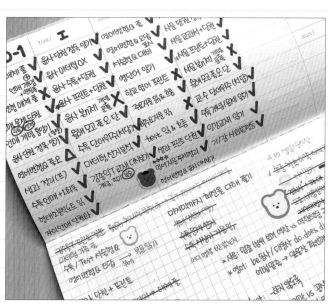

▶ 〈그림 A-3〉

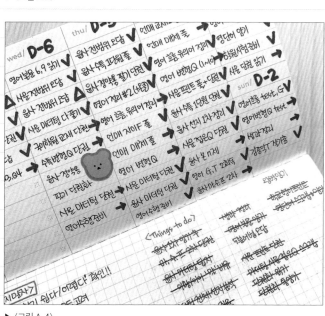

▶ 〈그림 A-4〉

데일리(daily)

한 번에 하루 계획을 자세하게 세울 수 있는 데일리 플래너는 방학 기간에, 그리고 시험 기간이 아닐 때 자주 사용했는데, 아마 이 플래너를 가장 많이 사용했을 거예요. 특히 방학에는 공부할 수 있는 시간이 훨씬 늘어나서 시간을 잘 사용하는 것이 오히려 힘들더라고요. 강제적으로 아침에 일어나서 나갈 준비를 하고 등교해서 정해진 수업을 들어야 하는 학기 중과는 달리, 방학 때는 시간이 많다는 생각에 아침에도 늦잠을 자게 되니까요. 공부하러 독서실 같은 곳에 가더라도 한 공간에 오래 앉아 있다 보니까 집중력을 유지하기가 어려웠어요. 그래서 데일리 플래너를 주로 사용했습니다.

데일리 플래너는 하루 24시간을 10분 단위로 나누어서 계획하고 기록할 수 있는 칸이 있어서, 하루를 더욱 세세하게 계획해서 공부할 수 있었어요. 저는 데드라인이 멀리 있다고 생각하면 여유를 부리는 편이라서 하루 24시간도 쪼개어서 각 할 일별로 데드라인을 타이트하게 설정했던 거예요. 이렇게 하면 조금 더 부지런하게 하루를 살고 공부를 열심히 하게 되더라고요.

① 다음 날 공부 계획 세우기

전날 공부가 끝나고 다음 날 플래너를 미리 쓸 때는 〈그림 A-2〉와 같이 상세하게 계획을 했어요. 우선 내일 해야 하는 공

TASKS

국어	매3비 분야별 한 지문씩 ①	1	☑
	매3비 분야별 한 지문씩 ②	2	☑
	수능특강 문학 현대시 뭐뭐·읽기	3	☑
수학	수능완성 p.23-35 채점&다시 풀기	4	△
	사설모의고사 오답정리	5	☑
탐구	기출분석 인강 3강 - 동양윤리 개념	6	☑
	기출분석 인강 4강 - 동양윤리 기출분석	7	☑
	생윤 완서 복합편들 / 교과서 정의 정리	8	☑
	생윤 시민불복종 정리	9	✗

TIMETABLE

6
7
8
9 (4,2
10)(3
11 (6)
12
1 점심
2 (8)(4
3)
4 (9)
5 (5)(7
6)
7 저녁
8 ↑
9 휴식
10 ↓
11
12

TASKS

국어	매3비 분야별 한 지문씩 ①	1	☑
	매3비 분야별 한 지문씩 ②	2	☑
	수능특강 문학 현대시 뭐뭐·읽기	3	☑
수학	수능완성 p.23-35 채점&다시 풀기	4	△
	사설모의고사 오답정리	5	☑
탐구	기출분석 인강 3강 - 동양윤리 개념	6	☑
	기출분석 인강 4강 - 동양윤리 기출분석	7	☑
	생윤 완서 복합편들 / 교과서 정의 정리	8	☑
	생윤 시민불복종 정리	9	✗

TIMETABLE

6
7
8
9 (4,2
10)(3
11 (6)
12
1 점심
2 (8)(4
3)
4 (9)
5 (5)(7
6)
7 저녁
8 ↑
9 휴식
10 ↓
11
12

▶ 〈그림 A-5〉

부 목록을 '태스크' 칸에 과목 구분을 하여 씁니다. 그런 후에 각 할 일의 가장 오른쪽에 작게 1부터 차례대로 번호를 매겨요. 이 번호는 시간표 위에 표시한 계획이 어떤 할 일에 해당하는지 빠르게 볼 수 있도록 임의로 매기는 번호입니다. 그런 다음 오른쪽의 '타임테이블' 칸으로 가서, 내일 공부를 할 수 없는 시간을 먼저 표시합니다. 위의 경우에는 점심, 저녁을 먹는 시간과 학원에 가 있는 시간을 공부할 수 없는 시간(빨간색 펜)으로 표시했네요. 이제 나의 기상 시간과 취침 시간을 고려해서 활동 시간 동안 할 일들을 수행할 시간을 괄호로 표시하는 거예요.

처음에는 자신이 공부하는 스타일을 잘 모르니까 좋은 계획을 짜기 어려워요. 이때는 그냥 할 일을 번호 순서대로 1시간 정도씩 잡아서 대강 계획을 짜도 좋아요. 제 경우에는, 공부를 하다 보니 쌓인 나의 공부 스타일에 대한 데이터를 기반으로 실천할 수 있는 계획을 짜려고 노력했어요. 예를 들어, 졸려서 공부가 잘 안 되는 아침과 점심 식사 이후에는 그리 어렵지 않은 문제를 풀거나 손으로 필기하는 공부를 하고, 머리를 많이 쓰는 공부를 한 이후에는 인터넷 강의 듣기를 배치하는 등 내가 좋아하는/싫어하는 과목과 나의 공부 컨디션 등 여러 요소를 고려하여 계획을 세웠어요. 여기까지가 전날 플래너에 쓰는 계획입니다. 처음 계획을 세우는 것은 오래 걸릴 수 있겠지만, 길어도 10분을 넘기지 않도록 하는 것이 바람직해요.

232

② 공부한 것 시간 기록하기

다음 날이 되어 공부를 하는 중에는 '열품타'라는 앱을 이용해서 공부 시간을 기록했어요. 과목별로 색깔을 다르게 해서 구분해 놓고, 각 과목 공부를 시작하고 끝낼 때 해당 과목의 타이머 버튼을 눌러 기록했어요. 과목 공부를 하다가 플래너에 썼던 각 할 일을 끝내면 그때그때 네모 칸에 체크 표시를 했어요. 하루의 공부가 끝나면, 열품타 앱의 '플래너' 메뉴(〈그림 A-6〉)에서 볼 수 있는 화면을 참고해 실제 플래너에 표시했어요. 이때는 과목별로 형광펜 색을 지정하고, 그 색에 맞추어 플래너에 그대로 표시했습니다. 열품타의 플래너 메뉴도 하루 24시간을 10분 단위로 쪼개어 나타내 주기 때문에 실제 계획을 세웠던 타임테이블 형식과 같아서 기록하기 편리했어요.

과목별로 공부한 시간을 표시했다면, 이것이 계획과 얼마나 다른지를 파악하고 후에 계획을 세울 때 더 좋은 계획, 실천할 수 있는 계획을 세우기 위한 데이터베이스로서 기억합니다. 이 데이터가 많이 쌓이면 내가 어떤 과목을 공부할 때 공부량에 따라 시간이 어느 정도 걸리는지도 대략 알게 돼요. 이것이 바탕이 되면 하루에 할 수 있는 일의 개수를 계획하고, 일주일, 한 달에 할 수 있는 공부량을 계획하면서 내 실력을 높이기 위해 들여야 하는 공부 시간과 양을 컨트롤할 수 있게 되는 거죠. 하지만 시간 계획을 세우는 것이 이러한 데이터베이스만을 위

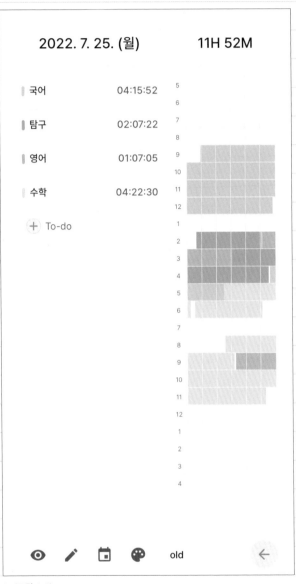

▶ 〈그림 A-6〉

한 것은 아니에요. 특히 시간적으로 여유가 있는 방학 동안 언제 어떤 공부를 할지 고민하다가 공부를 시작하지 않는다거나 아니면 시간이 넉넉하다고 생각해 하나의 공부를 지나치게 오래 붙잡고 있는 등의 행동을 줄일 수 있거든요. 이렇게 함으로써 시간을 더 똑똑하고 알차게 쓸 수 있습니다.

석기대 (석기시대)

류 ┌ 구석기 - 주먹도끼, 동굴
  ├ *신석기 - 빗살무늬토기, 농경, 움집
  └ 청동기 - 고인돌, 비파형동검, 계급

※ '여러나라' 문제는 다독 출제된 것 X.

고대 (삼국시대)
~전성기 & 그 때의 주변국 상황~

광개토대왕 o—o 내물마립간 o—o 금관가야↓
장수왕 o—o 개로왕 (死) o—o 나제동맹

(한성) →(천도) (웅진) →(천도) (사비)

초고왕 o—o 고국원왕 (死)

• 태종 ┌ 6조직계제 (+세조)
      └ 호패법, 사병X

• 세종 ┌ 의정부서사제
      ├ 집현전
      ├ 4군6진 - 자금과 비슷한 영토모양
      ├ 대마도정벌
      ├ 전분6등법
      └ 연분9등법 - 고무 ...

근초고왕 o—o 고국원왕 (死)

5장

과목별 노트 정리
노하우

국어

국어의 경우 일반적으로 내신과 수능 시험의 성격이 서로 다릅니다. 그래서 각 시험의 성격에 맞게 공부법, 즉 노트 정리 방식도 달라져야 해요. 언어 과목이 대부분 그렇듯 국어도 지문을 읽고 해석하거나 추론하는 것이 주로 문제로 나온다는 점은 두 시험 모두 공통적입니다. 따라서 내신이든 수능이든 무엇보다 지문을 '잘 이해'하는 것이 중요하죠.

내신국어

내신 시험은, 시험 범위가 정해져 있고 그 범위 내의 동일한 지문이나 연계된 지문이 출제됩니다. 게다가 어려운 시험일수록 헷갈리는 선지가 많아 시험 문제를 푸는 데 시간이 촉박하다고 느껴지죠. 이런 상황에서 시험지에 실린 글을 찬찬히 읽으며 이해한 뒤에 문제를 풀면 시간이 부족할 거예요. 시험 문제를 풀 때는 시험지에 나온 글을 '확인'하는 용도로 사용해야 합니다. 내가 공부했던 내용을 바탕으로 문제의 근거가 지문에 있는지 확인만 하면서 풀면 시간 내에 문제를 모두 풀 수 있고, 여유가 있다면 검토까지 할 수 있게 돼요. 시험 당일에 글을 '확인'만 하려면, 글을 이해하고 어쩌면 해석하고 추론하는 것까지 시험 준비 기간에 완료되어야 해요. 우리는 연계된 새로운 지문말고는 시험에 나올 지문이 무엇인지 이미 알고 있잖아요? 수업한 내용을 바탕으로 지문을 노트 정리하면서 미리 잘 이해해 놓는다면 시험 당일에 여유 있게 문제를 대할 수 있을 거예요. 연계된 지문도 시험 범위 내의 글과 주제나 표현법 등에서 유사한 부분이 있기 때문에 우선 시험 범위에 있는 글을 잘 학습하는 것이 중요해요.

수능 국어   수능의 경우 어떤 지문이 나올지 정확히 알 수 없습니다. 따라서 필연적으로 시험 당일에 (어쩌면 태어나서 처음 볼 수도 있는) 지문을 읽고 이해하여 문제를 풀어야 해요. 하지만 겁먹을 필요는 없어요. 수능에서는 '글의 내용을 잘 따라가며 이해했는지, 글에 쓰인 서술 기법을 알고 있는지, 〈보기〉를 바탕으로 해석할 수 있는지'가 문제로 나오기 때문에 글을 충실하게 읽고 이해하면 풀 수 있거든요.

하지만 글을 잘 '이해'하는 것이 우리 머릿속에서 일어나는 일이다 보니 눈으로 확인할 수 없어서 참 어려워요. 내가 잘 이해했는지 모르겠으니까 글을 자꾸 다시 읽게 되고, 문제를 보면 새로운 내용처럼 느껴져서 다시 글을 읽으러 돌아가는 거죠. 글을 여러 번 읽다 보면 시험 시간은 부족해집니다. 그래서 수능을 준비할 때도, 내가 글을 이해하는 과정을 가시화하면서 읽는 연습을 하는 것이 중요해요. 이렇게 생각의 과정을 눈에 보이게 체계적으로 정리하다 보면, 나중에는 직접 정리하지 않아도 머릿속에서 체계적으로 사고가 이루어집니다. 이해를 가시화하는 작업은 내신 국어 시험을 준비할 때 노트 정리하는 것과 거의 비슷해요.

특히 문학은 《수능 완성 사용 설명서》나 《수능 특강 답지》와 같은 수능 연계 교재에서 제시하는 해설을 읽는 것이 많은 도움이 됩니다. 시험에서 전반적으로 문학 지문을 바라보는 시야를 가질 수 있을 뿐 아니라, 표현 기법이나 시대적 배경 등과 관련된 문제를 풀 때 아주 유용하거든요. 저는 이렇게 읽는 내용은 너무 방대하기 때문에 모두 노트 정리를 하지는 않았고, 형광펜으로 밑줄 치면서 여러 번 읽어 자연스럽게 기억에 남도록 했어요.

◆　　　　양도 많고 내용도 복잡한 지문을 어떻게 노트에 정리해야 할지 막막하죠? 일단 글 전체를 노트에 필사하는 것은 절대 아닙니다. 글 전체를 활용해 세부적인 내용을 필기하고 싶다면 페이지를 복사하거나, 타이핑해서 인쇄한 후에 그 위에 필기하는 것이 나아요. 시간과 노력을 절약해야 하니까요.(물론 짧은 시라면 손으로 쓰는 것이 훨씬 간편할 수 있어요. 글의 양과 효율을 생각해서 똑똑하게 결정해야 합니다).

문학　　　문학의 경우 여러 갈래가 있지만, 크게 서정 문학과 서사 문학으로 나누어 살펴볼게요(원래는 문학의 갈래에 극문학과 교술 문학이 더 있지만 서사 문학 노트 정리하는 방식이 극문학과 비슷해 두 갈래를 '서사 문학'이라는 이름 아래 묶어 설명했어요. 교술 문학의 경우 글의 내용이 복잡하지 않아 매번 노트에 정리하지는 않았으나, 이 또한 서사 문학 노트 정리 방식과 유사해요).

1) 서정 문학　　　서정 문학(고대가요, 시조, 현대 시 등)은 특히 시어의 함축된 의미와 표현법, 시적 화자의 태도가 중요하죠. 글의 길이가 길지 않다 보니 각각의 표현을 미시적으로 바

[22~27] 다음 글을 읽고 물음에 답하시오.

(가)

아아 아득히 내 첩첩한 산길 왔더니라. 인기척 끊이고 새도
짐승도 있지 않은 한낮 그 화안한 골 길을 다만 아득히 나는
머언 생각에 잠기어 왔더니라.

백화(白樺) 앙상한 사이를 바람에 백화같이 불리우며 물소리에
흰 돌 되어 씻기우며 나는 총총히 외롭도 잊었더니라.

살다가 오래여 삭은 장승들 흰 팔 벌리고 서 있고 풍설(風雪)에
깎이어 날선 봉우리 훌 훌 창천(蒼天)에 흰 구름 날리며
섰더니라.

쏴아 ― 한종일내 ― 쉬지 않고 부는 물소리 안은 바람소리
…… 구월 고운 낙엽 날리어 푸른 담(潭) 위에 호르르르
같이 지더니라.

어젯밤 잠자던 동해안 어촌 그 검푸른 밤하늘에 나는 장엄히
뿌리어진 허다한 바다의 별들을 보았느니,

이제 나의 이 오늘밤 산장에도 얼어붙는 바람 속 우러르는
나의 하늘에 별들은 쏠리며 다시 꽃과 같이 난만(爛漫)하여라.

― 박두진, 「별 ― 금강산시 3」 ―

(나)

사람들은 자기들이 길을 만든 줄 알지만   [A]
길은 순순히 사람들의 뜻을 좇지는 않는다
사람을 끌고 가다가 문득
벼랑 앞에 세워 낭패시키는가 하면
큰물에 우정 제 허리를 동강 내어   [B]
사람이 부득이 저를 버리게 만들기도 한다
사람들은 이것이 다 사람이 만든 길이   [C]
거꾸로 사람들한테 세상 사는
이치를 가르치는 거라고 말한다
길이 사람을 밖으로 불러내어
온갖 곳 온갖 사람살이를 구경시키는 것도
세상 사는 이치를 가르치기 위해서라고 말한다
그래서 길의 뜻이 거기 있는 줄로만 알지   [D]
길이 사람을 밖에서 안으로 끌고 들어가
스스로를 깊이 들여다보게 한다는 것은 모른다
길이 밖으로가 아니라 안으로 나 있다는 것을   [E]
아는 사람에게만 길은 고분고분해서
꽃으로 제 몸을 수놓아 향기를 더하기도 하고
그늘을 드리워 사람들이 땀을 식히게도 한다
그것을 알고 나서야 사람들은 비로소   [F]

▶ 〈그림 5-1〉

라보는 거예요. 그래서 서정 문학의 경우에는 따로 새롭게 노트 정리하는 것보다 문학 텍스트 위에 바로 분석한 주요 요소들을 정리하는 것이 좋습니다.

저는 긍정적 시어에는 ○, 부정적 시어에는 △를 표시하고 표현법이 사용된 부분에는 그 아래에 어떤 표현법인지 간략히 적는 방식으로 시를 분석했어요(〈그림 5-1〉). 이렇게 작게 메모할 때는 꼭 비유법과 같은 표현법이 아니더라도 의태어/의성어 사용, 계절감이 느껴지는 시어 사용 등 문제에 자주 출제되는 요소가 발견되면 모두 썼습니다. 이 과정이 시를 읽는 것과 동시에 빠르게 이루어질 수 있도록 문제집을 풀 때 모든 시를 이렇게 분석하면서 훈련했어요.

현대문학이 아니라면, 지금은 쓰지 않는 한자어나 고대어 중 자주 나오는 시어들의 의미를 알아두면 수능에서 처음 보는 텍스트를 해석할 때 도움이 돼요.

〈예시〉

홍진, 풍진, 진세 – 속세

두견새, 접동새 – 한

이화, 도화, 행화 - 봄

상서의 셋째 부인 여씨는 둘째 부인 석씨의 행실과 마음 씀이 매사 뛰어남을 보고 마음속에 불평하여 생각하되, '이 사람이 있으면 내게 상서의 총애가 오지 않으리라.' 하여 좋은 마음이 없더라. 날이 늦어져 모임이 흩어진 후 상서의 서모(庶母) 석파가 청운당에 오니 여씨가 말하길,

"석 부인은 실로 적강선녀라. 상공의 총애가 가볍지 않으리로다."

석파가 취해 실언함을 깨닫지 못하고 왈,

"석 부인은 비단 얼굴뿐 아니라 덕행을 겸비하여 시모이신 양 부인이 더욱 사랑하시나이다."

이때 석씨가 석파를 청하자 석파가 벽운당에 이르러 웃고 왈,

"나를 불러 무엇 하려 하느뇨? 내 석 부인이 받는 총애를 여 부인에게 자랑하였나이다."

석씨가 내키지 않아 하며 당부하되,

"⊙후일은 그런 말을 마소서."

하니, 석파 웃더라.

여씨의 거동이 점점 아름답지 않으나 양 부인과 상서는 내색하지 않더라. 일일은 상서가 문안 후 청운당에 가니 여씨 없고, 녹운당에 이르니 희미한 달빛 아래 여씨가 난간에 엎드려 화씨의 방을 엿듣는지라, 도로 청운당에 와 시녀로 하여금 청하니 여씨가 급히 돌아오니 상서가 정색하고 문 왈,

"부인은 깊은 밤에 어디 갔더뇨?"

여씨 답 왈,

"ⓛ문안 후 소 부인의 운취각에 갔더이다."

상서는 본래 사람을 지극한 도로 가르치는지라 책망하며 왈,

"부인이 여자의 행실을 전혀 모르는지라. 무릇 여자의 행세 하나하나 몹시 어려운지라. 어찌 깊은 밤에 분주히 다니리오? 더욱이 다른 부인의 방을 엿들음은 금수의 행동이라 전일 말한 사람이 있어도 전혀 믿지 않았더니 내 눈에 세 번 뵈니 비로소 그 말이 사실임을 알지라. 부인은 다시 이 행동을 말고 과실을 고쳐 나와 함께 늙어갈 일을 생각할지어다."

하며 기세가 엄숙하니, 여씨가 크게 부끄러워하더라.

이후 여씨 밤낮으로 생각하더니, 문득 옛날 강충이란 자가 저주로써 한 무제와 여 태자를 이간했던 일을 떠올리고, 저주의 말을 꾸며 취성전을 범하니 일이 치밀한지라 뉘 능히 알리오?

일일은 취성전에서 양 부인이 일찍 일어나 앉았으나 석씨가 마침 병이 나서 문안에 불참하매 시녀 계성에게 청소시키니, 계성이 짐짓 침상 아래를 쓸다가 갑자기 봉한 것을 얻어 내며,

"알지 못하겠도다. 누가 잃은 것인고? 필연 동료 중 잃은 것이니 임자를 찾아 주리라."

하고 스스로 혼잣말 하거늘 부인이 수상히 여겨 가져오라 하여

▶ 〈그림 5-2〉

2) 서사 문학

서사 문학의 경우 인물, 사건, 배경이 있는 이야기가 작품의 주요 내용이에요. 또 서정 문학에 비해 대체로 글의 길이가 길죠. 서정 문학에 비해 표현 하나하나의 의미보다는 작품의 주요 흐름과 내용을 파악하는 것이 중요합니다. 따라서 작품을 이해하고 정리할 때 서정 문학보다 거시적인 관점에서 바라보는 것이 좋습니다. 분석 및 이해의 주요 요소는 서술자의 시점, 서술상 특징, 전개 방식, 시대적 배경, 서술자의 개입 여부 등이죠. 서술자의 개입이 드러나는 특정 문장 외에는 구체적인 텍스트를 정리할 필요가 없습니다. 그래서 저는 텍스트의 이야기를 나타내는 '인물 관계도'를 정리하고(〈**그림 5-2**〉), 그 옆에 추가로 위의 주요 요소들을 함께 정리하는 방식으로 노트 정리를 했어요.

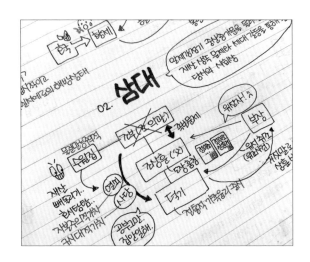

▶ 〈그림 5-3〉

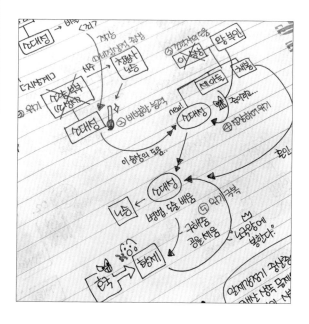

▶ 〈그림 5-4〉

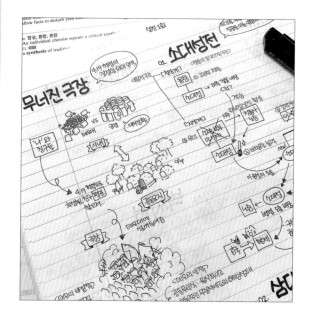

▶ 〈그림 5-5〉

앞의 〈그림 5-3〉, 〈그림 5-4〉, 〈그림 5-5〉는 《수능 특강》, 《수능 완성》에 실린 고전 산문과 현대 산문 작품의 줄거리를 정리한 노트입니다. 이야기를 읽으면서 인물 관계도를 그린 후에 해설집을 읽으면서 이야기의 각 요소가 시대적, 문화적으로 어떤 것을 의미하는지 적었어요.

그리고 서정 문학과 서사 문학에서 공통적으로, 작품의 주제와 작품이 쓰인 시대적/사회적 배경, 작가의 특징을 알고 있으면 문학을 읽고 이해하는 데 훨씬 도움이 됩니다. 연계해서 문제가 나올 때 효과적으로 풀 수 있기도 하고요. 특히 내신 시험이라면 선생님께서 수업 시간에 언급하신 모든 작품에 대한 분석 및 설명을 노트에 담아서 함께 외우는 것이 중요합니다.

비문학

비문학은 특히 글을 충실하게 읽고 이해하는 것이 중요합니다. 보기나 문제의 선지 등에서 해석의 힌트를 얻을 수 있는 문학과 달리, 비문학은 글의 내용을 스스로 정확하고 꼼꼼하게 이해해야 하기 때문이에요. 비문학은 글이 다루는 분야(인문/사회/과학/기술/예술 등)가 다양하지만, 분야 상관없이 비슷한 형식으로 노트 정리를 했어요. 내신의 경우 비문학 지문을 노트 정리하고 수업 내용과 교과서 '학습 활동', '날개 질문' 등을 추가로 정리한 후 문제집을 여러 번 풀면서 지문 내용을 익혔어요.

수능의 경우에는 고등학교 2학년 때부터 모의고사 시험을 볼 때 지문 옆 좁은 여백에 간단히 정리하며 읽었고(〈그림 5-6〉), 고등학교 3학년 때부터는 정리를 아주 적게 하거나 거의 하지 않은 채로 문제를 풀었어요(〈그림 5-7〉). 이때 정리하는 것은 문제를 풀 때 정리본을 보고 풀기 위해서는 아니었고, 지문을 읽고 머릿속에서 이해된 내용을 글씨로 정리해 내용을 체계적으로 파악하는 것이 목적이었어요. 당연히 그냥 읽을 때보다는 시간이 오래 걸리죠. 하지만 눈으로만 읽으면 문제를 풀 때 지문으로 몇 번씩 돌아와 정보를 찾느라 시간이 더 오래 걸리고 문제의 정답률도 떨어졌어요. 그래서 한 번 읽을 때 조금 오래 걸리더라도 제대로 정리하면서 읽는 연습을 해서, 지문으로 거의 돌아오지 않고 문제를 정확하게 푸는 전략을 사용했답니다. 고등학교 2학년 때부터 모의고사뿐 아니라 비문학 문제집의 모든 지문을 정리하며 읽는 훈련을 하니까, 3학년 때에는 직접 정리하지 않아도 지문을 읽는 동시에 정보들이 머릿속에 체계적으로 정리되더라고요.

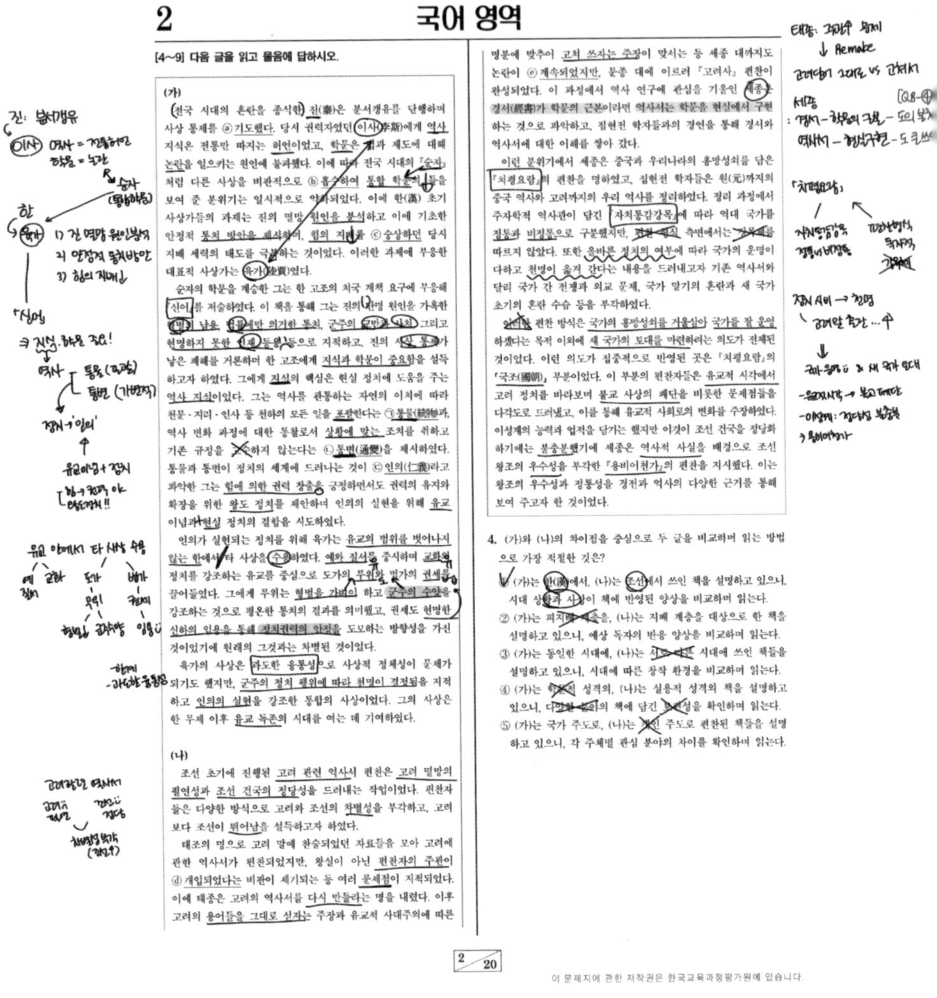
2 국어 영역

[4~9] 다음 글을 읽고 물음에 답하시오.

(가)

전국 시대의 혼란을 종식한 진(秦)은 분서갱유를 단행하며 사상 통제를 ⓐ기도했다. 당시 권력자였던 이사(李斯)에게 역사 지식은 전통만 따지는 허언이었고, 학문은 법과 제도에 대해 논란을 일으키는 원인에 불과했다. 이에 따라 전국 시대의 『순자』처럼 다른 사상을 비판적으로 ⓑ흡수하여 통합 학문의 특징을 보여 준 분위기는 일시적으로 약화되었다. 이에 한(漢) 초기 사상가들의 과제는 진의 멸망 원인을 분석하고 이에 기초한 안정적 통치 방안을 제시하며, 힘의 지배를 ⓒ숭상하던 당시 지배 세력의 태도를 극복하는 것이었다. 이러한 과제에 부응한 대표적 사상가는 육가(陸賈)였다.

순자의 학문을 계승한 그는 한 고조의 치국 계책 요구에 부응해 『신어』를 저술하였다. 이 책을 통해 그는 진의 멸망 원인을 가혹한 형벌의 남용, 법률에만 의거한 통치, 군주의 교만과 사치 그리고 현명하지 못한 인재 등용 등으로 지적하고, 진의 사상 통제가 낳은 폐해를 거론하며 한 고조에게 지식과 학문이 중요함을 설득하고자 하였다. 그에게 지식의 핵심은 현실 정치에 도움을 주는 역사 지식이었다. 그는 역사를 관통하는 자연의 이치에 따라 천문 · 지리 · 인사 등 천하의 모든 일을 포괄한다는 ㉠통물(統物)과, 역사 변화 과정에 대한 통찰로서 상황에 맞는 조치를 취하고 기존 규정을 고수하지 않는다는 ㉡통변(通變)을 제시하였다. 통물과 통변이 정치의 세계에 드러나는 것이 ㉢인의(仁義)라고 파악한 그는 힘에 의한 권력 창출을 긍정하면서도 권력의 유지와 확장을 위한 왕도 정치를 제안하며 인의의 실현을 위해 유교 이념과 현실 정치의 결합을 시도하였다.

인의가 실현되는 정치를 위해 육가는 유교의 범위를 벗어나지 않는 한에서 타 사상을 수용하였다. 예와 질서를 중시하며 교화의 정치를 강조하는 유교를 중심으로 도가의 무위와 법가의 권세를 끌어들였다. 그에게 무위는 형벌을 가벼이 하고 군주의 수양을 강조하는 것으로 평온한 통치의 결과를 의미했고, 권세도 현명한 신하의 임용을 통해 정치권력의 안정을 도모하는 방향성을 가진 것이었기에 원래의 그것과는 차별된 것이었다.

육가의 사상은 과도한 융통성으로 사상적 정체성이 문제가 되기도 했지만, 군주의 정치 행위에 따라 천명이 결정됨을 지적하고 인의의 실현을 강조한 통합의 사상이었다. 그의 사상은 한 무제 이후 유교 독존의 시대를 여는 데 기여하였다.

(나)

조선 초기에 진행된 고려 관련 역사서 편찬은 고려 멸망의 필연성과 조선 건국의 정당성을 드러내는 작업이었다. 편찬자들은 다양한 방식으로 고려와 조선의 차별성을 부각하고, 고려보다 조선이 뛰어남을 설득하고자 하였다.

태조의 명으로 고려 말에 찬술되었던 자료들을 모아 고려에 관한 역사서가 편찬되었지만, 왕실이 아닌 편찬자의 주관이 ⓓ개입되었다는 비판이 제기되는 등 여러 문제점이 지적되었다. 이에 태종은 고려의 역사서를 다시 만들라는 명을 내렸다. 이후 고려의 용어들을 그대로 싣자는 주장과 유교적 사대주의에 따른 명분에 맞추어 고쳐 쓰자는 주장이 맞서는 등 세종 대까지도 논란이 ⓔ계속되었지만, 문종 대에 이르러 『고려사』 편찬이 완성되었다. 이 과정에서 역사 연구에 관심을 기울인 세종은 경서(經書)가 학문의 근본이라면 역사서는 학문을 현실에서 구현하는 것으로 파악하고, 집현전 학자들과의 경연을 통해 경서와 역사서에 대한 이해를 쌓아 갔다.

이런 분위기에서 세종은 중국과 우리나라의 흥망성쇠를 담은 『치평요람』의 편찬을 명하였고, 집현전 학자들은 원(元)까지의 중국 역사와 고려까지의 우리 역사를 정리하였다. 정리 과정에서 주자학적 역사관이 담긴 『자치통감강목』에 따라 역대 국가를 정통과 비정통으로 구분했지만, 편찬 형식 측면에서는 강목체를 따르지 않았다. 또한 올바른 정치의 여부에 따라 국가의 운명이 다하고 천명이 옮겨 간다는 내용을 드러내고자 기존 역사서와 달리 국가 간 전쟁과 외교 문제, 국가 말기의 혼란과 새 국가 초기의 혼란 수습 등을 부각하였다.

이러한 편찬 방식은 국가의 흥망성쇠를 거울삼아 국가를 잘 운영하겠다는 목적 이외에 새 국가의 토대를 마련하려는 의도가 전제된 것이었다. 이런 의도가 집중적으로 반영된 곳은 『치평요람』의 「국조(國朝)」 부분이었다. 이 부분의 편찬자들은 유교적 시각에서 고려 정치를 바라보며 불교 사상의 폐단을 비롯한 문제점들을 다각도로 드러냈고, 이를 통해 유교적 사회로의 변화를 주장하였다. 이성계의 능력과 업적을 담기는 했지만 이것이 조선 건국을 정당화하기에는 불충분했기에 세종은 역사적 사실을 배경으로 조선 왕조의 우수성을 부각한 『용비어천가』의 편찬을 지시했다. 이는 왕조의 우수성과 정통성을 경전과 역사의 다양한 근거를 통해 보여 주고자 한 것이었다.

4. (가)와 (나)의 차이점을 중심으로 두 글을 비교하며 읽는 방법으로 가장 적절한 것은?

① (가)는 한(漢)에서, (나)는 조선에서 쓰인 책을 설명하고 있으니, 시대 상황과 사상이 책에 반영된 양상을 비교하며 읽는다.
② (가)는 피지배 계층을, (나)는 지배 계층을 대상으로 한 책을 설명하고 있으니, 예상 독자의 반응 양상을 비교하며 읽는다.
③ (가)는 동일한 시대에, (나)는 서로 다른 시대에 쓰인 책들을 설명하고 있으니, 시대에 따른 창작 환경을 비교하며 읽는다.
④ (가)는 학문적 성격의, (나)는 실용적 성격의 책을 설명하고 있으니, 다양한 분야의 책에 담긴 보편성을 확인하며 읽는다.
⑤ (가)는 국가 주도로, (나)는 개인 주도로 편찬된 책들을 설명하고 있으니, 각 주체별 관심 분야의 차이를 확인하며 읽는다.

2/20

이 문제지에 관한 저작권은 한국교육과정평가원에 있습니다.

▶ 〈그림 5-6〉

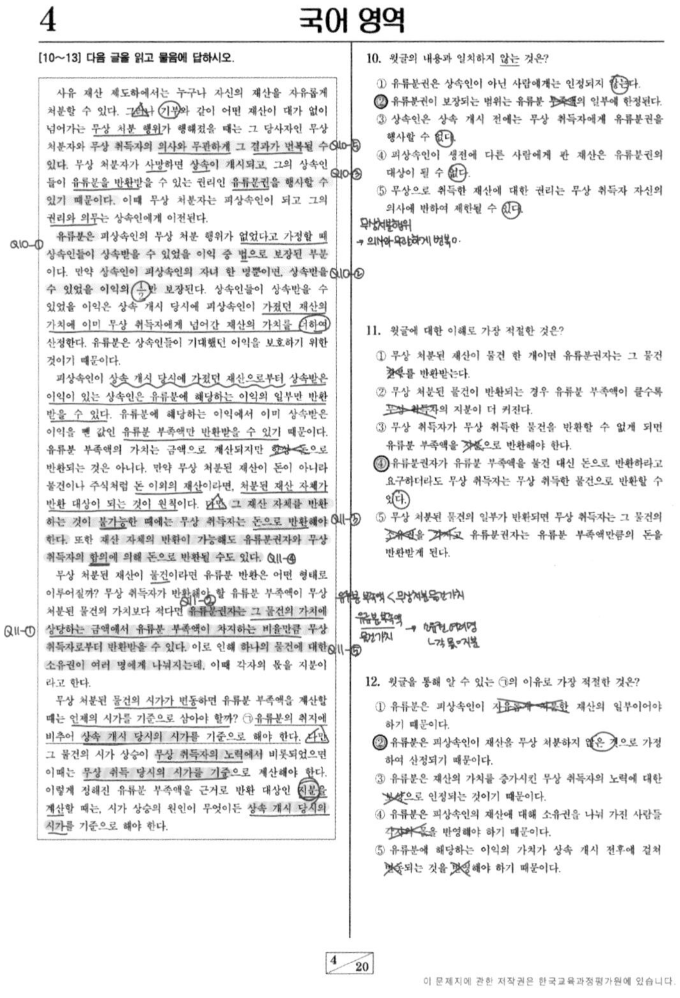

4 국어 영역

[10~13] 다음 글을 읽고 물음에 답하시오.

사유 재산 제도하에서는 누구나 자신의 재산을 자유롭게 처분할 수 있다. 그러나 기부와 같이 어떤 재산이 대가 없이 넘어가는 무상 처분 행위가 행해졌을 때는 그 당사자인 무상 처분자와 무상 취득자의 의사와 무관하게 그 결과가 번복될 수 있다. 무상 처분자가 사망하면 상속이 개시되고, 그의 상속인들이 유류분을 반환받을 수 있는 권리인 유류분권을 행사할 수 있기 때문이다. 이때 무상 처분자는 피상속인이 되고 그의 권리와 의무는 상속인에게 이전된다.

유류분은 피상속인의 무상 처분 행위가 없었다고 가정할 때 상속인들이 상속받을 수 있었을 이익 중 법으로 보장된 부분이다. 만약 상속인이 피상속인의 자녀 한 명뿐이면, 상속받을 수 있었을 이익의 $\frac{1}{2}$만 보장된다. 상속인들이 상속받을 수 있었을 이익은 상속 개시 당시에 피상속인이 가졌던 재산의 가치에 이미 무상 취득자에게 넘어간 재산의 가치를 더하여 산정한다. 유류분은 상속인들이 기대했던 이익을 보호하기 위한 것이기 때문이다.

피상속인이 상속 개시 당시에 가졌던 재산으로부터 상속받은 이익이 있는 상속인은 유류분에 해당하는 이익의 일부만 반환받을 수 있다. 유류분에 해당하는 이익에서 이미 상속받은 이익을 뺀 값인 유류분 부족액만 반환받을 수 있기 때문이다. 유류분 부족액의 가치는 금액으로 계산되지만 항상 돈으로 반환되는 것은 아니다. 만약 무상 처분된 재산이 돈이 아니라 물건이나 주식처럼 돈 이외의 재산이라면, 처분된 재산 자체가 반환 대상이 되는 것이 원칙이다. 다만 그 재산 자체를 반환하는 것이 불가능한 때에는 무상 취득자는 돈으로 반환해야 한다. 또한 재산 자체의 반환이 가능해도 유류분권자와 무상 취득자의 합의에 의해 돈으로 반환될 수도 있다.

무상 처분된 재산이 물건이라면 유류분 반환은 어떤 형태로 이루어질까? 무상 취득자가 반환해야 할 유류분 부족액이 무상 처분된 물건의 가치보다 적다면 유류분권자는 그 물건의 가치에 상당하는 금액에서 유류분 부족액이 차지하는 비율만큼 무상 취득자로부터 반환받을 수 있다. 이로 인해 하나의 물건에 대한 소유권이 여러 명에게 나눠지는데, 이때 각자의 몫을 지분이라고 한다.

무상 처분된 물건의 시가가 변동하면 유류분 부족액을 계산할 때는 언제의 시가를 기준으로 삼아야 할까? ㉠유류분의 취지에 비추어 상속 개시 당시의 시가를 기준으로 해야 한다. 다만 그 물건의 시가 상승이 무상 취득자의 노력에서 비롯되었으면 이때는 무상 취득 당시의 시가를 기준으로 계산해야 한다. 이렇게 정해진 유류분 부족액을 근거로 반환 대상인 지분을 계산할 때는, 시가 상승의 원인이 무엇이든 상속 개시 당시의 시가를 기준으로 해야 한다.

10. 윗글의 내용과 일치하지 않는 것은?

① 유류분권은 상속인이 아닌 사람에게는 인정되지 않는다.
② 유류분권이 보장되는 범위는 유류분 부족액의 일부에 한정된다.
③ 상속인은 상속 개시 전에는 무상 취득자에게 유류분권을 행사할 수 없다.
④ 피상속인이 생전에 다른 사람에게 판 재산은 유류분권의 대상이 될 수 없다.
⑤ 무상으로 취득한 재산에 대한 권리는 무상 취득자 자신의 의사에 반하여 제한될 수 있다.

11. 윗글에 대한 이해로 가장 적절한 것은?

① 무상 처분된 재산이 물건 한 개이면 유류분권자는 그 물건 전부를 반환받는다.
② 무상 처분된 물건이 반환되는 경우 유류분 부족액이 클수록 무상 취득자의 지분이 더 커진다.
③ 무상 취득자가 무상 취득한 물건을 반환할 수 없게 되면 유류분 부족액을 지분으로 반환해야 한다.
④ 유류분권자가 유류분 부족액을 물건 대신 돈으로 반환하라고 요구하더라도 무상 취득자는 무상 취득한 물건으로 반환할 수 있다.
⑤ 무상 처분된 물건의 일부가 반환되면 무상 취득자는 그 물건의 소유권을 가지고 유류분권자는 유류분 부족액만큼의 돈을 반환받게 된다.

12. 윗글을 통해 알 수 있는 ㉠의 이유로 가장 적절한 것은?

① 유류분은 피상속인이 자유롭게 처분한 재산의 일부이어야 하기 때문이다.
② 유류분은 피상속인이 재산을 무상 처분하지 않은 것으로 가정하여 산정되기 때문이다.
③ 유류분은 재산의 가치를 증가시킨 무상 취득자의 노력에 대한 보상으로 인정되는 것이기 때문이다.
④ 유류분은 피상속인의 재산에 대해 소유권을 나눠 가진 사람들 각자의 몫을 반영해야 하기 때문이다.
⑤ 유류분에 해당하는 이익의 가치가 상속 개시 전후에 걸쳐 변동되는 것을 반영해야 하기 때문이다.

4/20

이 문제지에 관한 저작권은 한국교육과정평가원에 있습니다.

▶ 〈그림 5-7〉

메모할 시간이 너무 촉박한 경우에는 해당 내용에 밑줄을 그은 후에 '증가/감소, 있음/없음[아님]' 등을 나타내는 서술어 위에 바로 화살표나 O/X를 표시했어요 (〈그림 5-6〉, 〈그림 5-7〉). 기호로 나타내면서 머릿속에도 한 번 집어넣고, 문제를 풀다가 혹시 기억나지 않더라도 지문에서 해당 정보를 빠르게 찾을 수 있도록 했습니다. 같은 의미에서 '하지만'과 같은 접속사에는 △를 표시해 시험에 자주 나오는 반대되는 내용이나 예외적인 경우를 놓치지 않도록 했어요.

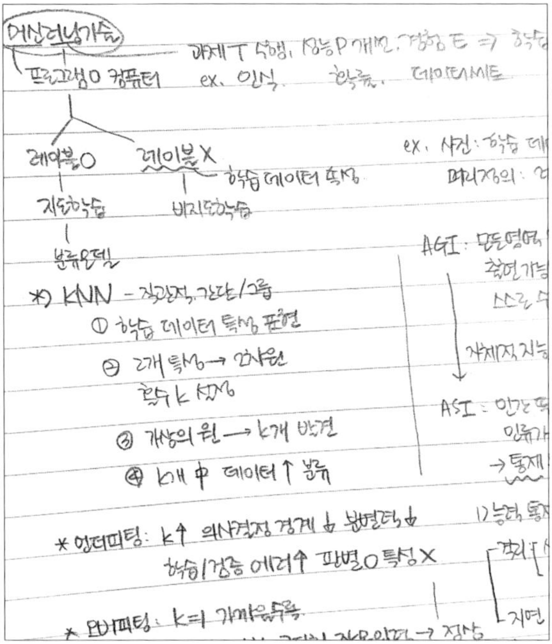

▶ 〈그림 5-8〉

◆ 문제집을 풀면서 비문학 내용을 노트 정리할 때는 선지에서 등장할 만한 요소들을 위주로 정리했어요.

- 개념의 정의나 역할, 특징
- 특정 현상의 원인, 과정(순서), 결과
- 서로 다른 개념 사이의 공통점 차이점 비교
- 예외적인 경우

이러한 요소들은 선지나 응용문제로 출제되기 때문에 꼭 정리해 주었습니다. 연습 때는 공간의 제약을 조금 덜 받고 지문을 더 체계적으로 이해하는 연습을 하고자 한 지문당 A5 한 페이지 안에 정리했어요(〈그림 5-8〉).

**1) 모의고사
비문학
시험 후 정리**

비문학은 지문에 있는 정보가 그대로 선지에 나오기도 하고, 지문의 서로 다른 문장을 종합해 추론해야 선지를 판단할 수 있기도 합니다. 그래서 문제집이나 모의고사 문제를 풀고 나서 틀린 문제나 헷갈리는 선지는 항상 지문에서 그 근거를 찾아 표시하는 습관을 들였어요. 이렇게 지문 속에서 근거를 찾았다면, 해당 선지에서 구체적으로 어떤 내용이 틀렸는지를 나타내기 위해 '틀린 부분' 위에 X 표시를 했어요. 이렇게 문제를 풀다 보면 오답 선지가 만들어지는 원리가 보여서, 지문을 읽을 때 선지에 나올 내용을 예상하고 그 부분에 집중하여 읽거나, 미리 체크해 두는 등 노하우가 생기기도 해요.

예를 들어 지문 속 문장에 밑줄을 긋고 그 옆에 'Q1-②'라고 적어서 표시했다면, 이는 1번 문제의 ②번 선지에 대한 근거라는 의미(〈**그림 5-9**〉)입니다. 오답 선지이더라도 지문 속에 근거가 존재해요. 그래서 틀린 문제나 풀면서 헷갈렸던 선지는 모두 이런 식으로 근거를 찾아 주었어요.

[4~9] 다음 글을 읽고 물음에 답하시오.

(가)

아도르노는 문화 산업에 의해 양산되는 대중 예술이 이윤 극대화를 위한 상품으로 전락함으로써 예술의 ⊙을 상실했을 뿐 아니라 현대 사회의 모순과 부조리를 은폐하고 있다고 지적했다. 아도르노가 보는 대중 예술은 창작의 구성에서 표현까지 표준화되어 생산되는 상품에 불과하다. 그는 대중 예술의 규격성으로 인해 개인의 감상 능력 역시 표준화되고, 개인의 개성은 다른 개인의 그것과 다르지 않게 된다고 보았다. 특히 모든 것을 상품의 교환 가치로 환원하려는 자본주의 사회에서, 대중 예술은 개인의 정체성마저 상품으로 ⓐ전락시키는 기제로 작용한다는 것이다.

아도르노는 서로 다른 가치 체계를 하나의 가치 체계로 통일시키려는 속성을 동일성으로, 하나의 가치 체계로의 환원을 거부하는 속성을 비동일성으로 규정하고, 예술은 이러한 환원을 거부하는 비동일성을 지녀야 한다고 주장한다. 그렇기 때문에 예술은 대중이 원하는 아름다운 상품이 되기를 거부하고, 그 자체로 추하고 불쾌하게 되어야 한다는 것이다. 그에게 있어 예술은 예술가가 직시한 세계의 본질을 감상자들에게 체험하게 해야 한다. 예술은 동일화되지 않으려는, 일정한 형식이 없는 비정형화된 모습으로 나타남으로써 현대 사회의 부조리를 체험하게 하는 매개여야 한다는 것이다.

아도르노는 쇤베르크의 음악과 같은 전위 예술이 그 자체로 동일화에 저항하면서도, 저항이나 계몽을 직접적으로 드러내지 않는다는 것을 높게 평가한다. 저항이나 계몽을 직접 표현하는 것에는 비동일성을 동일화하려는 폭력적 의도가 내재되어 있다고 보기 때문이다. 불협화음으로 가득 찬 쇤베르크의 음악이 감상자들에게 불쾌함을 느끼게 했던 것처럼 예술은 그것에 드러난 비동일성을 체험하게 함으로써 동일화의 폭력에 저항해야 한다는 것이다.

아도르노에게 있어 예술은 사회적 산물이며, 그래서 미학은 작품에 침전된 사회의 고통스러운 상태를 읽기 위해 존재한다. 그는 비동일성 그 자체를 속성으로 하는 전위 예술을 예술이 추구해야 할 바람직한 모습으로 제시했다.

(나)

아도르노의 미학은 예술과 사회의 관계를 통해 예술의 자율성을 추구했다는 점에서 긍정적으로 평가된다. 예술은 사회적인 것인 동시에 사회에서 떨어져 사회의 본질을 직시하는 것이어야 한다고 보기 때문이다. 그의 미학은 기존의 예술에 대한 비판적 관점을 제공한다. 가령 사과를 표현한 세잔의 작품을 아도르노의 미학으로 읽어 낸다면, 이 그림은 사회의 본질과 ⓑ유리된 '아름다운 가상'을 표현한 것에 불과할 것이다.

하지만 세잔의 작품은 예술가의 주관적 인상을 붉은색과 회색 등의 색채와 기하학적 형태로 표현한 미메시스일 수 있다. 미메시스란 세계를 바라보는 주체의 관념을 재현하는 것, 즉 감각될 수 없는 것을 감각 가능한 것으로 구현하는 것을 의미한다. 다시 말해 세잔의 작품은 눈에 보이는 특정한 사과가

아닌 예술가의 시선에 포착된 세계의 참모습, 곧 자연의 생명력과 그에 얽힌 농부의 삶 그리고 이를 ⓒ응시하는 예술가의 사유를 재현한 것이 된다.

아도르노는 예술이 예술가에게 포착된 세계의 본질을 감상자로 하여금 체험하게 하는 것이어야 한다고 본다. 그러나 그는 이러한 미적 체험을 현대 사회의 부조리에 국한시킴으로써, 진정한 예술을 감각적 대상인 형태 그 자체의 비정형성에 대한 체험으로 한정한다. 결국 ⊙아도르노의 미학에서는 주관의 재현이라는 미메시스가 부정되고 있다.

한편 아도르노의 미학은 예술의 영역을 극도로 축소시키고 있다. 즉 자신은 동일화의 폭력을 비판하지만, 자신이 추구하는 전위 예술만이 진정한 예술이라고 주장하며 ⓛ전위 예술의 관점에서 예술의 동일화를 시도하고 있다. 이는 현실 속 다양한 예술의 가치가 발견될 기회를 ⓓ박탈한다. 실수로 떨어진 물감이 예술 작품의 재료가 되는 것처럼, 전위 예술가의 어떠한 주관도 결여된 사진에서조차 새로운 예술 정신을 ⓔ발견하는 것이 가능하다는 베냐민의 지적처럼, 전위 예술이 아닌 예술에서도 미적 가치를 발견할 수 있다. 또한 대중음악이 사회적 저항의 메시지를 전달하는 사례도 있듯이, 자본의 논리에 편승한 대중 예술이라 하더라도 사회에 대한 비판적 기능을 수행하는 경우도 있다.

4. 다음은 (가)와 (나)를 읽고 수행한 독서 활동지의 일부이다. Ⓐ~Ⓔ 중 적절하지 않은 것은?

	(가)	(나)
글의 화제	아도르노의 예술관 ·········· Ⓐ	
서술 방식의 공통점	구체적인 예를 제시하고 그것에 담긴 의미를 설명함. ·········· Ⓑ	
서술 방식의 차이점	(나)와 달리 (가)는 관련된 개념을 정의하고 개념의 속성을 제시함. ·········· Ⓒ	(나)는 (가)와 달리 논지를 강화하기 위해 다른 이의 견해를 인용함. ·········· Ⓓ
서술된 내용 간의 관계	(가)에서 소개한 이론에 대해 (나)에서 의의를 밝히고 한계를 지적함. ·········· Ⓔ	

① Ⓐ ② Ⓑ ③ Ⓒ ④ Ⓓ ⑤ Ⓔ

(가) 대중예술→ 이윤극대화, 규격성, 자본주의
⊙ 개인 감상능력 표준화, 정체성, 상품화.
예술→비동일성!! (추한거).
쇤베르크 전위예술→ 동일성X + 저항계몽 직접 표현X
비동일성을 목적으로함. → 비동일성을 동일화
(나) 아도르노→ 한계: 사회와 유리됨 아름다움가능
세잔: 주체 관념 재현.

▶〈그림 5-9〉

255

2) 언어와 매체 중 언어(문법)

'매체'나 '화법과 작문' 영역과 달리 '언어', 즉 문법은 각 규칙 및 현상에 대한 개념이 있고 그것을 개별 단어에 적용하는 형식으로 문제가 나옵니다. 그래서 그 규칙을 정확히 알고 각 규칙이 적용된 예시 단어를 정리하는 것이 중요해요. 내신과 수능 모두 규칙과 예시에 대해 많이 알수록 유리하기 때문에 이를 중심으로 정리했어요(〈그림 5-10〉).

또 언어와 매체는 문장성분과 품사, 형태소 분석 등 기본적이고 핵심적인 내용이 문제로 출제되는 만큼 평소 문제 풀 때 접하는 모든 문장을 〈그림 5-11〉처럼 분석하는 연습을 해서 문장을 보자마자 기계적으로 문장성분/품사/형태소 분석이 될 수 있도록 했어요. 분석을 미리 해두지 않고 선지를 보면서 그때그때 판단하면 실수하기 쉽고, 선지가 만든 함정에 걸려들기 쉽거든요.

〈그림 5-12〉의 경우 실제로는 '실질/자립 형태소 분석'만 하면 풀 수 있는 문제이기에 실제로 모의고사를 볼 때는 이렇게까지 분석하지 않았습니다. 하지만 시험이 끝난 후에 오답하는 과정이나 문제집으로 연습할 때는 이런 식으로 모두 분석했어요. 〈그림 5-13〉은 실제 시험 문제를 풀 때 분석한 모습입니다. 밑줄이 그어진 부분의 어미를 중심으로 형태소 분석한 것을 확인할 수 있습니다.

음운이 환경에 따라 바뀌는 현상

[3] 음운변동	*연음: 뒤 음절이 모음 시작 형식형태소 -> 앞 음절 끝자음이 뒤 음절 초성으로 이어져 소리남 (음운변동X)
(1) 교체 (대치)	
음절의 끝소리 규칙 (음절 말 평파열음화)	ㄱ,ㄴ,ㄷ,ㄹ,ㅁ,ㅂ,ㅇ 만 받침에서 발음 그 외 -> ㄱ,ㄷ,ㅂ 중 하나로 발음
비음화 ↳ 받침NO	ㄱ,ㄷ,ㅂ + ㄴ,ㅁ -> ㅇ,ㄴ,ㅁ * ㄹ의 비음화: 외래어, 한자어 (붸밍↑) Ex. 홍련, 함량, 능력, 음운론 … 　　[홍넌]　[하냥]　[능녁]　[으문논]
유음화 끝음어 야에 X →	ㄴ + ㄹ -> ㄹ/ ㄹ + ㄴ -> ㄹ: 합성어, 파생어, 어간 + '-는' *역행적 유음화: 외래어, 한자어 -예외: 상견례, 의견란, 임진란, 공권력, 입원료, 동원령, 생산량, 결단력, 이원론, 구근류, 횡단로 *순행적 유음화 -예외: ㄹ탈락 - 복합어 ex. 솔+나무 -> 소나무 　　　　　　- 용언의 활용 ex. 울+는 -> 우는
구개음화	ㄷ/ㅌ + ㅣ/j -> ㅈ/ㅊ *ㄷ+히 -> 티 -> 치 *근대국어: 한 글자 내에서도 O (ex. 디 -> 지) *현대국어: 형태소와 형태소 사이에서만 O ex. 마디[마디], 잔디[잔디]　　　　　　　　　　　　　·'굳이' 5행 (여예)
경음화 (된소리되기)	<기본> 안울림 + 안울림 / 형태소 + 형태소 -받침 ㄱ,ㄷ,ㅂ 뒤 Ex. 맏지 [맏찌] -어간 받침 ㄴ,ㅁ 뒤 (*ㄴ,ㅁ + 접사 (X)) 　Ex. 신을 신기다 [신기다], 안기다 [안기다] - ㄹ 끝 한자 + ㄷ,ㅅ,ㅈ 시작 한자 (*ㄷ,ㅅ,ㅈ 아니면 X) 　Ex. 갈등 [갈뜽], 불법 [불뻡], 공권 [공꿘] -관형사형 어미 -(으)ㄹ 뒤　Ex. 할 것을 [할꺼슬] -합성명사 　Ex. 보름달, 아침밥, 길거리, 술잔 -어간 받침 ㄹㅂ, ㄹㅌ + ㄱ,ㄷ,ㅅ,ㅈ

<드빽?>
*유의: 같은 한자 겹쳐진 단어 → 됫소리 X (ex. 허허실실)
*흙고, 흙지　　흙고→흑고→흑꼬→흑꼬
　① 음끝(ㄹㄱ→ㄱ)
　② 경음화 (ㄷ+ㄱ → ㄲ/ ㄷ+ㅈ → ㅉ)
　　(흑고→흑꼬)
　③ 자음군 단순화

▶ 〈그림 5-10〉

257

▶ 〈그림 5-11〉

	*A, B 둘다 한자어 예외(6) : 곳간, 셋방, 찻간, 툇간, 숫자, 횟수 1. 울림+안울림, 합성명사 = 경음화 - 합성명사 ex. 아침밥 2. 앞: 모음, 뒤: ㅁ,ㄴ, 합성명사 ← 용운변동 中 'ㄴ'첨가X ex. 코+날 -> 콧날[콘날] 3.(뒤)j/l -> ㄴ 1개 or 2개 첨가 = ㄴ 첨가 ex. 솜이불, 부엌일, 물약

〈덧붙〉ㄴ 첨가
• 두 디어 이어저 한 마디로 발음 ex. 하 얘 [하 냬]
• ㄴ 첨가 X : 할퀴면, 등용문, 위요일, 눈인사, 뭉근건, 독약, 머있다
• 내렬것 : 내려갈못짝 냉장 : 내려 마트 정

+ 모음축약 : 단+단→단 ex. 아이→애
비음동화(ㅁ/ㅂ비) : 단+단→이중 ex. 쑥아→ '쏴

▶ 〈그림 5-12〉

자립성의 유무 의미의 유형	자립 형태소	의존 형태소
실질 형태소	㉠	㉡
형식 형태소	(X)	㉢

다음 문장의 형태소를 ㉠, ㉡, ㉢으로 분류한 후, 그 결과를 정리해 보자.

① '우리는'의 '우리'와 '드디어'는 ㉠에 속한다.
② '비를'과 '길을'에는 ㉠과 ㉢에 속하는 형태소만 있다.
③ '맞고'의 '맞-'과 '맞서다가'의 '맞-'은 모두 ㉡에 속한다.
④ '바람에'에는 ㉠과 ㉢에 속하는 형태소만 있다.
⑤ '찾아냈다'에는 ㉡과 ㉢에 속하는 형태소만 있다.

▶ 〈그림 5-13〉

○ 머무시는 동안 ⓐ 즐거우셨길 바랍니다.	
○ 이 부분에서 물이 ⓑ 샐을 가능성이 높다.	
○ ⓒ 번거로우시겠지만 서류를 챙겨 주세요.	
○ 시원한 식혜를 먹고 갈증이 싹 ⓓ 가셨겠구나.	
○ 항구에 ⓔ 다다른 배는 새로운 항해를 준비했다.	

① ⓐ : 선어말 어미 (으)가와 었길 어미가 사용되었다. 즐거움/으시/었/기/를
② ⓑ : 선어말 어미 샐을 전성 어미가 사용되었다. 새/ㄹ/을
③ ⓒ : 선어말 어미 (으)데와 선경 어미가 사용되었다. 번거롭/으시/겠/지만
④ ⓓ : 선어말 어미 (으)가와 (으)경 어미가 사용되었다. 가시/었/겠/구나
⑤ ⓔ : 선어말 어미 (으)데와 (전성) 어미가 사용되었다. 다다르/ㄴ

258

수학

    수학은 시험 기간에만 공부해서는 절대 성적이 나오지 않는 과목 중 하나예요. 사실 노트에 쓰면서 외워야 하는 것은 많지 않고, 노트 정리를 하는 것보다는 문제를 꾸준히 많이 풀수록 점수를 올리기 쉽습니다. 그리고 지나친 선행보다는 한 학기 정도의 선행이 적절해요. 적게 선행하더라도 개념부터 심화까지 정확히 알고 가는 것이 더 중요해요. 저는 내신을 대비하기 위해 방학부터 학기 중까지는 사설 문제집 4~5권을 풀고, 시험 기간에는 기출문제집 1~2권을 풀었어요. 여기서 중요한 것은 틀린 문제를 스스로 풀 수 있을 때까지 다시 풀어보는 거예요. 저는 틀린 문제 위에 △, X 등의 표시를 해서 이 연습을 했는데, 문제를 다시 처음부터 끝까지 풀어서 맞으면 O 표시를 했어요.

오답 노트

틀린 문제가 생기면, 해설지를 보고 새로 알게 된 풀이 과정을 간단히 오답 노트에 정리했어요. 문제 내용은 최대한 간단히 적고, 그 아래에 풀이 과정 전체를 줄줄 쓰기보다는 내가 놓친 개념을 위주로 정리했어요. 어떤 유형, 어떤 조건이 등장했을 때 어떤 풀이법을 써야 하는지 종류별로 정리해서, 다른 문제에도 적용할 수 있도록 했어요. 사실 이것이 효과가 있으려면 문제를 많이 풀어보고 다양한 유형을 접해보면서 풀이법을 익힐 필요가 있어요.

시험 직전 실수 노트

실수 노트는 비단 수학에만 해당하는 것은 아닌데, 문제를 풀면서 했던 실수들만 모아서 정리한 노트예요. 내가 했던 아주 바보 같은 실수들(덧셈을 뺄셈으로 잘못한 경우 등)까지도 적어서 시험에서 같은 실수를 반복하지 않도록 시험 직전에 스스로 경고하는 용도로 사용했어요.

수학에서 특히 '이 문제는 아는데 실수해서 틀린 거야'라는 변명이 자주 등장하는 것 같아요. 문제를 잘못 읽었거나, 계산에서 실수했거나, 단위를 잘못 쓰는 등 실수할 수 있는 범위가 굉장히 넓거든요. 실수 노트 자체는 수학뿐만 아니라 모든 과목에서 시험 보기 전에, 그동안 자주 실수했던 것을 떠올려 정리했었지만, 특히 수학은 문제를 푸는 모든 순간에 실수한 것이 있으면 메모해 두고 실수 노트에 포함시켰어요. A4 사이즈 노트 한 페이지를 비워두고, 실수해서 틀릴 때마다 왜 실수했는지를 적어두는 거죠. 덧셈을 뺄셈으로 한 경우, 공식을 잘못 외운 경우 등 바보 같은 실수들도 모두 적어야 해요. 처음에는 쓸 게 별로 없어 보여도, 시험 직전까지 꾸준히 쓰면 어느새 한 페이지가 가득 찰지도 몰라요(물론 실수가 겹친다면 중복해서 쓰지는 않아도 돼요).

이 실수 노트는 평소에 (같은 실수를 반복하는 경우가 아니라면) 외우듯이 여러 번 볼 필요는 없지만, 시험 직전에 쭉 읽어보면서 내가 지금까지 실수해서 틀렸던 문제도 되짚어 보고, 실제 시험에서는 같은 실수를 하지 않도록 스스로 경고하는 용도로 사용하면 돼요. 실수한 내용을 쓰고 시험 직전에 보았을 뿐인데, 이 노트를 썼을 때와 안 썼을 때 실수하는 빈도는 정말 달라져요.

개념 노트와 사고 과정 노트

'수학 노트 정리'라는 키워드를 딱 들었을 때 '수학을 노트 정리할 게 뭐가 있어?'라는 생각이 들 수 있어요. 지금까지 봐왔던, 개념을 차곡차곡 정리해서 내용을 이해하고 외우기 위한 노트 정리로만 본다면 이 말은 맞습니다. 수학은 용어나 공식이 주로 개념 부분에 해당하기 때문에 다른 과목에 비해 노트에 정리할 내용이 많지는 않아요. 이는 수학이라는 과목의 특성과도 연관되어 있습니다. 개념을 이해하고 외우는 것에서 끝나는 것이 아니라 각각의 문제 상황에서 적절한 개념을 사용해서 답을 도출해 낼 수 있어야 합니다.

이러한 수학의 특성은 얼핏 보기에 지금까지의 노트 정리와 거리가 멀어 보입니다. 하지만 배운 내용을 노트 정리를 통해 '머릿속에서 굴려본다'는 점에서 일맥상통해요. 앞에서 노트 정리를 할 때도, 우리는 이미 쓰여 있는 내용을 우리 머릿속에서 굴려보면서 우리가 이해하기 편한 형태로 재배치하고 요약해서 적었죠. 수학 노트 정리에서는 이미 쓰여 있는 개념분만 아니라 우리가 실제로 문제를 풀어나가는 과정을 담는 거예요. 문제의 유형과 조건을 어떻게 해석해서 풀이 계획을 세웠는지, 어떤 개념을 사용했는지를 쓰는 것이죠.

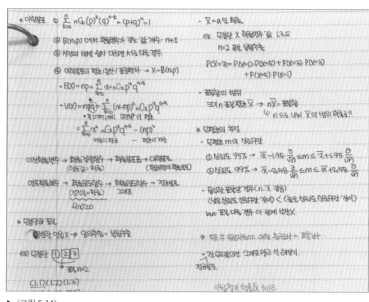

▶ 〈그림 5-14〉

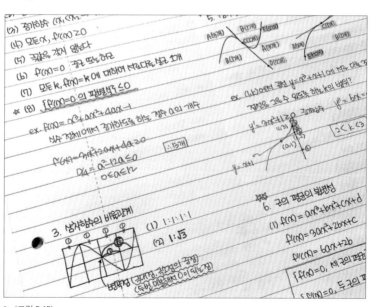

▶ 〈그림 5-15〉

먼저 '개념 노트'(〈그림 5-14〉, 〈그림 5-15〉)의 경우, 다른 과목과 달리 공부 초반부에 정리하지는 않았어요. 아주 기본적인 개념은 공부하면서 많은 문제를 통해 연습하고 머릿속에 자연스럽게 남기 때문에 굳이 손으로 쓰면서 정리하지는 않았습니다. 다만, 선생님께서 강조하신 중요한 증명 과정이나 헷갈리는 공식, 문제를 많이 풀면서 알게 된 특정 값을 빠르게 도출하는 식 등은 따로 정리해 두었어요. 특히 선생님께서 강조하신 증명 과정의 경우, 각 증명의 단계가 스스로 당연한 과정이라고 여겨질 때까지 반복해서 보고 스스로 증명해 보면서 익히려고 했어요.

'사고 과정 노트'는, 문제를 풀 때 연습장처럼 풀이 과정을 자유롭게 기록하는 노트가 아닙니다. 오히려 흔히 알고 있는 오답 노트와 결이 비슷해요. 위에서 이야기했던 것처럼 문제를 풀기 위해 어떤 개념을 논리적으로 어떻게 사용해야 하는지를 정리해 두는 거예요. 오답 노트와 다른 점은 문제와 풀이 과정 전체를 모두 기록하는 것이 아니라는 점이에요. 문제에서는 풀이에 핵심이 되는 조건과 구해야 하는 값 정도만 간단히 적어두고, 풀이도 놓쳤던 아이디어, 사용한 개념과 그 이유(논리적 관계) 위주로 정리하는 거죠.

◆ 문제를 풀었을 때 특히 약한 문제 유형이 있다면, 그 유형에서 등장한 조건별로 어떤 개념으로 푸는 것을 먼저 시도해 보아야 하는지 정리해서 집중적으로 학습하면 도움이 돼요. 다양한 유형이 있는 각각의 수학 문제마다 개념을 사용할 수 있는 폭이 넓기 때문에 저처럼 수학에 조금이라도 어려움을 느꼈던 학생들에게 이 방법을 추천해요. 하지만 이렇게 유형별로 필요한 개념을 정리하고 내가 약한 유형도 알아내려면 문제를 다양하게 많이 풀어봐야 해요. 문제를 풀고 틀려서 새로 알게 되는만큼 노트에 정리할 나의 지식 데이터베이스가 쌓이는것이니까요.

〈그림 5-16〉는 긴 문제를 필요한 정보와 조건만 남기고 요약하고, 〈**그림 5-17**〉, 〈**그림 5-18**〉은 각 문제의 풀이에서 쓰인 개념을 간단히 정리한 노트입니다. 각 풀이 과정에서 잊어서는 안 되는 중요 개념을 빨간색 펜으로 표시한 것을 볼 수 있어요.

▶ 〈그림 5-16〉

▶ 〈그림 5-17〉

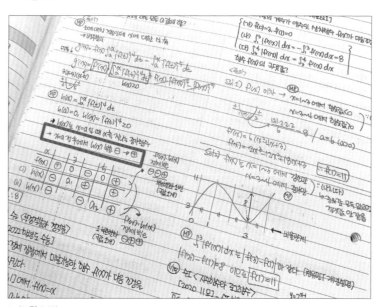

▶ 〈그림 5-18〉

인스타그램을 통해 예비 고1 학생들이 고등학교 가기 전 어떤 공부를 가장 열심히 해야 하냐고 질문을 특히 많이 했는데, 이 시기에는 무엇보다 수학을 잘 공부하는 것이 중요합니다. 중학교 수학(특히 도형 등) 내용을 복습하고, 고등학교 1학년 내용만이라도 개념부터 심화까지 문제를 많이 풀고 풀이 과정을 자기 것으로 만들어서 고등학교에 가면 훨씬 편해질 거예요. 〈그림 5-19〉은 제가 고등학교 입학 전 중학교 수학 개념을 정리한 노트예요.

고등학교 2학년 때는 수학II를 제대로 준비해서 평균 수학 등급을 올리려고 정말 열심히 했었어요. 당시 저는 중학교 때 수학II의 개념 정도만 훑고 나서 복습을 전혀 하지 않은 상태라 거의 아는 것이 없었거든요. 선행학습을 제대로 하려면 심화까지 탄탄히 해야 한다고 말하는 이유입니다. 중학교 때 잠깐 개념을 보았던 것은 학교 진도나 시험 대비에 별 도움이 되지 않아요.

방학 때 매일매일 수학 문제를 풀고(이때 각 단원별로 여러 권의 문제집을 동시에 풀면서 같은 개념으로 나올 수 있는 여러 유형을 함께 연습했어요) 사고 과정 정리를 했더니 확실히 문제를 보는 순간 그 전에 풀었던 문제의 유형들이 겹쳐 보이면서 풀이의 방향성이 보이는 경

개념총정리

(좌측 컬럼)

순환소수를 분수로 나타내는 방법

$x \Rightarrow \frac{a}{b}$　　＊유한소수인경우
　　　　　　　－기약분수의 분모가
$0.\dot{b} \Rightarrow \frac{ab-a}{90}$　　2나 5만의 거듭제곱꼴

중앙값 $= \frac{계급의 양끝값의 합}{2}$

도수분포표에서의 평균 $= \frac{(계급값) \times (도수)의 총합}{(도수의 총합)}$

도그래프의 각 직사각형 넓이의 합
수분포다각형과 가로축으로 둘러싸인 넓이

도수 $= \frac{그 계급의 도수}{도수의 합}$　상대도수의 총합은
　　　　　　　　　　　　　　 항상 1이다

$= \frac{(편차^2)의 합}{도수의 총합}$

~~의 위치관계~~

위치: 두 직선이 만나지도 않고 평행하지도 X

형
│ 두 변길이의 차 < 한 변의 길이 < 나머지 두변길이의 합

형 대각선의 수 $= \frac{n(n-3)}{2}$

형 내각크기의 합 $= 180 \times (n-2)$

의 겉넓이 $= 4\pi r^2$

의 부피 $= \frac{4}{3}\pi r^3$

호 넓이 $= \pi r^2 \times \frac{x}{360} = \frac{1}{2} r l$

의 중심에서 현에 내린 수선은 그 현을 이등분
심으로부터 같은 거리에 있는 두 현의 길이도 같다
의 접선은 그 접점을 지나는 반지름에 수직

(우측 컬럼)

자주 틀리는 문제　→ 은근히 주사위 눈, 길이 등으로 약수
　→ 미지수의 조건으로 자연수 등장 → 꿈의 형태 맨특(?)
　　　　　　　　　　　　　　　　　　 나가다

$\sqrt{길이_1} : \sqrt{길이_2} = 1 : 2$ 이면
길이$_1$: 길이$_2$ = 1 : 4 ← 제곱!!

$a = (복잡한 식)$ 나오고　[식가 들어있는 복잡한]

⇒ 유사한 형태 만들어서 상수 대입하거나 a로 묶고
　$a = a(a+n)$의 꼴 계속 대입하며 차수 줄이기
　ex. $a = a+1$ 일때 $a(a+3a) = a(4a+1) = 4a$
　　　　　　　　　　　　　　　　　　　　　　 5a

＊ 닮음을 찾을 때 직각 / 엇각 / 맞꼭지각 주의 ☆
・ O, X 놓고 더해서 90°되는 각 찾기도 중요!
$135° = \boxed{90°} + 45°$
　　　　　변형하기!!

☆ 지름에 대한 원주각 90°, 접선과 반지름을 이루는
☆ 지름은 현을 수직이등분한다 //

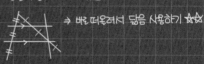

　→ 이런식으로 나오면 $\overline{AB}$를 지름으로
　　　원 그리는거 생각하기

＊ 길이의 비가 $1 : \sqrt{3} : 2$, $1 : 1 : \sqrt{2}$ 이면 무조건
⊕ 직각삼각형인 것도 알 수 있음

특히 60°-30°-90° 특수 △에서 60°를 다른△과 합
정삼각형 만들 수도 있음

　→ 바로 떠올려서 닮음 사용하기 ☆☆

＊ 무게중심이 중선의 교점임도 잊지 않기!

　　　　　　　　　→ 길이 같음 이용하여
　　　　　　　　　　미지수 빠르게 구할 수 O

▶ 〈그림 5-19〉

험을 했어요. 이때 저는 시험 문제에 자주 응용되어 나오는 기출문제를 풀 때 '틀린 문제를 스스로 풀 수 있을 때까지 다시 풀어보는' 방법을 사용했어요.

수학 공부를 할 때는 해설지를 최대한 보지 말라고 하잖아요? 하지만 한 문제를 며칠씩 고민할 만한 시간이 없고 모르는 것이 너무 많아 막막할 때는 오히려 해설지를 적당히 보면서 공부하는 것이 도움이 되더라고요. 물론 문제 풀다가 조금만 막혀도 해설지를 뒤적이면서 의존하는 것은 안 되지만요. 해설지를 보더라도 이 개념을 왜 사용했는지, 그래서 이 문제를 어떻게 풀었는지를 정확히 이해해야 해요. 시간이 지나면서 스스로 문제를 풀 수 있을 만큼 해설지의 풀이법을 내 것으로 만드는 거죠.

저는 틀린 문제 위에 ○, △ 등 표시를 해서 이 연습을 했어요. 처음 문제를 풀 때 **맞았으면 가장 왼쪽에 ○, 틀렸으면 /, 몰라서 못 풀었으면 ☆, 어찌어찌 풀긴 했지만 정확한 풀이 과정이 궁금하면 △로 표시했어요(〈그림 5-20〉).** 그런 다음 문제집을 두 번째 풀 때 (보통 오답을 진행한 다음 날에 두 번째로 문제집을 풀었어요. 오답한 당일은 해설지에서 보았던 풀이가 기억이 잘 나므로 문제를 잘 풀었더라도 자신의 실력이 아니라 해설을 기억

▶ 〈그림 5-20〉

해서 푼, 단기적인 현상일 가능성이 있기 때문입니다.) ○ 외의 표시가 되어 있는 문제는 모두 다시 풀었어요. 두 번째 푼 후에도 채점하고 나서 첫 번째 풀 때 남겨두었던 표시 옆에다가 같은 방식으로 표시했습니다. **가장 오른쪽에 있는 표시가 ○가 될 때까지 반복해서 문제를 다시 풀었고**, 가끔 스스로 풀어서 ○ 표시를 할 수 있음에도 **시간이 더 지난 후에 다시 풀어봐야겠다고 생각하는 문제는 ○ 표시 위에 'Re(다시)'라는 글자를 써서** 표시했습니다.

연습장 없이 문제집 위에 풀이 과정을 쓰는 이유

사람마다 선호하는 것이 다를 수는 있겠지만, 저는 연습장이 아닌 문제집 위에 바로 푸는 것을 추천해요. 크게 두 가지 이유가 있습니다.

하나는 채점하고 오답 분석할 때 처음 푼 풀이 과정을 확인하기 편하기 때문이에요. 저도 한때 공간이 많은 연습장에 푸는 것을 좋아했었는데, 워낙 문제집의 종류도 다양하고 여러 문제를 풀다 보니 뒤죽박죽 섞여서 찾기가 어려웠어요. 아무리 연습장에 문제를 풀기 전에 '어떤 문제집 몇 번 문제'라고 써도, 결국 내가 풀었던 것을 확인하려면 연습장 페이지를 넘겨가며 찾아야 했죠. 이 과정이 귀찮게 느껴져 그냥 해설지만 보고 넘어가게 되더라고요. 내가 처음에 어떻게 이 문제에 접근했는지, 어떤 생각이 맞았고 틀렸는지를 알고 풀이법을 제대로 습득하기 위해서는 처음 문제를 풀었던 풀이 과정을 직관적으로 확인할 수 있도록 문제집 위에 바로 푸는 것이 좋아요.

두 번째는 문제집의 좁은 공간에 직접 풀면서 실제 시험을 대비할 수 있다는 점이에요. 학교 내신 시험이나 수능 시험에서는 따로 연습장을 주지 않죠. 문제집보다는 시험지의 여백이 더 넓긴 하지만, 어쨌든 문제를 풀고 있는 종이에 직접 풀어야 한다는 점은 마찬가지예요. 문제집의 좁은 공간에 풀이 과정을 써넣으려면 꼭 필요한 식과 그래프만 그리면서 서로 다른 과정이 섞이지 않도록 체계적으로 풀어야만 해요. 자연스럽게 풀이 과정을 단순화하고, 내가 푼 것을 내가 헷갈리지 않도록 깔끔하게 푸는 연습도 할 수 있습니다.

한 가지 단점이 있다면, 앞서 이야기했던 '한 문제 여러 번 풀기'를 할 때 문제 아래의 풀이 과정이 보인다는 점이에요. 그래서 저는 처음 문제를 풀 때 최대한 문제 부분에는 글씨가 침범하지 않게 여백 부분에만 풀이 과정을 쓰고, 두 번째 풀 때는 풀이 과정만 포스트잇으로 가려서 연습장에 따로 풀었어요. 사실 두 번, 세 번 푸는 문제의 개수는 첫 번째보다 많지 않고, 여러 번 풀다 보니 풀이도 정답에서 크게 벗어나는 것이 없어서 이 방법으로 공부했어요.

영어

영어는 국어와 마찬가지로 언어 과목이기 때문에, 문제를 푸는 데 있어서 글을 읽고 이해하는 것이 중요해요. 특히 영어는 우리말이 아닌 언어로 지문이 제시되니까 이해를 위해서는 먼저 제대로 해석하는 것이 중요하죠. 그래서 내신이든 수능이든 단어를 많이 외워서 내용을 최대한 잘 해석할 수 있도록 하는 것이 가장 기본적인 목표였어요. 수능 직전까지도 항상 단어를 외우고, 외운 단어를 까먹지 않게 복습했답니다.

내신 영어는 시험 범위 내의 지문과 연계 지문을 가지고 수능 문제의 형태로 객관식 문제가, 영작 또는 빈칸 단어를 쓰는 형태로 서술형 문제가 출제됩니다. 주제, 어법, 어휘, 흐름(순서, 삽입), 빈칸 추론 등의 객관식 문제 유형과 서술형 모두 대비할 수 있도록 노트 정리를 했어요.

국어와 마찬가지로 영어 역시 지문이 길어서 노트에

손으로 옮기면 시간과 노력이 너무 많이 들기 때문에 지문을 인쇄하고 그 위에 필기하는 방식으로 정리했답니다. 저는 '워크시트메이커(www.worksheetmaker.co.kr)'라는 사이트를 이용했는데, 사이트 내에서 '리딩 자료 검색'을 하면 직접 타이핑하지 않아도 자동으로 시험 범위의 글을 불러와 해석과 함께 제공해서 편리했어요.

이렇게 인쇄한 뒤에는 지문 위에 형광펜을 사용해, 학교나 학원 선생님께서 알려주신 어법과 어휘 포인트를 표시했어요. (**〈그림 5-21〉**) 수, 시제, 태, 대명사, 접속사, 전치사, 관계대명사, 관용 표현 등 문법 요소에 표시된 어법 형광펜 밑에는 왜 이 형태로 쓰여야 하는지와 가

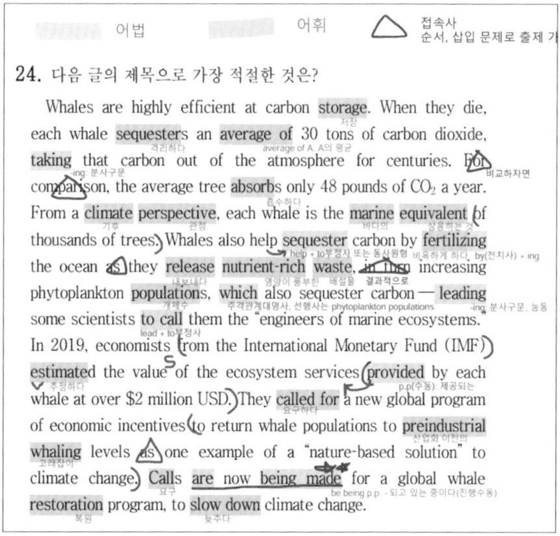
어법 어휘 접속사 순서, 삽입 문제로 출제 가

24. 다음 글의 제목으로 가장 적절한 것은?

Whales are highly efficient at carbon storage. When they die, each whale sequesters an average of 30 tons of carbon dioxide, taking that carbon out of the atmosphere for centuries. For comparison, the average tree absorbs only 48 pounds of CO_2 a year. From a climate perspective, each whale is the marine equivalent of thousands of trees. Whales also help sequester carbon by fertilizing the ocean as they release nutrient-rich waste, in turn increasing phytoplankton populations, which also sequester carbon — leading some scientists to call them the "engineers of marine ecosystems." In 2019, economists from the International Monetary Fund (IMF) estimated the value of the ecosystem services provided by each whale at over $2 million USD. They called for a new global program of economic incentives to return whale populations to preindustrial whaling levels as one example of a "nature-based solution" to climate change. Calls are now being made for a global whale restoration program, to slow down climate change.

▶ 〈그림 5-21〉

능한 다른 형태를 메모했어요. 어휘 형광펜에는 해당 단어의 뜻과 선지로 나올 수 있는 유의어/반의어를 추가로 정리했어요.

저는 통암기를 잘 못해요. 그래서 모든 영어 본문을 통째로 달달 외우지는 못하겠더라고요. 그래서 최대한 단어를 외워서 본문 내용을 완벽하게 해석, 이해하고, 어법도 문법 개념에 따라 이해하는 방식으로 공부했어요(문법 개념을 아직 잘 모르는 학생들은 본문을 달달 외우는 것이 단기적으로는 더 효과적일 수 있어요).

그런데 모의고사와 달리 내신에서는 특히 흐름 문제(순서, 삽입)에서 명확한 표지나 근거를 찾기 어려운 경우가 많아서 필연적으로 내용의 흐름을 외워야 하더라고요. 그래서 저는 인쇄된 지문 위에 포스트잇을 붙여서 내용 흐름을 따로 외우고, 이것을 영어 지문을 읽을 때마다 눈으로 보면서 외웠어요. 지문 내용을 한국어로 정리하면서 내용의 전개 순서와 흐름을 정리하고, 접속사나 대명사 등 중요한 표지가 되는 단어는 영어 그대로 써서 문제에 대비했어요(〈그림 5-23〉).

〈그림 5-24〉를 보면 문장 간 흐름을 나타내는 'here, therefore, these, but, this'와 같은 단어는 빨간색 펜으로 영어 그대로 정리한 것을 확인할 수 있습니다. 〈그림

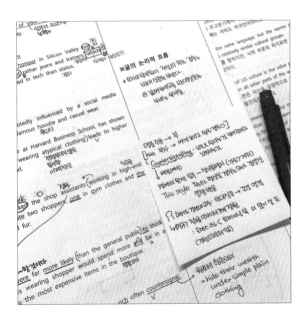

Having expropriated resources from the natural world in order to fuel a rather temporary period of materialistic freedom, we must now restore no small measure of those resources and accept the limits and discipline inherent in that relationship.

Until business does this, it will continue to be maladaptive and predatory (=maladjusted)

In order for free-market capitalism to transform itself (in the century to come,) it must fully acknowledge that the brilliant monuments (s) triumph cast the darkest of shadows.

business
free market capitalism (→기업)

Whatever possibilities business once represented, whatever dreams and glories (corporate success) once offered, the time has come acknowledge that business (as we know it) is over.

because it failed in one critical and thoughtless way.

▶ 〈그림 5-22〉

▶ 〈그림 5-23〉

277

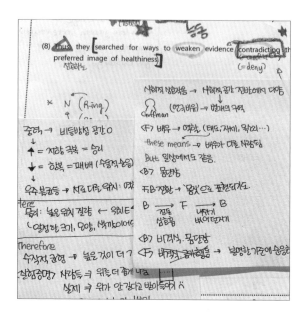

▶〈그림 5-24〉

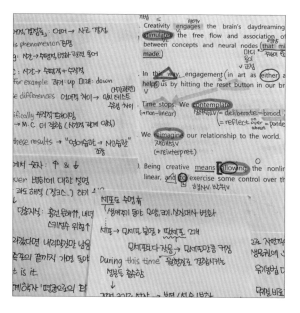

▶〈그림 5-25〉

5-25〉는 본문에서 흐름을 유추할 수 있는 부분에 빨간색 마커펜, 파란색 형광펜으로 표시한 모습이에요. 이 또한 본문을 여러 번 소리 내어 읽는 과정에서 발견할 때마다 추가로 메모하는 방식으로 정리했습니다.

흐름 문제에 대비하기 위해 시작했던 정리법이지만, 한국어로 정리하다 보니 내용을 더 자세하게 기억하게 되더라고요. 그래서 주제나 내용 일치 등 내용을 다루는 문제 유형에서도 효과적이었어요.

마지막으로 빈칸 추론 유형과 서술형 문제에 대비하기 위해서는 어쩔 수 없이 정확한 영어 문장을 암기해야 할 필요가 있었어요. 이 유형에 나올 문장들만 달달 외우는 것은 어렵지 않지만, 문제는 어떤 문장이 출제될지 모른다는 거죠. 그래서 저는 시험 범위 전체 지문의 모든 문장을 각각 매주 2~3번씩은 소리 내어 읽었어요. 사실 이렇게 읽으면 서술형에 절대 출제되지 않을 것 같은 문장들도 읽게 되는데, 시험에 무엇이 나올지는 아무도 모를뿐더러 전체 문장을 읽으면서 즉각적인 해석과 내용 파악도 연습할 수 있어서 효과적이에요.

이렇게 시험 기간 내내 소리 내어 읽다 보면, 문제에 나온 지문의 첫 문장만 읽어도 그 전체 지문의 주제와 주요 내용이 떠오른답니다. 시험에서도 문제의 지문을 읽느라 쓰는 시간을 대폭 줄여서 빠르게 문제를 풀 수 있게 되는 거죠.

전체 문장을 읽을 때, 이 중에서도 중요 문법 요소가 사용되었거나 선생님께서 강조하신 문장은 해석만 보고 직접 외워서 써보면서 스스로 서술형 문제를 예측하고 외우는 연습을 했어요. 서술형과 빈칸 추론 예상 문제를 친구들끼리 만들어서 서로 풀어보거나 워크시트메이커 같은 사이트에서 인쇄하여 풀어보는 것도 도움이 됩니다.

저는 서술형 문제 대비가 특히 어려웠는데, 시험 기간이 아니어도 선생님께 영작에 대해 여쭤보면서 어떤 문제가 나와도 정확하게 영작할 수 있도록 연습했어요. 제가 들었던 영작 꿀팁은, 번역된 한국어 문장이 제시되었을 때 다음과 같은 순서로 영작하는 거예요.

첫 번째 - 주어 영작

두 번째 - 동사(서술어) 영작

세 번째 - 나머지 부분을 뒤에서부터 영작

네 번째 - 안은 문장과 안긴 문장이 있을 때는 안은 문장부터 저 순서로 영작하고, 해당 순서가 되었을 때 안

긴 문장을 영작

물론 저 법칙이 완벽하게 통하지 않는 문장도 있지만 그런 경우는 드문 편이에요. 법칙이 통하지 않는 부분이 있을 때는 왜 그런지 이해하고 따로 표시해 외웠어요.

◆　수능 영어는 내신만큼 본문을 자세히 분석할 필요가 없고, 단어를 많이 외워서 지문 해석이 되면 대부분의 문제가 어렵지 않게 풀리기 때문에 따로 매번 노트 정리를 하지는 않았어요. 영어 지문은 국어 지문보다 길이가 짧지만, 흔히 어려운 유형이라 불리는 '빈칸, 순서, 삽입' 유형에서는 짧은 지문 속에 함축적인 표현과 쉽게 발견하기 어려운 흐름에 대한 단서가 있어서 그런 것을 놓치지 않기 위해 지문 위에 정리했어요. 문제를 풀 때, 특히 빈칸 지문은 첫 문장이 비유적인 표현으로 등장하는 경우가 많기에 첫 문장을 한국어로 요약해서 정리해 놓고, 나머지 부분을 눈으로 읽을 때 한국어로 정리해 둔 방향대로 이해할 수 있도록 했어요. 순서, 삽입 유형의 눈에 잘 띄지 않는 흐름을 알아내기 위한 단서의 경우에는 문제를 푼 후 오답할 때 정리했어요.

틀린 문제에서 어떤 단서를 놓쳤는지를 정리하고 다

음에는 그 단서를 잘 찾을 수 있도록 해당 단서에 대한 힌트를 적어두었어요. 더불어 영어뿐 아니라, 모의고사를 보고 온 날에는 과목별로 문제를 풀 때 나의 컨디션과 실수 등을 피드백해서(〈그림 5-26〉) 시험장에서 실력을 잘 발휘할 수 있도록 데이터를 쌓았어요. 이때 중요한 것은 피드백에서 끝나는 것이 아니라, 잘한 점은 이어나가고 못한 점은 어떻게 보완할지도 제시하는 거예요.

〈그림 5-27〉 하단은 항상 맞히던 영어 듣기 문제를 틀린 이후, 시험장에서 어떤 부분을 잘못해서 틀렸는지 원인을 분석한 내용입니다. 이후 해당 유형의 듣기 문제가 나올 때는 동시에 독해 문제를 푸는 것을 하지 않기로 해결책을 마련하여 개선했어요.

이번 영어시험 피드백
1. 전혀 안 좋았음
2. 듣기 + 독해 적절히 판단해서 듣기 안 틀림
   ↳ 듣기 앞장 Q금액 / Q11, 12 집중↓
      + 앞장에서 Q18, 19, 도표, 내용일치, 43~45 맘
3. 빙상상 게임 시험동료 2시부 집중 끝남 → 비간 한 문제 못 풂
4. 취약유형 완벽 파악 → 어법·어휘·빙상상 집중공략
   (영롱독해 광복법 해보기 + 단어 꾸준히 외우기)
      내날개간에도 부엉으로 하루 10개씩
5. 주제 / 모지 / 주장 : 선지복터 있었음 → 다 맞음
* 유형 : 어법 알보면 X 지막 꾸준히'가 궁료함

▶ 〈그림 5-26〉

282

제 5 교시

[handwritten] Q29. 31. 32는 어려웠음.
영어 영역
그러나 Q12(들기)과 Q2(얼요외미) 맞혔어야.

[handwritten] 문장 전체를 보는눈!!

1번부터 17번까지는 듣고 대답하는 문제입니다. 1번부터 ~~ 까지 ~~ 한번만 ~~

1. 다음을 듣고, 여자가 하는 말의 목적으로 가장 적절한 것을 고르시오.

① 전기 절약의 필요성을 강조하려고
② 엘리베이터 안전 수칙을 알려 주려고
③ 전문 기술자 초청 강연을 공지하려고
④ 컴퓨터 데이터 복원 방법을 설명하려고
⑤ 전기 점검 관련 유의 사항을 안내하려고

2. 대화를 듣고, 남자의 의견으로 가장 적절한 것을 고르시오.

① 설문 방식을 다양화해야 응답자의 수를 늘릴 수 있다.
② 설문 문항은 가능한 한 쉽고 간결하게 제작해야 한다.
③ 온라인 설문은 응답을 수집하는 가장 편리한 방식이다.
④ 응답자의 익명을 보장해야 솔직한 의견을 얻을 수 있다.
⑤ 설문 참여를 높이려면 응답자에게 보상을 제공해야 한다.

3. 대화를 듣고, 두 사람의 관계를 가장 잘 나타낸 것을 고르시오.

① 영화감독 – 만화가   ② 촬영 감독 – 영화배우
③ 방송 진행자 – 소설가   ④ 출판사 직원 – 삽화가
⑤ 신문 기자 – 시나리오 작가

4. 대화를 듣고, 그림에서 대화의 내용과 일치하지 않는 것을 고르시오.

5. 대화를 듣고, 여자가 할 일로 가장 적절한 것을 고르시오.

① 설거지하기   ② 와인 주문하기
③ 친환경 비누 만들기   ④ 주방 세제 사 오기
⑤ 웹 사이트 링크 보내기

6. 대화를 듣고, 남자가 지불할 금액을 고르시오.

① $30   ② $40   ③ $45   ④ $55   ⑤ $60

7. 대화를 듣고, 여자가 야외 좌석을 원하지 않는 이유를 고르시오. [3점]

① 대화하기에 너무 시끄러워서
② 햇빛이 너무 강해 눈이 부셔서
③ 미세 먼지 때문에 공기 질이 나빠서
④ 기온이 낮아 감기에 걸릴까 걱정되어서
⑤ 야외에서 보는 전망이 마음에 들지 않아서

8. 대화를 듣고, Galland perfume workshop에 관해 언급되지 않은 것을 고르시오.

① 참가 연령   ② 사용 언어   ③ 시간
④ 예약 방법   ⑤ 장소

9. Flashlight Tour에 관한 다음 내용을 듣고, 일치하지 않는 것을 고르시오.

① 미술관 폐장 후에 시작된다.
② 한 시간 동안 진행된다.
③ 성인 입장료는 10달러이다.
④ 손전등이 기념품으로 제공된다.
⑤ 참가 인원에 제한이 있다.

10. 다음 표를 보면서 대화를 듣고, 남자가 주문할 휴대용 가습기를 고르시오.

Best Portable Humidifiers

	Model	Price	Color	Capacity	Mood Light
①	A	$13	Gray	300 ml	×
②	B	$18	White	400 ml	○
③	C	$20	Orange	500 ml	○
④	D	$28	Black	700 ml	×
⑤	E	$35	White	900 ml	○

12. 대화를 듣고, 남자의 마지막 말에 대한 여자의 응답으로 가장 적절한 것을 ~로 가장 고르시오.

M: Grace, is this an air purifier?

W: Yeah. I bought it last week because the air quality is so bad these days.

M: How do you like it? I've been thinking about getting one for my office.   *여기만 듣음.*

W:

12. 대화를 듣고, 남자의 마지막 말에 대한 여자의 응답으로 가장 적절한 것을 고르시오.

① I'm very satisfied. You should buy one.
② Right. The air quality today is not that bad.
③ Great. I want to buy an air purifier like yours.
④ Put it here near the window. It's the best place.
⑤ Okay. Let's open the window and get some fresh air.

[handwritten] 오답요인 영어시험 안안하게봄 +듣기 오랜만/정음1
→ 명고 듣기도 연습!

▶ 〈그림 5-27〉

사회탐구

사회탐구는 세부 분야별로 성격이 너무 다르므로 분야별로 특히 유의하여 정리해야 하는 부분 위주로 소개할게요. 기본적인 정리 방법은 지금까지 설명해 온 것과 동일해요. 인덱싱, 가지치기 등의 방법을 사용해도 좋고, 이 방법이 조금 익숙해졌다면 인물에 말풍선을 그려 나타내거나 포스트잇을 활용하는 등 본인에게 편하고 인식하기 쉬운 형태로 발전시켜도 좋습니다.

또 사회탐구 과목의 경우 내신과 수능의 공부법이 거의 비슷해요. 그래서 내신 준비를 할 때 여러 문제집을 풀어보며 선지를 분석하고 꼼꼼하게 개념을 외웠다면, 수능 준비를 할 때 정말 많은 도움이 될 거예요(그래서 정시 파이터들에게도 학교 사회탐구 내신은 절대 버리지 말라고 조언해 주고 싶습니다).

역사

동아시아사, 세계사와 같은 역사 과목은 무엇보다도 시대적 흐름을 아는 것이 중요해요. 구체적인 연도를 다 알지 못하더라도 각 사건이 발생한 순서는 알고 있어야 합니다. 서로 다른 연도에 일어난 사건의 순서를 맞히는 문제가 나오기도 하지만, 전체적인 흐름을 알고 있어야 해당 시대에 발생한 사건과 그 시대의 문화적 특징 등 세부적인 내용을 파악하고 외우기가 좋거든요.

그래서 역사에서는 특히 '시간 순서에 따라' 노트를 정리하는 것이 중요해요. 앞에서 설명했듯 우리는 노트를 계속 업그레이드하고 반복해서 읽으면서 노트의 내용을 사진 찍듯이 외울 거라고 했잖아요? 우리가 기억하고 있는 노트의 각 페이지 순서대로 사건을 정리해 두었다면 따로 외울 필요 없이 사건의 순서가 자연스럽게 외워지니까요. 또 같은 의미에서 한 시대에 일어난 일이나 한 인물의 업적 등의 요소를 같은 페이지에 배치하면 효과적이에요.

1915 대한 광복회 결성 by 박상진 for 공화정
1917 러시아 혁명, 차르의 전제 정치 무너짐
1918 제 1차 세계대전 종전, 토지조사사업 끝
1919 삼일운동, 제암리 학살, 대한민국 임시정부 수립, (11월) 의열단 조직 /1919
1920 산미 증식 계획 실시, 회사령 폐지(허가제 → 신고제), 물산 장려 운동
1920.6. 봉오동 전투 (홍범도-대한독립군 (外))
1920.10. 청산리 대첩 (김좌진-북로군정서 ⊕ 홍범도-대한독립군)
➔ (1920) 간도 참변   대한독립군단 (서일)
1921 자유시 참변
1922 소비에트 사회주의 공화국 연방(소련) 수립
1923 일본 상품 관세 폐지, 국민 대표 회의, 조선혁명선언 for 의열단   암태도 소작
1920중반 3부 성립 (참의부, 정의부, 신민부 - 아래쪽부터) 1922
1922 천도교 - 제 2의 독립 선언 운동 계획
1924 조선 청년 총동맹 (사+민)
1925 치안 유지법   미쓰야 협정   정우회 선언 ⊕ 이상재·안재홍
1926 순종 서거, 6·10 만세 운동

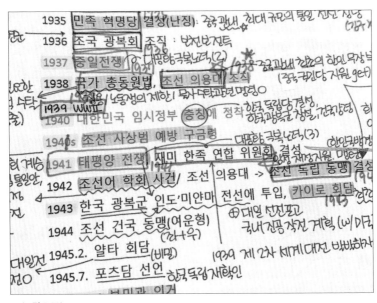

▶ 〈그림 5-28〉

1935 민족 혁명당 결성 (난징)
1936 조국 광복회 조직 : 박달·박금철
1937 중일전쟁
1938 국가 총동원법, 조선 의용대 조직
1939 WWII
1940 대한민국 임시정부 충칭에 정착
1940s 조선 사상범 예방 구금령
1941 태평양 전쟁   재미 한족 연합 위원회 결성   조선 독립 동맹 결성
1942 조선어 학회 사건 / 조선 의용대 → 조선 독립 동맹
1943 한국 광복군 인도·미얀마 전선에 투입, 카이로 회담
1944 조선 건국 동맹 (여운형) (좌+우)
1945.2. 얄타 회담 (비밀)
1945.7. 포츠담 선언 한국 독립 재확인

▶ 〈그림 5-29〉

286

◆ 　또한 이렇게 시간적인 흐름을 나타낼 때 연도를 사용하면 효과적이에요(〈그림 5-28〉, 〈그림 5-29〉). 연도를 일일이 외우지는 않더라도, 연도를 노트의 가장 왼쪽에 달고 세부적인 내용을 오른쪽에 정리하거나 중요한 사건 옆에 괄호를 열어 연도를 작성하면 흐름을 한눈에 볼 수 있거든요. 이렇게 연도만을 기준으로 정리하는 건 시험 일주일 전쯤에 총정리를 위해 했어요(그래서 사진을 보면 글씨가 빽빽하고 가독성이 그리 좋지 않아요). 연도에 맞게 사건을 정리해 두고, 지금까지 일반적인 노트 정리를 하면서 공부한 내용을 그 옆에 쓰면서 복습했어요.

일반사회 　정치와 법, 사회문화와 같은 일반사회 과목은 두 개념을 비교하는 문제가 자주 출제됩니다. 한 개념 자체보다 다른 대상과의 차이점을 통해 특징을 구분하는 것이 중요하기 때문에 표를 만들어 항목화하는 방법이 유용해요(〈그림 5-30〉). 각각 따로 정리했다면 몰랐을 부분에서의 차이점을 새로 알게 되거나, 시험에 자주 나오는 예외적 상황 또한 시각적으로 인식할 수 있어 효과적이죠. 그래서 다른 사회탐구 과목보다 표의 형식, 화살표 등의 기호가 노트 정리에서 자주 쓰입니다.

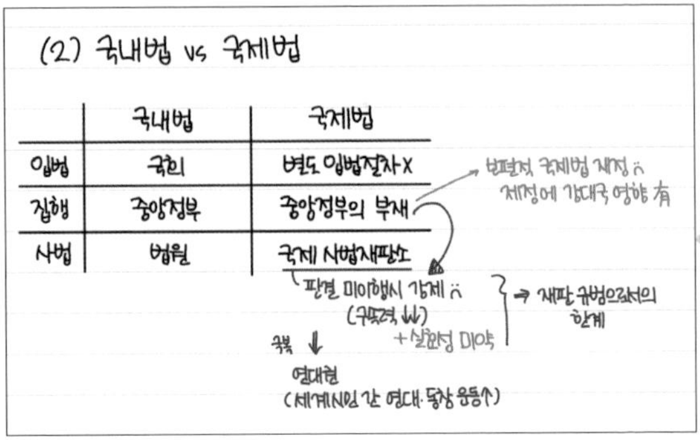

(2) 국내법 vs 국제법

	국내법	국제법
입법	국회	별도 입법절차X → 법령절, 국제법 제정 ↑ 제정에 기대적. 영향 有
집행	중앙정부	중앙정부의 부재
사법	법원	국제 사법재판소 → 재판 규범으로서의 한계

판결 미이행시 강제력 ↑ (구속력, 以) +실질적 미이약

구속 ↓
연대책
(세계 N내의 간 연대·동상 용동A)

◀ 〈그림 5-30〉

일반사회 과목에서도 역사 과목처럼 흐름을 정리하는 것이 중요합니다. 특히 정치와 법 과목은 복잡한 절차가 등장하고, 그 절차 중간에 발생하는 예외적 상황이 많죠. 그래서 상황들을 시간 흐름에 따라 정리해 놓은 후 사이사이에 예외를 정리하면 효과적이에요(**〈그림 5-31〉**). 다른 과목도 시간의 흐름이나 절차가 등장하면 이렇게 순서대로 정리하는 것이 효과적이에요.

특히 일반사회 과목에서는 도표 문제가 많이 나오는데, 이 문제는 개념 학습만으로는 빠르고 정확하게 푸는 것에 한계가 있어요. 저는 특히 도표 문제를 잘 틀려서, 여러 사설 문제집이나 기출문제집에 나온 도표 문제를 완벽하게 풀 수 있을 때까지 반복해서 풀었어요. 나아가

사 → 미인안 수사.

<기소 독점주의> : 검사만이 공소제기·수행 권한O
<기소 편의주의> : 공소제기 여부 → 재량 결정O

(인죽책임) → '의상으로 때는 피고인의 이익'

검사 ─ 기소 처분 ─ 검사 (원고) vs 피고인
★ 주관식   only 검사·인정
┌ 불기소처분 ─ 기소유예 (유죄판결 가능성↑)
│   │ 이제
│   피의자X
│   (집에 감)
│   ─ 무혐 적지
│   혐의없음, 그개가 아님
│   공소권 없음 (공소권 & 완성 or 피해자 사망) → 기소유예X

형벌과 보안 처분
  형벌에 대한
  대인적 제재수단

┌ 수형명령
│ 사회봉사명령
│ 치료감호
│ 보호관찰 ─ 사회봉사·수강명령 조건 집행유예 or 가도소에서 가석방
│ 위치추적 전자장치 부착 명령
│ 신상정보 공개 명령 (성범죄자)

(2) 공판

수사 의의 ★ : 누가? 언제? 무엇을? 누구에게?
                  "석방"

수사의 원칙
주체의 원칙 "유죄 판정될 때까지는 무죄로 추정"

┌ 고소(피해자)
│ 고발(제3자)
│ 자수
│ 인지 (수사기관이)
│ 현행범 체포
│ 긴급체포

체포·구속·압수·수색 <영장주의> ─ 불구속 원칙
현행범 체포
긴급체포

영상 ⇒ 검사 청구 ⇒ 법관 발부
  구속 영장실질 심사 제도
  구속 전 피의자 심문제도

(구) 구속영장 발부 의무 ⇒ 구속 수사
  → 구속 적부 심사 제도 (구속후)(기소전)

[피의자측 → 법원]
  (검사X)

┌ ① 인용 (석방) → 불구속 수사
└ ② 기각 → 구속 상태유지

──── (3) 형의 집행

* 재판
○ 모두절차
 재판장 진술 거부권 고지 (to 피고)
 (법관)
 인정 신문 (피고인의 성명, 연령, 문기)

○ 심리절차
 피고인 신문, 증인 신문, 증거조사
 ⇒ 사실관계 확인 ⇒ 검사가 구형

항소, 상고 (상소)
무죄 판결 → 석방
 → 피고인 상소X
 → 검사 상소O

유죄 판결 ─ 선고유예 (천생)
 → 형의 선고X. 유예 → 석방
 → 2년 경과 시 면된 것으로

집행유예
ex) 징역 2년. 집행유예 3년
 → 형의 선고O. 집행을 유예
유예기간 (3년) 경과시
형선고의 효력 상실

실형 선고
ex) 징역 3년 ~

* 형사 절차에서의 인권 보장
(1) 형사 보상제도 (금전)
A 피의자 → 구속 수사 + 무혐 적지의 불기소처분 (기소유예X)
B 피고인 ⇒ 구속 (공소) + 무죄판결 확정 (선고유예X. 집행유예X)

(2) 명예회복제도 → 무죄판결문 게재 청구 (홈피)
(3) 배상 명령제도 → 형사 재판 중, 피해자의 신청, 법원의 유죄판결 + 손해배상명령
(4) 범죄 피해자 구조 제도 → 생명·신체에 관한 범죄

▶ 〈그림 5-31〉

289

인터넷 강의와 인터넷 강의용 교재를 활용해서 도표 문제의 풀이법을 공부하고 관련한 문제를 많이 풀어보면서 연습했습니다.

지리　세계지리, 한국지리와 같은 지리 과목은 '지도에서 시작해서 지도에서 끝난다'는 말이 있을 정도로 지도가 중요합니다. 특정 지역의 지도상 위치를 알아야 기후적인 특징과 그 지역 사람들의 생활 방식을 이해하기 쉽기도 하고, 실제 시험 문제에 지도가 등장하여 어느 지역인지 골라야 하기에 지도를 아는 것은 필수적이죠. 지도와 더불어 도표를 아는 것도 매우 중요합니다. 지리 과목에서는 해당 지역의 기후 그래프나 농산물 생산량 등 도표가 많이 나오는데, 실제 시험 문제에서 도표를 해석하거나 도표의 각 부분이 어떤 지역에 해당하는지를 묻는 경우 등 도표를 활용한 문제가 많이 출제되기 때문이에요.

그래서 지리 과목 노트 정리를 할 때에는, 인터넷에서 파는 '한반도 지도'나 '세계지도' 모양이 프린트된 점착 메모지를 하나 구매해서 해당 지역에 대해 노트 정리할 때 옆에 붙여 위치를 표시하는 등의 용도로 사용하는 것을 추천해요(〈**그림 5-32**〉). 도표의 경우 간단한 도표는 직접 그리고, 복잡한 도표는 문제집을 오려 낸 후에 다른 색 펜으로 도표를 분석한 내용(도표에서 알 수 있는 것)을 함께 정리하는 것이 좋습니다(**〈그림 5-33〉**).

▶ 〈그림 5-32〉

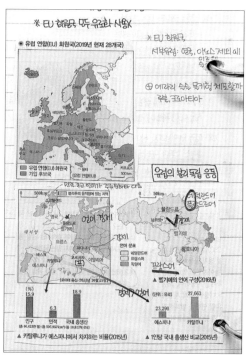

▶ 〈그림 5-33〉

▶〈그림 5-34〉

▶〈그림 5-35〉

〈그림 5-34〉, 〈그림 5-35〉는 세계지리 내용과 거기에 나온 세계지도를 단순화하여 노트에 그린 모습입니다. 지도를 정확히 그리는 것은 시간이 오래 걸리기에 해당 내용에서 중요한 부분을 잘 나타낼 수 있는 형태로 변형해서 그렸어요.

윤리

생활과 윤리, 윤리와 사상 같은 윤리 과목은 각 사상가의 사상을 정확히 알고, 이 사상을 통해 어떤 것까지 허용되고, 어떤 것이 금지되는지를 명확히 아는 것이 중요합니다. 따라서 개념서에 나와 있는 사상가의 말과 대표적인 사상을 아는 것이 정말 중요하고, 이에 못지않게 이 사상들이 기출문제 등에서 어떻게 해석되었는지(어떤 것을 허용하고 금지했다고 나왔는지)를 알고 분석하는 것이 중요해요. 같은 논점에 대한 여러 사상가의 입장을 구분하는 문제도 출제되기 때문에 사상가별 입장 차이를 알아두는 것도 중요해요.

수많은 기출문제를 분석하여 사상적 개념과 적용에 대해 많이 알수록 유리하기 때문에 문제 해설이 자세한 기출문제집을 많이 풀고, 참고서나 인강 교재 등에 나오는 사상가의 원문 표현도 알아두면 좋습니다. 저는 시험 직전에는 개념서, 사설 문제집, 기출문제집에서 나왔던 사상가의 모든 표현과 해석을 사상가별로 한 페이지에 정리해 두고 보기도 했어요.

〈그림 5-36〉는 윤리와 사상 과목의 노트 정리 내용입니다. 사상가별 입장을 한눈에 정리하고 싶어서 만든 페이지인데, 워낙 양이 많아 손으로 쓰기엔 시간도 오래 걸

이황	사단은 순선한 이, 칠정은 가선가악의 기 (X) -〉사단은 순선한 이의 발현, 칠정은 가선가악의 기의 발현 칠정은 이와 기를 겸하며, 천하에 이 없는 기 없고, 기 없는 이 없다. (이기불상리 인정 - O) 사단은 칠정 중에서 선한 부분만을 가리키는 성 (X) -〉정 (O) 사단은 이가 마음 안에서 발하여 드러나는 것이다. (이발) 이는 오로지 선한 것이며 사단의 근원이다. 경은 마음의 주재이며, 만사의 근본이요, 성학의 처음과 끝이다. 기가 발하는 근거는 이의 동정이다. 사단과 칠정은 단지 기질의 차이만 있다. (X) -〉사단: 이발, 칠정: 기발. 단지 기질의 차이 아님. 이에 따라 행위하도록 하는 것이 경의 목적이다. 순선한 사단에는 이만 있고 칠정에는 이기가 함께 있다.(X) ← 사단과 칠정은 이&기 모두와 연관O
이이	경이 아니면 몸을 주재하는 마음을 단속X, 성이 아니면 천리의 본연을 보존X. 사욕 없애기 위해 경을 실천, 이로써 성에 이르러야 함. 천리가 기질에 들어와 이루어진 성(기질지성)은 본연지성을 포함함.(기포리) "사람과 말이 궤도를 따라가는 것은 기가 이에 순종하여 발하는 것. 기가 함부로 날뛰어서도 하고 불급하기도 한 것." 경을 지니는 것은 궁리의 바탕이라고 할 수 있다. 실제로 치우치거나 온전한 것은 기품이고 이치는 그 두루 미치는 특성 때문에 손상되지 않음 (이통-천지 만물 동일한 이 /기국- 각각에서 기가 드러난 현상) 칠정을 사단의 선한 측면으로 봐야 한다. (X) -〉사단이 칠정의 선한 측면 이는 만물의 근원이며 기가 발하는 까닭이다. 기쁨은 선으로, 슬픔은 악으로 드러나는 정이다. (X) -〉선의 실현은 기에 의해 좌우되는 일반감정(칠정)의 조절에 그 핵심이 있음. 정은 하나인데 사단, 칠정이라고 하는 것은 이만을 말하나 기를 겸하여 말하느냐의 차이 기가 발하는 근거는 이의 동정이다. (X) -〉이의 동정 인정 안함.
이황, 이이	천지 만물의 성은 이가 기에 들어와 형성됨. 이/기는 천지만물에 존재 이는 순선한 것으로서 사람의 마음에만 있다. (둘다 X) -〉이황과 이이는 모두 성리학자다. 성은 마음을 집중하고 늘 깨어 있는 정신을 유지하는 방법 (둘다 X) -〉 경 경은 몸가짐을 단정히 하고 엄숙한 태도를 유지하는 방법이다. 도덕성 실현 위해 경의 실천 경은 일상에서 물욕이 본심을 해치지 않도록 하는 방법이다. 성과 경은 참된 앎을 형성하여 성인에 이르는 방법. (둘다 X) -〉 참된 앎 선천적. 형성X. 사단이 기에 가려지면 불선이 있게 됨(둘다 X) -〉 성리학에서 사단은 순선무악한 감정으로 사단은 밖의 사물에 감응하여 움직이는 것 〈- 정. 성은 경에 힘써야 나아갈 수 있는 경지이다. 〈- 성과 경은 성리학에서 강조하는 수양 핵심 연원=소종래 본연지성은 품부받은 기질에 따라 다르게 발현 (X) -〉 본연지성은 누구에게나 순선. 다름. 사단 칠정은 성이 아니라 정이다. 제발. 응? 정이라고. 제발.
주자, 이황, 이이	이와 기는 서로 떨어지지 않지만(불상리) 섞이지도 않음(불상잡). 이기가 분리되었을 때 악행을 하게 됨(X) → 현실에서 이기분리X. (성과기) 이&행의 원인: 가선가악한 기 기질지성이 본연지성으로 변화 (X) → 기질지성의 타율을 덜어 본연의 성 회복. but 본연지성으로 변환X

▶ 〈그림 5-36〉

리고, 한 사상가에게 필요한 페이지 수가 가늠이 되지 않아 아이패드에 타이핑+손글씨 추가로 노트 정리를 한 후 여러 번 읽으며 외웠어요.

◆ 사회탐구 과목은 문제를 풀 때 모르는 선지가 없도록 하는 것이 무엇보다 중요해요. 문제의 답은 확실하지만 나머지 선지 중에 헷갈리는 것이 있다면, 형광펜으로 표시해 두었다가 오답하는 과정에서 꼭 해설을 찾아 이해해야 합니다. 이 과정에서 새로 알게 된 것이 있다면, 이미 정리한 노트에 추가로 정리하는 것 아시죠?

혹시 문제집의 해설이 잘 나와 있지 않거나 이해가 안 된다면 학교 선생님께 여쭤보거나 인터넷 강의 Q&A 등을 활용하여 꼭 이해하고 넘어가야 합니다. 당해 연도 모의고사라면 ebsi나 사설 인터넷 강의 사이트에 올라오는 해설 강의를 활용하면 돼요. 그래야 단순히 선지를 외우는 것이 아니라, 그 선지가 맞거나 틀린 원리를 파악하고 앞으로 그 원리가 변형되거나 응용된 새로운 선지가 나오더라도 잘 판단할 수 있거든요.

수능 한국사

수능 한국사는 현재 절대평가로 시행되고 있고, 난이도 또한 그리 높지 않기 때문에 많은 시간을 투자하지 않아도 돼요. 특히 중고등학교 때 한국사 수업을 들었다면 조금만 공부해도 안정적인 등급을 얻을 수 있어요. 저는 ebsi 최태성 선생님의 '파이널 체크포인트' 강의를 수강했는데, 수능에 자주 나오는 포인트 위주로 핵심만 짚어주셔서 많은 도움이 되었어요. 무료인 데다 강의 수도 4~5강으로 많지 않아 부담 없이 좋은 강의를 들을 수 있습니다.

〈그림 5-37〉은 한국사 전체 흐름을 3페이지로 정리한 노트이니 참고하시기 바랍니다.

수능 한국사
@study_ham2

1. 청동대 (석기시대)
유물
- 구석기 - 주먹도끼, 동굴
- *신석기 - 빗살무늬토기, 농경, 움집
- 청동기 - 고인돌·비파형 동검, 계급

※ '여러나라' 문제는 단독출제된 적, X.

2. 고대 (삼국시대)
☆ 전성기 & 그 때의 고구려 천도

광개토대왕 ●━━● 내물마립간 (왜 격퇴) 금관가야↓
장수왕 ●━━● 개로왕 (死) ●━━● 남진정책
(평양 천도)

한성 ━정도→ 웅진 ━천도→ 사비
[백제지음]   4c.백제 전성

근초고왕 ●━━● 고국원왕 (死)
6c.신라 전성
진흥왕 ●━━● 성왕 (死, 관산성 전투)
나제동맹 해체/ 진흥왕 영토비

3. 고대 (남북국시대)
- *발해 - 해동성국
- 통일신라 ─ 신문왕 ┌ 녹읍X, 관료전 O.
                  └ 국학 설립
      ┌ 효소↑ - 녹읍, 애노의 난

4. 중세 (고려)
☆ '왕'
- 태조 ┌ 사심관
       ├ 결혼
       └ 기인
- 성종 - 최승로
      지방관 파견 건의

- 광종 ┌ 노비안검법   ┐ 왕권강화
       ├ 과거제   ┘
       └ 호족숙청

- 공민왕 ┌ 전민변정도감
         ├ 쌍성총관부 수복
         └ 신돈

☆ 외침 - 활약했던 인물
- 거란 ┌ 서희 - 강동6주
       └ 강감찬 - 귀주대첩
- 여진 ┌ 윤관 - 별무반, 동북9성
       └ 이자겸 ↔ 묘청
- 몽골 - 최우 - 삼별초
- 홍건적·왜구 - 신진사대부 - 성리학

☆ 문화
- 의천 - 천태종 - 교관겸수 (교종+선종)
- 지눌 - 조계종 - 정혜쌍수 - 결사
        (선종+교종) (수선사)

5. 조선
☆ 국왕 의정부X. 왕명 바로수행 - 왕권강화
- 태종 ┌ 6조직계제 (+세조)
       └ 호패법, 사병X

- *세종 ┌ 의정부 서사제
        ├ 집현전
        ├ 4군6진 - 지금과 비슷한 영토모양
        ├ 대마도정벌
        ├ 전분6등법
        ├ 연분9등법 - 그때 상황을 등급으로 나눠 맞춰서 내게
        ├ *훈민정음
        ├ 칠정산 - 역법 ┐ 과학↑ 세계
        └ 농사직설

- 성종 ┌ 경국대전
       └ 홍문관 - 경연
- 광해군 ┌ 중립외교
         └ 대동법
- 효종 - 북벌

- 영조 ┌ 탕평비, 속대전
       └ 균역법
- 정조 ┌ 규장각
       ├ 초계문신 - 왕성 교육
       ├ 장용영 - 군대
       ├ *수원화성
       ├ 통공 - 누구나 자유롭게 상업하게!
       ├ 대전통편 - 법전
       └ 정약용

☆ 외침
- 왜란 ┌ 이순신 (한산도), 권율 (행주),
       ├ 김시민 (진주),
       ├ 조명연합
       └ 곽재우, 조헌 (홍의장군)
- 호란 ┌ 인조
       ├ 남한산성
       └ 삼전도

☆ 경제
- 대동법 ┌ 방납의 폐단 - 특산물 → 쌀↑
        ├ 공인 등장
        └ 상품화폐 경제발달
- 균역법 ┌ 경차 - 농민 2중으로 세금매김
        ├ 선무관
        └ 균역의 폐단
- (개혁) 양전 ┌ 도고 - 독점적 도매상
              └ 덕대 - 광산경영 전문가

☆ 문화 조선후기 - 서민문화↑
└ 한글소설, 판소리, 풍속화, 경영산수화, 민화

- 성학 ┌ 정약용 - 배다리, 수원화성 (거중기), 여전론
       └ 박제가 - <북학의>, 소비론

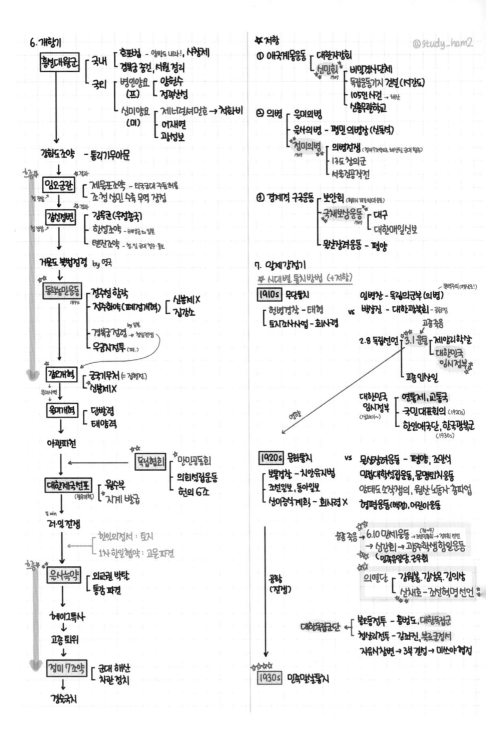

6. 개항기

흥선대원군
- 국내
  - 호포법 - 양반도 내라!, 사창제
  - 경복궁 중건, 서원 정리
- 국외
  - 병인양요 (프) ┌ 양헌수 └ 정족산성
  - 신미양요 (미) ┌ 제너럴셔먼호 → 척화비 ├ 어재연 └ 광성보

강화도조약 - 통리기무아문

임오군란
- 제물포조약 - 일본군대 주둔허용
- 조·청 상민 수륙 무역 장정

갑신정변
- 김옥균 (우정총국)
- 한성조약 - 배상금 to 일본
- 톈진조약 - 청,일 군대 철수 등

거문도 불법점령 by 영국

동학농민운동 1894
- 전주성 함락
- 집강소 자치행정 (폐정개혁) ─ 신분제X
- 경복궁 점령 → 청일전쟁 (by 일본)
- 우금치 전투 (패.)

갑오개혁
- 군국기무처 (= 집행권)
- 신분제X (을미사변)

을미개혁
- 단발령
- 태양력

아관파천

독립협회
- 만민공동회
- 의회설립운동
- 헌의 6조

대한제국 선포 (광무개혁)
- 원수부
- 지계 발급
일 win

러·일 전쟁
- 한일의정서 : 토지
- 1차 한일협약 : 고문파견

을사늑약
- 외교권 박탈
- 통감 파견

헤이그특사

고종 퇴위

정미7조약
- 군대 해산
- 차관 정치

경술국치

★ 저항

① 애국계몽운동
- 대한자강회
- 신민회 1907
  - 비밀결사단체
  - 독립운동기지 건설 (서간도)
  - 105인 사건 → 해산
  - 신흥무관학교

② 의병 - 을미의병
- 을사의병 - 평민 의병장 (신돌석)
- 정미의병 1907
  - 의병전쟁 (정미7조약으로, 해산된 군대 합류)
  - 13도 창의군
  - 서울진공작전

③ 경제적 구국운동
- 보안회 (일본의 개간요구 대응)
- 국채보상운동 1907 ┌ 대구 └ 대한매일신보
- 물산장려운동 - 평양

7. 일제강점기
★ 시대별 통치방법 (+저항)

1910s 무단통치
- 헌병경찰 - 태형
- 토지조사사업 - 회사령

vs
이병찬 - 독립의군부 (의병)
박상진 - 대한광복회

2.8 독립선언 → 3.1 운동
- 제암리학살
- 대한민국 임시정부
- 고종 인산일

대한민국 임시정부 (상하이~)
- 연통제, 교통국
- 국민대표회의 (1920s)
- 한인애국단, 한국광복군 (1930s)

1920s 문화통치
- 보통경찰 - 치안유지법
- 조선일보, 동아일보
- 산미증식계획 - 회사령 X

vs
물산장려운동 - 평양, 조만식
민립대학설립운동, 문맹퇴치운동
양태흥 소작쟁의, 원산 노동자 총파업
형평운동 (백정), 어린이운동

6.10 만세운동 → 신간회 → 광주학생항일운동
(민족유일당, 근우회)

의열단 ┌ 김원봉, 강상옥, 김익상 └ 신채호 - 조선혁명선언

대한독립군단
- 봉오동전투 - 홍범도, 대한독립군
- 청산리전투 - 김좌진, 북로군정서
- 자유시참변 → 3부 결성 → 미쓰야 협정

1930s 민족말살통치

@study_ham2

@study_ham2

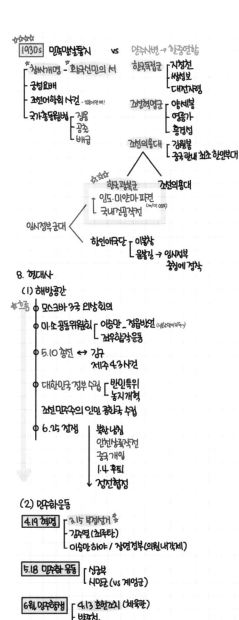

1930s 민족말살통치 vs 만주사변 → 한중연합

* 창씨개명 - 황국신민의 서
* 궁성요배
* 조선어학회 사건 - 일본어만 써!
* 국가총동원법 ┬ 징용
　　　　　　　├ 공출
　　　　　　　└ 배급

한국독립군 ┬ 지청천
　　　　　├ 쌍성보
　　　　　└ 대전자령

조선혁명군 ┬ 양세봉
　　　　　├ 영릉가
　　　　　└ 흥경성

조선의용대 ┬ 김원봉
　　　　　└ 중국 관내 최초 한인부대

한국광복군
조선의용대
인도 · 미얀마 파견 (cw/ 이 OSS)
국내진공작전

임시정부 군대

한인애국단 ┬ 이봉창
　　　　　└ 윤봉길 → 임시정부
　　　　　　　　　　 충칭에 정착

8. 현대사

(1) 해방공간

모스크바 3국 외상회의
○ 미·소 공동위원회 ┬ 이승만 - 정읍발언 (남쪽만이라도 대두)
　　　　　　　　　└ 좌우합작운동
○ 5.10 총선 ↔ 김구
　　　　　　　제주 4.3 사건
○ 대한민국 정부 수립 ┬ 반민특위
　　　　　　　　　　└ 농지개혁
　조선민주주의 인민 공화국 수립
○ 6.25 전쟁 ┬ 북한 남침
　　　　　　├ 인천상륙작전
　　　　　　├ 중국 개입
　　　　　　├ 1.4 후퇴
　　　　　　└ 정전협정

(2) 민주화운동

4.19 혁명 ┬ 3.15 부정선거
　　　　　├ 김주열 (최루탄)
　　　　　└ 이승만 하야 / 장면 정부 (의원내각제)

5.18 민주화 운동 ┬ 신군부
　　　　　　　　└ 시민군 (vs 계엄군)

6월 민주항쟁 ┬ 4.13 호헌조치 (체육관)
　　　　　　├ 박종철
　　　　　├ 이한열 (호헌철폐! 독재타도!)
　　　　　└ 6.29 민주화선언 (직선제)

(3) 통일

7.4 남북공동성명 ┬ 남북 조절 위원회
(박정희) 　　　　└ 3원칙 (자주, 평화, 민족대단결)

유엔동시가입 → 남북기본합의서 → 한반도 비핵화 선언
(노태우) 　　　　　　　　　 → 북방정책

6.15 남북공동선언 ┬ 최초 정상회의
(김대중) 　　　　　└ 개성공단, 이산가족, 경의선, 금강산 육로

10.4 남북공동선언
(노무현)

(4) 정부 what

● 이승만 - 삼백산업 (원조)
● 박정희 - 경제개발 5개년 계획
　　　　　├ 경부고속도로
　　　　　├ 새마을 운동 - 전태일 분신사건
　　　　　└ YH 여공
● 전두환 ┬ 3저 호황
　　　　　└ 이산가족 최초 상봉
● 김영삼 ┬ 금융실명제
　　　　　├ OECD
　　　　　└ 지방자치제

과학탐구

　　물리, 화학, 생명과학, 지구과학으로 나누어 각각에서 특히 유의하여 정리하면 좋은 부분을 위주로 간략하게 소개하려고 해요. 전반적인 과학탐구 교과는 수학과 사회탐구의 특징이 섞인 느낌이에요. 외워야 하는 내용은 외워서 문제를 풀어야 하고, 또 원리를 이해해서 문제에 적용하여 풀어야 하기도 해요. 그리고 이렇게 외우고 이해해야 하는 내용은 어떠한 원인으로부터 발생한 현상인 경우가 많기 때문에 공부할 때 항상 '왜?'라는 질문을 던져보면서 제대로 이해하고 넘어가는 것이 중요합니다.

　　한편 과학탐구에도 사회탐구처럼 주로 암기해야 하는 부분도 있는데, 단원의 끝에 등장하는 신소재, 친환경 등 복잡한 과학 원리가 자세하게 다뤄지지 않는 주제는 사회탐구와 마찬가지로 인덱싱, 가지치기 등 본인이 편한 노트 정리 방법을 사용하면 좋습니다.

물리　과학탐구의 네 영역 중 수학 노트 정리와 가장 비슷한 것이 바로 물리 노트 정리예요. 인덱싱 등의 방법으로 노트에 깔끔하게 정리해야 하는 용어나 공식 등 개념 자체는 많지 않지만, 이것을 완전히 이해해서 문제를 스스로 풀 수 있어야 하니까요. 특히 물리에서는 다양한 역학적 원리가 등장하는데, 이것을 '이해'하는 것이 무엇보다 중요합니다. 교과서에 쓰여 있는 줄글 자체를 외우는 것이 아니라 교과서에 나온 그래프 등을 직접 그려보면서 왜 이렇게 되는지를 이해하는 것이 중요해요. 그래프의 가로축, 세로축, 그래프에 표시된 점이나 선이 어떤 것을 나타내는지 등을 정확하게 이해하는 것이 필요합니다. 이때 교과서에 제시된 사례를 통해 이해하면 효과적이에요. 그래프의 모양과 사례를 떠올리면서, 가로축과 세로축에 어떤 값이 와야 책 속의 사례를 그래프로 나타낼 수 있는지를 이해하면 기억도 잘되고 문제에 적용하기도 쉬워집니다.

또 용어 자체의 뜻뿐 아니라 그 개념이 가진 특징을 함께 알고 있는 것이 중요해요. 예를 들어, '관성'이라는 개념이라면 '관성은 질량이 클수록 크다' 등의 다른 물리량과의 관계성을 명확히 알고 있어야 합니다. 이러한 관계성은 식으로 교과서에 등장하기도 하는데, 이 또한 사례로 이해하는 것이 가장 좋아요. 예를 들어, '충격량'이라는 물리량을 구하는 식(충격량 = 힘 × 시간)을 글자 자체로 외우기보다는, 접시와 방석 각각에 떨어뜨린 달걀 등 사례를 먼저 직관적으로 이해하고, 이를 식으로 나타낸 것을 이해하는 거죠. 이렇게 하면 효과적으로 내용을 기억할 수 있을 뿐 아니라, 혹시나 시험 때 헷갈리더라도 사례를 떠올려 스스로 알고 있는 지식을 더블 체크 하면서 풀 수 있어요. 이렇게 물리 법칙을 정확히 이해한다면, 비슷한 개념이 쓰인 다른 사례(예: 충격을 줄이기 위한 에어백, 안전모 등)도 자연스럽게 이해할 수 있겠죠?

그래서 노트 정리할 때는, 교과서에 줄글로 쓰여 있는 모든 내용을 정리하기보다는 용어의 개념/특징, 그래프, 사례 등 원리를 이해하는 데에 도움이 되는 것을 위주로 정리하면 좋습니다. 또 수학처럼 문제를 직접 풀면서 풀이법을 익히는 것이 중요하기 때문에 못 푼 문제는 노트에 스크랩하고 풀이를 정리했어요.

화학

다른 영역에 비해 특히 화학은 '이해하기'와 더불어 그 전에 우선 '받아들이기'가 중요하다고 생각해요. 눈에 보이지 않는 원자나 분자 등을 공부하는 파트가 대부분이고 실제 사례는 실험 수업을 할 때 확인할 수 있는데, 이 경우에도 원소가 이동하는 과정 자체는 눈으로 확인할 수 없기 때문이에요. 그래서 내용의 기본이 되는 주기율표, 원자의 구조 등 개념을 빠르게 받아들이고 외운 다음, 그 틀 안에서 각종 현상을 이해하면서 공부하는 것이 좋습니다. 이때 원소와 분자 모형 등 개념 이해에 필요한 간단한 그림을 노트에 함께 정리하면서(**〈그림 5-38〉** 참조) 개념과 구조를 모두 머릿속에 정리하면 효과적입니다.

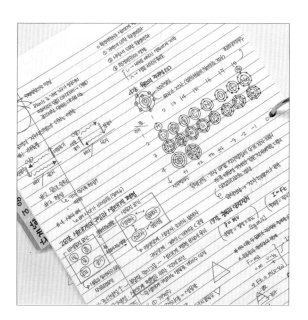

▶ 〈그림 5-38〉

화학은 물리와 마찬가지로 교과서의 개념과 원리를 문제 속에서 적용해서 풀어야 하는 문제가 많이 나와요. 그래서 교과서에 나온 사례를 그대로 외우는 것이 아니라 원리를 이해하고 파악해서 다른 상황에 적용할 수 있어야 하는 거죠. 예를 들어, **'산화 환원 반응'**이 주제라면 교과서에 수록된 각 물질이 산소를 얻고 잃는, 전자를 잃고 얻는 사례를 통해 산화와 환원의 개념을 명확히 알고, 이 원리를 바탕으로 새로운 물질이 등장한 문제에서 어떤 반응이 일어났는지, 실험의 결과가 어떻게 될지 예측할 수 있어야 해요. 같은 개념과 원리를 가지고도 다양한 문제 상황이 나올 수 있기 때문에 특히 어려운 개념이 있다면 관련된 문제를 많이 풀어보면서 연습해야 합니다. 이때도 헷갈리는 문제들은 노트에 스크랩하고 여러 번 다시 풀어보면서 풀이법을 내 것으로 만들면 효과적이에요.

생명과학　　생명과학은 생소한 용어와 개념, 특히 상위 개념으로부터 하위 개념이 차례로 소개(또는 그 반대 순서로 소개)되는 경우가 많은 과목이에요. 이렇게 서로 위계가 있는 개념이 많이 등장하다 보니 각 개념의 특징과 더불어 서로 다른 개념 사이의 관계를 아는 것이 중요합니다. 예를 들어, 동물의 **구성 단계인 '세포 → 조직 → 기관 → 개체'**를 공부하거나, **'아미노산'이 '펩타이드 결합'**을 통해 형성된 **'폴리펩타이드'와 '단백질'** 등의 개념을 공부한다고 생각해 봅시다. 이 파트에서는 각 단계, 즉 하위 개념의 세부 특징과 기능을 아는 것뿐 아니라 이들 각각의 상위/하위 개념, 그리고 개념 사이의 관계를 아는 것이 중요해요. '프레지(Prezi)'라는 프레젠테이션 툴이나 마인드맵을 떠올려보면 어떤 식으로 공부하고 노트 정리를 해야 하는지가 감이 잡힐 거예요. 전체 구조에서 하위 항목으로 확대하여 보면서도, 언제든지 상위 개념으로 축소해서 볼 수 있도록 체계적으로 정리해야 합니다. 그래서 저는 이 정리에 효과적인 가지치기나 인덱싱의 방법을 주로 활용해서 정리했어요.

또 생명과학 역시 각 개념 사이의 **공통점과 차이점**을 비교하면서 암기해야 하는 부분이 있어요. 예를 들어, DNA와 RNA의 특징을 공부할 때, 이중나선 구조/단일 가닥 구조, 구성된 염기 차이 등을 각각 표로 정리해서 비교하여 차이점을 확실하게 외우는 것이 효과적이에요. 암기 과목과 공부하는 방법이 비슷한 면이 있지만, 각 기관의 역할, 특정 물질이 합성(생성)되는 과정 등을 공부할 때 특히 그 원리를 이해하면서 공부하면 더욱 빠르게 외워지고 응용된 문제도 잘 풀 수 있습니다.

한편 생명과학에도 문제를 많이 풀면서 개념을 적용하는 연습을 많이 해야 하는 파트가 있죠. '유전 파트'가 대표적인데, 이 경우에는 물리, 화학처럼 개념을 교과서 속 예시로 이해하고, 이 원리를 적용해서 새로운 상황의 문제를 풀어야 해요. 그래서 앞서 이야기했던 것처럼 문제를 많이 풀어보고, 잘 모르는 유형은 스크랩하여 각 유형에 맞는 풀이를 정리해 두는 것이 좋습니다.

체세포 분열 과정과 같이 순서대로 일어나는 절차를 담은 내용을 공부할 때는 각 단계를 나타내는 간단한 그림을 그리고, 그 그림에 해당하는 특징을 정리한 후에 각 단계 사이사이에 화살표를 그려 순서를 나타내었어요. 생식세포 분열 과정과의 차이를 나타내고 싶다면, 최대한 진행 과정을 체세포 분열 그림과 비슷한 순서, 위치로 배치하고, 차이가 생기는 부분을 형광펜으로 표시하였어요. 한눈에 차이점을 보고 싶다면, 표로 한 번 더 정리하면서 명확하게 기억할 수 있도록 했습니다.

지구과학

지구과학은 생명과학과 마찬가지로 개념 각각의 특징과 더불어 전체 구조와 개념 사이의 관계를 체계적으로 정리하는 것이 중요해요.

'지구 시스템 – (1) 기권 – ① 대류권: 위로 올라갈수록 기온이 낮아짐',

'지구 시스템 – (2) 수권 – ① 혼합층: 수온 높음, 깊이 에 따른 수온 변화 거의 없음'

등 상위 개념부터 하위 개념을 차례로 정리하고, 전체 구조와 각 세부 사항을 자유롭게 확대/축소(거시적으로 보기/미시적으로 보기)하여 기억해 낼 수 있어야 해요.

◆ 마찬가지로 가지치기나 인덱싱의 방법을 사용해서 정 리하고, 정리본을 여러 번 읽으며 전체 구조부터 세부 내 용까지 차근차근 머릿속에 저장하는 것이 좋습니다. 이 때 많은 내용을 잘 외울 수 있도록 하는 암기법(앞 글자 따기, 스토리를 만들기 등)을 노트에 함께 정리해서 읽을 때마다 외우면 효과적이에요. 또 이러한 현상과 성질의 원인(지구 복사 에너지 등)을 이해하고 있으면 각 개념 을 헷갈리지 않고 정확하게 외우기 쉬우니, 결과 자체보 다 원인을 함께 떠올리면서 이해하는 방향으로 공부하 는 것이 좋습니다.

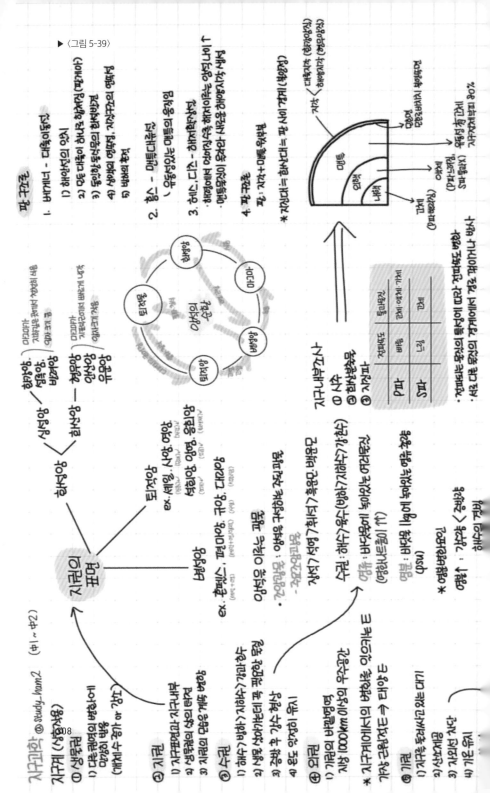

▶ 〈그림 5-39〉

지대학 @study_hun2   (中1~中2)

지구계 (사물권)

지각의 표면

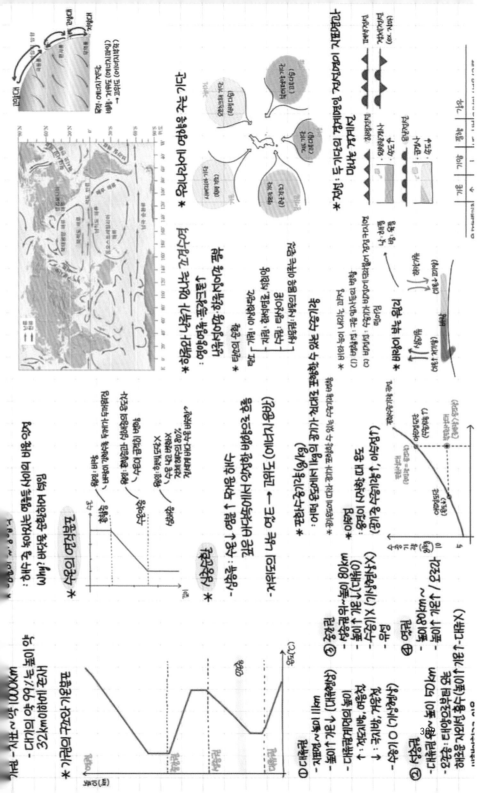

또 지구과학은 시간적 흐름에 따라 일어나는 과정을 공부하는 파트가 비교적 많아요. '별의 진화 과정', '판 구조론의 이론적 발달 과정' 등과 같은 내용이 그에 해당하죠. 이러한 과정의 순서와 각각의 내용을 공부할 때, 한 단계 한 단계마다 '왜?'라는 질문을 던져서 이해하고 그 내용을 반복해 읽으면서 자연스럽게 외우는 것이 좋습니다. 특히 별의 진화 과정은, '수축'과 '팽창'이 뒤섞여 일어나기 때문에 각 단계의 결과 자체만을 달달 외우기는 까다로워요. 그 안에서 어떤 반응이 일어나서, 온도가 어떻게 변해서, 에너지가 발생하고… 이런 식으로 과정을 이해하여 자연스럽게 결과를 받아들이는 것이 필요합니다. 이 중간 과정이 이해가 안 된다면 여러 참고서에 나와 있는 정보를 참고하거나 선생님께 질문해서 궁금증을 해결하는 것을 추천해요. 수업 시간에 다루지 못했던 정보까지 알게 되면서 현상이 제대로 이해되고 과학이 재미있어질지도 몰라요.

다른 과학탐구 과목에도 해당하지만, 어떤 개념에 대한 이론의 발달 과정을 배울 때도 원인을 생각하면서 기억하는 것이 좋아요. 전에 있었던 이론에서 문제나 예외가 생겼기 때문에 새로운 이론이 등장한 것이므로 '왜' 새로운 이론이 나온 것인지를 꼭 정리하면서 시간적 흐름에 따라 정리해야 합니다. 이렇게 어떤 현상의 과정을 차례대로 정리하는 부분에서는 노트에 화살표가 많이 쓰여요. 이전 단계에서 다음 단계로 넘어갈 때 어떤 현상이 일어나는지, 왜 다음 단계의 결과가 그렇게 나타나는지를 꼭 짚어가면서 화살표로 연결하며 정리하는 것을 추천합니다.

또 엘니뇨, 라니냐, 대기대순환 같은 현상은 글로 정리하는 것보다 단순화해 그린 그림 위에 화살표를 그려서 정리하는 것이 훨씬 깔끔하고 이해하기도 쉬워요. 저는 그림을 그리면서 각 화살표의 방향이 왜 이렇게 되는지 원인을 모두 이해했어요. 과학은 거의 모든 현상에 있어서 원인과 결과의 관계가 뚜렷해서 (개념 공부든 문제를 풀면서든) 왜 이렇게 되는지 조금이라도 이해가 되지 않으면 선생님께 질문해서 제대로 알고 넘어가는 것이 중요해요. 이렇게 하면 개념을 이해하면서 효과적으로 외우고, 응용된 문제가 나왔을 때도 원리를 알고 적용할 수 있게 됩니다. 앞의 〈그림 5-39〉의 노트는 중학교 1학년, 2학년 지구과학 내용을 한 페이지에 정리한 것으로, 인덱싱, 가지치기로 내용을 정리하였습니다

햄이의 노트 정리 무물

Q 어떻게 하면 글씨를 예쁘게 쓸 수 있을까요?

A 글씨가 노트 정리에 있어서 아주 많이 중요한 건 아니지만, 가독성을 위해 어느 정도 단정한 글씨체는 필요해요. 글자의 모든 획을 또박또박 쓰지는 않더라도 정리한 내용이 깔끔하고 눈에 잘 들어와야 하잖아요. 만약 자신의 글씨를 알아보기가 정말 힘들다면, 우선 획의 처음과 끝을 날리지 않으면서 손에 힘을 주고 또박또박 쓰는 연습을 해보세요. 처음에는 오래 걸리지만, 이런 식으로 글씨를 많이 쓰다 보면 점점 적당한 힘으로 빠르게 깔끔한 글씨를 쓸 수 있게 될 거예요.

그리고 웬만하면 백지보다는 줄이 있는 노트에 정리하는 연습을 하면서, 최대한 그 줄에 맞추어 일자로 글씨를 쓰면 전체적으로 정돈되어 보입니다.

가독성이 좋은 글씨는, 여러 기술이 들어간 화려한 글씨가 아니에요. 글자 하나하나의 가로세로 높이를 서로 비슷하게 쓰고, 획을 그을 때 손에 힘을 주어서 또박또박 쓰고, 줄에 맞추어 반듯하게만 써도 자신만의 예쁜 글씨를 쓸 수 있답니다. 학교에서 수행평가를 할 때, 수업을 수 있게 된다고 생각해요.

문제집과 기출에 어떤 문제가 주로 나오는지 보면서 어떤 부분을 노트에 정리해서 공부해야 하는지 깨닫고, 노트 정리를 하며 공부하면서 나만의 노트 정리법을 발전시키고, 맞지 않으면 공부법을 바꾸는 것까지도 공부를 잘하기 위한 노력의 과정이 되어야 하는 거죠.

노트 정리 공부법으로 효과를 제대로 보려면, 내가 이 공부법으로 좋은 점수를 얻기 위해서는 어떤 내용을 어느 정도로 정리해야 하는지, 그것을 어떻게 정리해야 가장 잘 외워지는지 파악해야 합니다. 즉, '나만의 노트 정리법'을 결국 찾아야 합니다. 그러기 위해서는 일단 노트 정리를 많이 해봐야 해요. 이렇게 나에게 맞는 노트 정리 방식, 노트 활용 공부법을 찾아가다 보면, 자연스럽게 노트 정리 시간이 줄어들어요.

원하는 성적을 만드는

최소한의
노트 정리

초판 1쇄 인쇄 2024년 11월 25일
초판 1쇄 발행 2024년 12월 2일

지은이 정혜민
발행인 손은진
개발책임 김문주
개발 김민정 정은경
제작 이성재 장병미
마케팅 엄재욱 조경은
디자인 스튜디오 수박 @studio.soopark

발행처 메가스터디(주)
출판등록 제2015-000159호
주소 서울시 서초구 효령로 304 국제전자센터 24층
전화 1661-5431 **팩스** 02-6984-6999
홈페이지 http://www.megastudybooks.com
출간제안/원고투고 writer@megastudy.net

ISBN 979-11-297-1383-4 13370

메가스터디BOOKS

'메가스터디북스'는 메가스터디㈜의 출판 전문 브랜드입니다.
유아/초등 학습서, 중고등 수능/내신 참고서는 물론, 지식, 교양, 인문 분야에서 다양한 도서를 출간하고 있습니다.